Jürgen Gerlach

Die schönsten Kanutouren in Hessen, Rheinland-Pfalz und dem Saarland

21 Kanuwandertouren
zwischen Weser und Saar

Impressum:

© 2018 DKV Wirtschafts- und Verlags-GmbH
Postfach 10 03 15
D-47003 Duisburg
Tel.: +49 (203) 99759-99
Fax: +49 (203) 99759-61
info@dkvgmbh.de
www.kanu-verlag.de

1. Auflage Januar 2018

Karten: © Jübermann Verlag
Fotos: alle Jürgen Gerlach außer: Horst Vöhl (S. 30 o., 31, 32, 33, 34), Dieter Reinmuth (38, 40), Kirsten Burat (106), Julia Schrödler (108), Tourist-Information Ruwer (111), Jörg Theis (124 r., 130 u.,131 u.,132 o. und mi., 133 o.)
Gestaltung: *www.publicdesign.de*
Druck: Krüger Druck+Verlag GmbH & Co KG, 66663 Merzig

Aktuelle Infos:
Der Deutsche Kanu-Verband und die Zeitschrift KANU-SPORT bieten aktuelle Informationen über ihre jeweilige Homepage.
Anregungen zu diesem Buch werden in der nächsten Auflage berücksichtigt.
Verlag und Autor sind für alle Hinweise dankbar und erreichbar unter:
info@dkvgmbh.de

Sonstige Adressen und diverse Infos:
Deutscher Kanu-Verband e.V.
Bertaallee 8, 47055 Duisburg
Tel. 0203/99759-0, Fax -60
Internet: *www.kanu.de*

ISBN: 978-3-937743-48-6

Top KANU Touren

Jürgen Gerlach

Die schönsten Kanutouren in Hessen, Rheinland-Pfalz und dem Saarland

21 Kanuwandertouren
zwischen Weser und Saar

Deutscher Kanu-Verband

DKV Wirtschafts- und Verlags-GmbH
Postfach 100315 - 47003 Duisburg

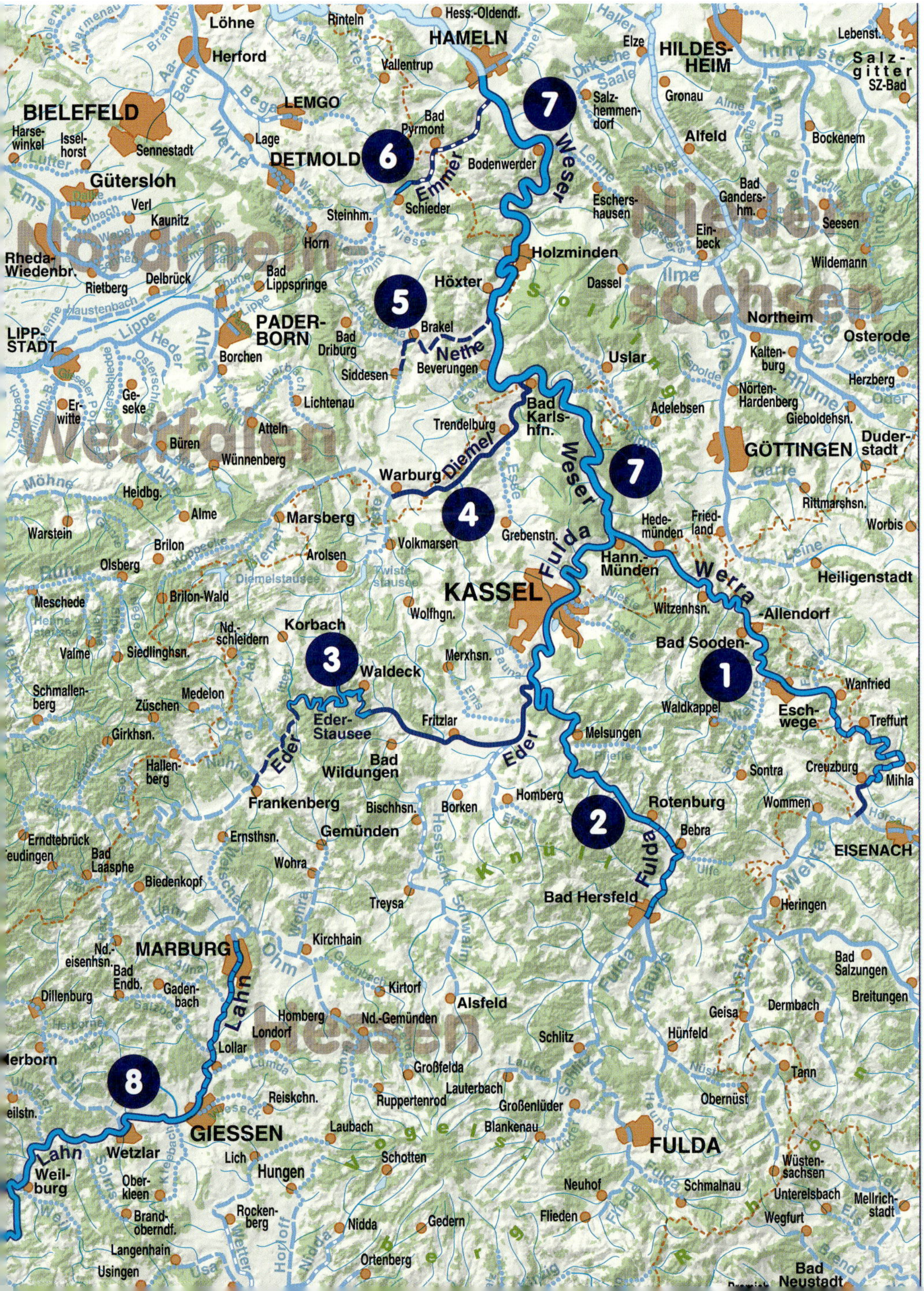

Löhne
Herford
Rinteln
Hess.-Oldendf.
HAMELN
Elze
HILDESHEIM
Lebenst.
Salzgitter
SZ-Bad
BIELEFELD
LEMGO
Vallentrup
Bad Pyrmont
Salzhemmendorf
Gronau
Harsewinkel
Isselhorst
Sennestadt
Lage
DETMOLD
Bodenwerder
Alfeld
Bockenem
Gütersloh
Verl
Kaunitz
Steinhm.
Schieder
Emmer
Weser
Eschershausen
Bad Gandersheim
Seesen
Rheda-Wiedenbr.
Horn
Holzminden
Einbeck
Wildemann
Rietberg
Delbrück
Bad Lippspringe
Höxter
Dassel
Nordrhein-Westfalen
Niedersachsen
LIPPSTADT
PADERBORN
Brakel
Nethe
Northeim
Osterode
Borchen
Bad Driburg
Siddesen
Beverungen
Uslar
Kaltenburg
Herzberg
Erwitte
Geseke
Lichtenau
Nörten-Hardenberg
Gieboldehsn.
Atteln
Trendelburg
Bad Karlshfn.
Adelebsen
Büren
Wünnenberg
GÖTTINGEN
Duderstadt
Warburg
Diemel
Heidbg.
Alme
Marsberg
Rittmarshsn.
Hedemünden
Friedland
Worbis
Warstein
Brilon
Volkmarsen
Grebenstn.
Fulda
Olsberg
Arolsen
Hann. Münden
Heiligenstadt
Werra
Meschede
Brilon-Wald
Diemelstausee
Twistestausee
KASSEL
Witzenhsn.
Allendorf
Bad Sooden-
Wolfhgn.
Nd.-schleidern
Korbach
Valme
Siedlinghsn.
Waldeck
Merxhsn.
Wanfried
Schmallenberg
Medelon
Waldkappel
Eschwege
Treffurt
Züschen
Eder-Stausee
Fritzlar
Girkhsn.
Melsungen
Hallenberg
Eder
Bad Wildungen
Sontra
Creuzburg
Mihla
Homberg
Frankenberg
Bischhsn.
Borken
Rotenburg
Wommen
Erndtebrück
Ernsthsn.
Gemünden
Bebra
EISENACH
Bad Laasphe
Knüll
Wohra
Biedenkopf
Treysa
Bad Hersfeld
Heringen
Kirchhain
Nd.-eisenhsn.
MARBURG
Bad Endb.
Gadenbach
Bad Salzungen
Kirtorf
Breitungen
Dillenburg
Lahn
Alsfeld
Dermbach
Homberg
Nd.-Gemünden
Geisa
Londorf
Hessen
Schlitz
Hünfeld
Lollar
Großfelda
Tann
Lauterbach
Reiskchn.
Ruppertenrod
Großenlüder
Obernüst
GIESSEN
Laubach
Blankenau
Wetzlar
Lich
FULDA
Schotten
Weilburg
Hungen
Vogelsberg
Wüstensachsen
Oberkleen
Neuhof
Schmalnau
Unterelsbach
Mellrichstadt
Brandoberndf.
Rockenberg
Nidda
Gedern
Flieden
Wegfurt
Rhön
Langenhain
Ortenberg
Bad Neustadt
Usingen
1
2
3
4
5
6
7
8

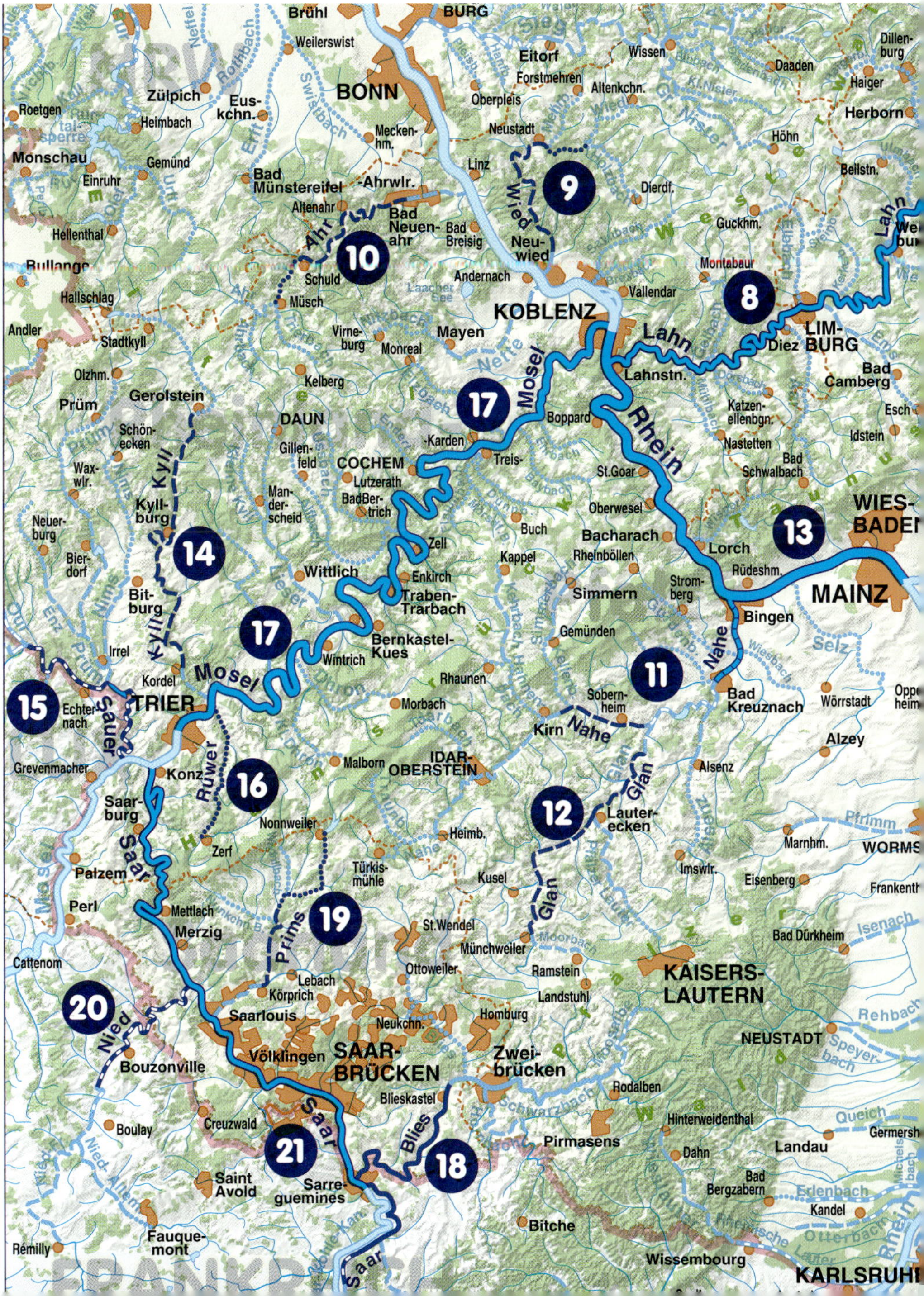
Brühl
BURG
Weilerswist
BONN
Eitorf
Forstmehren
Wissen
Daaden
Dillenburg
Haiger
Herborn
Altenkchn.
Zülpich
Euskchn.
Oberpleis
Roetgen
Heimbach
Mecken-hm.
Neustadt
Höhn
Monschau
Gemünd
Linz
Beilstn.
Einruhr
Bad Münstereifel
Ahrwlr.
9
Dierdf.
Altenahr
Bad Neuenahr
Bad Breisig
Neuwied
Guckhm.
Hellenthal
Ahr
10
Wied
Rullange
Schuld
Andernach
Montabaur
Hallschlag
Müsch
Vallendar
8
KOBLENZ
Lahn
LIMBURG
Diez
Andler
Stadtkyll
Virneburg
Mayen
Monreal
Bad Camberg
Olzhm.
Lahnstn.
Prüm
Gerolstein
Kelberg
17
Mosel
Katzenellenbgn.
Esch
DAUN
Boppard
Schönecken
Idstein
Gillenfeld
-Karden
Rhein
Nastetten
Waxwlr.
COCHEM
Treis-
Bad Schwalbach
Lutzerath
St.Goar
Kyll
Kyllburg
Manderscheid
BadBertrich
Oberwesel
WIESBADEN
Neuerburg
Buch
13
Bacharach
Lorch
14
Zell
Rheinböllen
Bierdorf
Kappel
Rüdeshm.
Wittlich
Enkirch
Bitburg
Simmern
Strom-berg
MAINZ
Traben-Trarbach
Bingen
17
Gemünden
Irrel
Bernkastel-Kues
Nahe
Wintrich
11
Kordel
Mosel
Rhaunen
15
TRIER
Echternach
Sobernheim
Bad Kreuznach
Wörrstadt
Morbach
Sauer
Kirn
Nahe
Alzey
Grevenmacher
Malborn
IDAR-OBERSTEIN
Konz
Alsenz
Ruwer
16
Glan
Saarburg
12
Lauterecken
Nonnweiler
Pfrimm
Saar
Zerf
Heimb.
Marnhm.
WORMS
Palzem
Türkismühle
Kusel
Imswlr.
Eisenberg
Frankenth.
Glan
Perl
Mettlach
19
St.Wendel
Bad Dürkheim
Merzig
Prims
Münchweiler
Cattenom
Lebach
Ottoweiler
Ramstein
KAISERSLAUTERN
20
Körprich
Landstuhl
Saarlouis
Homburg
Rehbach
Neukchn.
NEUSTADT
Nied
Völklingen
SAARBRÜCKEN
Zweibrücken
Bouzonville
Rodalben
Blieskastel
Boulay
Creuzwald
Hinterweidenthal
Saar
Blies
18
Pirmasens
21
Landau
Dahn
Saint Avold
Sarreguemines
Bad Bergzabern
Kandel
Bitche
Fauquemont
Rémilly
Wissembourg
Saar
KARLSRUHE

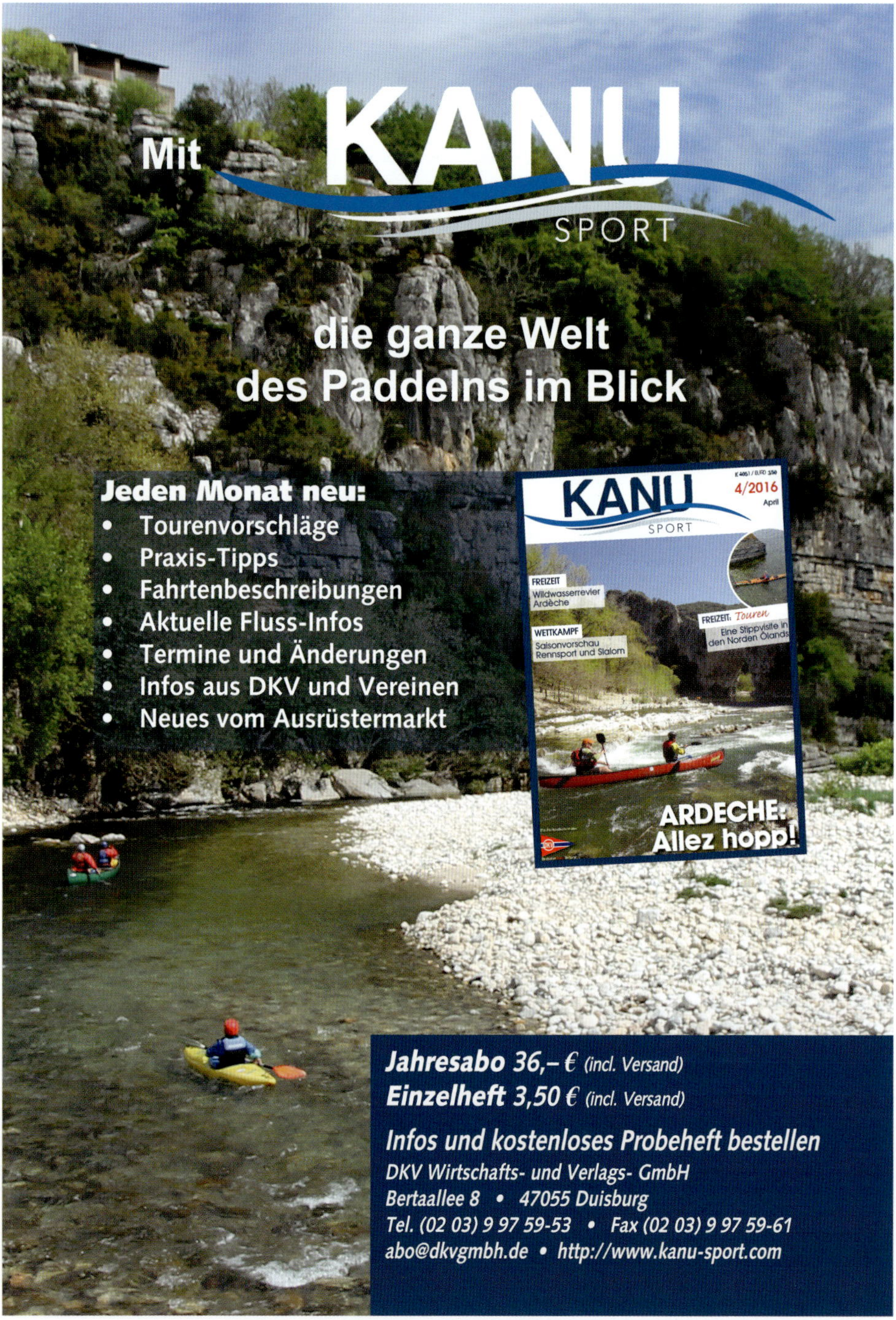
Mit KANU SPORT
die ganze Welt
des Paddelns im Blick
Jeden Monat neu:
• Tourenvorschläge
• Praxis-Tipps
• Fahrtenbeschreibungen
• Aktuelle Fluss-Infos
• Termine und Änderungen
• Infos aus DKV und Vereinen
• Neues vom Ausrüstermarkt
KANU SPORT
4/2016
April
FREIZEIT
Wildwasserrevier Ardèche
WETTKAMPF
Saisonvorschau Rennsport und Slalom
FREIZEIT: Touren
Eine Stippvisite in den Norden Ölands
ARDECHE: Allez hopp!
Jahresabo 36,– € (incl. Versand)
Einzelheft 3,50 € (incl. Versand)
Infos und kostenloses Probeheft bestellen
DKV Wirtschafts- und Verlags- GmbH
Bertaallee 8 • 47055 Duisburg
Tel. (02 03) 9 97 59-53 • Fax (02 03) 9 97 59-61
abo@dkvgmbh.de • http://www.kanu-sport.com

INHALTSVERZEICHNIS

Einführung

Nun liegen die schönsten Kanutouren im Saarland, Rheinland und in Hessen in Buchform vor Ihnen. Ausgesuchte Flusswanderungen zwischen Weser und Saar, Nied und Nethe werden in Text, Bild und Karte vorgestellt.

Es handelt sich dabei um Flüsse, die durch attraktive Landschaften fließen und oft nahezu ganzjährig befahrbar sind. Natürlich spielt auch der subjektive Eindruck bei der Auswahl dieser Flüsse eine Rolle, und so entschied ich mich für solche Flüsse wie Werra und Weser, deren landschaftliche Reize die nicht ganz so gute Wasserqualität wettmachen. Auch Flüsse mit Großschifffahrtstraßen, Rhein und Mosel, sind mit dabei. Ebenso sind hier die landschaftlichen und kulturellen Reize so intensiv, dass sich eine Befahrung allemal lohnt.

Der Kanuführer ist so gestaltet, dass außer einer Touren- und Landschaftsbeschreibung sowie einer kurzen Flusscharakterisierung noch auf Sehenswertes am Fluss sowie auf Campingmöglichkeiten und Rückholmöglichkeiten für das Auto hingewiesen wird. In den dazugehörigen Karten sind Hindernisse, Wehre, Schleusen und Gefahrenstellen sowie Ortschaften, Zufahrtsstraßen und Campingplätze eingezeichnet. Die Bilder, die sämtlich auf Touren entstanden, informieren über die typischen Merkmale der einzelnen Flüsse und halten die Erinnerung an erlebnisreiche Wanderfahrten im schönsten aller Sportgeräte fest.

Jede Tourenbeschreibung wird mit der Zeit überholt; es ändern sich Wehre, Verbauungen, Zeltplätze etc. Einzelne Flussabschnitte werden ganz oder zeitweise gesperrt, neue Befahrungsregelungen erlassen. Für jeden Hinweis, jede Ergänzung oder kritische Anmerkung bin ich offen. Manche Tour führt durch Schifffahrtsstraßen, also Flüsse, auf denen besondere Verkehrsregeln und Verordnungen gelten. Die wichtigste Verordnung ist die Binnenschifffahrtsstraßen-Ordnung (BinSchStrO). Genau, diesen Begriff muss man erst aufmerksam lesen und sich dann das Amtsdeutsch auf der Zunge zergehen lassen. Diese Ordnung gilt z.B. für Mosel, Rhein und Weser, jeweils mit leichten Abweichungen. Der Text dieser Verordnungen ist im Internet verfügbar. Wer auf diesen Flüssen paddelt, sollte sich auf jeden Fall mit den betreffenden Bestimmungen bekannt machen. Hier kann nur auf das Wesentlichste eingegangen werden: Auf allen diesen Gewässern gilt die Ausweichpflicht für Sportboote gegenüber der Berufsschifffahrt.
www.elwis.de/Schifffahrtsrecht/Binnenschifffahrtsrecht/BinSchStrO

Bei den leidigen Befahrungsregelungen hoffen der DKV und ich inständig, dass der Höhepunkt der amtlichen Regulierungslust überschritten wurde. Weil Kanuten ein enges Verhältnis zur Natur pflegen, verhalten wir uns auf den Fahrten immer entsprechend umweltbewusst. In jedem Fall werden wir Flurschäden an den Ein- und Ausbootstellen vermeiden. Wir legen nicht überall an, nutzen vorbereitete Raststellen, entfachen keine Lagerfeuer außerhalb von Feuerstellen und zelten lediglich auf ausgewiesenen Plätzen. Unsere Abfälle sammeln wir wieder ein, und für unsere Bedürfnisse halten wir einen Klappspaten bereit. Auf dem Fluss lärmen wir nicht, umfahren weiträumig Schilfgürtel und dort brütende Vögel und achten auf Angler, die wir selbstverständlich im großen Bogen umfahren und freundlich grüßen. Kurz und gut, wir verhalten uns als Kanuwanderer vorbildlich:
www.kanu.de/home/freizeitsport/umwelt/grundsaetze

Und falls jemand noch Kanusport-Einsteiger ist: Denken Sie an die notwendigen Sicherheitsvorkehrungen. Auf der Homepage des DKV finden Sie die wichtigsten Punkte, um Ihre Fahrt zu einem sicheren Genuss werden zu lassen: *www.kanu.de/home/freizeitsport/sicherheit/allgemeinesicherheitstipps.*

Auch die Befahrungsregelungen sind hier auf dem aktuellsten Stand zu finden. Bitte informieren Sie sich vor Antritt einer Fahrt auf der Homepage des DKV:
www.kanu.de/home/freizeitsport/gewaesser/befahrungsregeln

Noch mehr Spaß macht es, sich als Einsteiger einem der vielen Vereine des DKV anzuschließen. Deren geschulte Wandersport-Übungsleiter und erfahrenen Kanuwanderer freuen sich darauf, Ihnen bei einem Schnupperkurs ohne weitere Verpflichtungen viele Tipps und Kniffe zur Ausübung dieses wunderbaren Natursports zu vermitteln!

Einen Verein in Ihrer Nähe nennt Ihnen gerne der Deutsche Kanu-Verband unter der Rufnummer 0203/ 99 75 90 oder unter *www.kanu.de.*

Ich wünsche Ihnen jedenfalls viel Freude bei den Ausfahrten!

Jürgen Gerlach

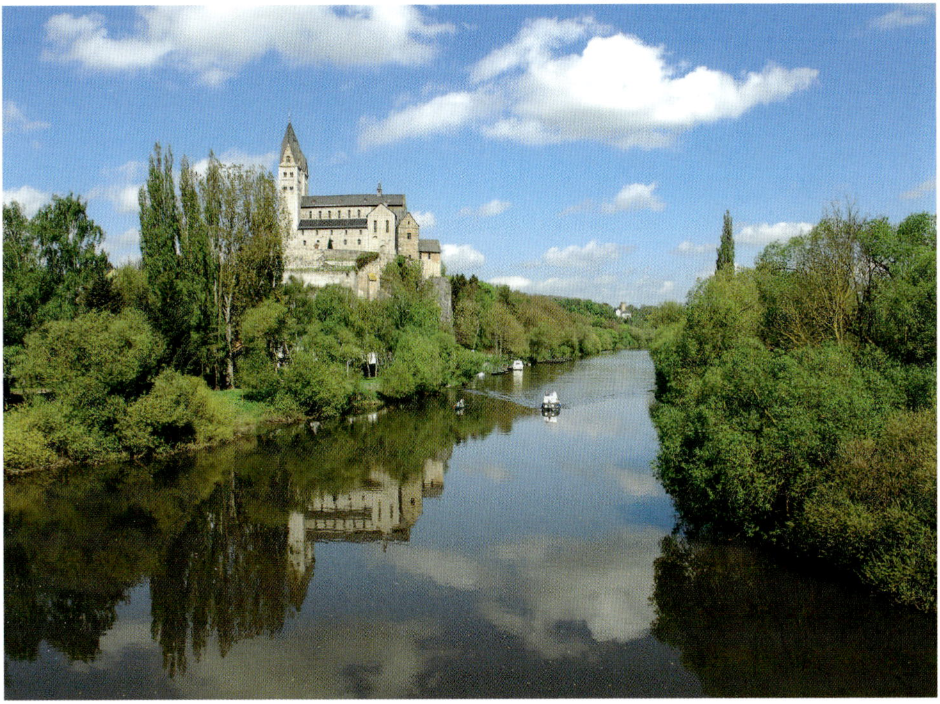

Die Lahn ist einer der schönsten Flüsse Deutschlands.

Verhalten in der Natur

1. Vermeiden Sie das Parken in der freien Landschaft und suchen Sie öffentliche Parkplätze auf. Ein längerer Trageweg auf befestigten Wegen zur Ein- und Ausstiegstelle ist zumutbar.
2. Nehmen Sie Rücksicht auf alle anderen Erholungssuchenden, seien Sie freundlich und hilfsbereit.
3. Vermeiden Sie jede Beschädigung der Wasser- und Ufervegetation.
4. Wählen Sie möglichst trittsichere Ein- und Ausbootstellen sowie unempfindliche Rastplätze.
5. Verzichten Sie auf das Befahren ungeeigneter und zu viel benutzter Gewässer. Informieren Sie sich vor Fahrtantritt über ausreichenden Wasserstand.
6. Beachten Sie die besonderen Bestimmungen in Naturschutzgebieten, erkundigen sie sich rechtzeitig bei den örtlichen Naturschutz- und Kanuverbänden.
7. Benutzen Sie öffentliche Zeltplätze. Wildes Zelten in der freien Landschaft ist bei uns nur ausnahmsweise erlaubt, in Landschafts- und Naturschutzgebieten verboten. Feuermachen in der Natur ist äußerst gefährlich und im allgemeinen auch verboten.
8. Fremdes Eigentum ist zu achten, besonders beim Umtragen und Erkunden an Wehren, Schleusen, Mühlen usw. Auf keinen Fall Böschungen, Büsche, Zäune usw. beschädigen.
9. Müll und Abfälle werden selbstverständlich mitgenommen und umweltfreundlich beseitigt.

ÜBERS PADDELN

1. Kanutypen, Kennzeichnung der Kanus, Leihboote, Bootsverleih, Paddeln im Verein

So lang die Geschichte des Kanus auch zurückreicht, als Sportgerät wird es erst seit gut einhundert Jahren genutzt. Ging die Entwicklung vom Holzkajak zum Faltboot und später zum Plastekahn noch recht langsam vor sich, wechseln heute in rasanter Geschwindigkeit wie bei kaum einem anderen Sportgerät Form, Material, Fertigungstechnologie und vor allem Zweck.

Zu Beginn ein paar Worte zur richtigen Bezeichnung unserer Kanus: Der Oberbegriff für die per Muskelkraft in Blickrichtung fortbewegten Wasserfahrzeuge ist "Kanu". Die in Vereinen Sport treibenden Kanuten sind darum auch im Deutschen Kanu-Verband organisiert. Die beiden zahlenmäßig größten Unterarten der Kanus sind der Canadier und der Kajak. Den Canadier kennt man aus Filmen über die Indianer Nordamerikas. Er wird mit sogenannten Stechpaddeln vorangetrieben. Dabei werden immer mehrere, wenn nicht sogar alle Schläge auf derselben Seite gepaddelt. Damit der Canadier auch Kurs hält, muss mit Steuerschlägen dem Abdriften entgegengewirkt werden. Der Name Kajak stammt aus der Sprache der grönländischen Inuit, die mit kleinen, wendigen Kajaks auf Robbenfang gingen. Gepaddelt wird der Kajak mit einem Doppelpaddel. Neben diesen beiden Kanutypen gibt es mit den Drachenbooten und den Stand-Up-Paddelboards – kurz SUP genannt – weitere Typen, denen wir unterwegs begegnen können.

Die Kanus können aus Holz, den verschiedenen Kunststoffen oder aus „Gummi" bestehen; als starres oder faltbares Boot; Seekajak, Allrounder, Wildwasserboot oder ultrakurzes Spielboot die Gewässer befahren. Natürlich kann man sich etwas Besseres vorstellen, als im zwei Meter langen Spielboot oder im Wildwassercanadier auf stehenden Gewässern eine Tagestour von zwanzig Kilometern oder mehr zu paddeln. Gruppen, die Mehrtagestouren mit Gepäck vorhaben, bevorzugen die voluminösen Canadier. Für Touren, bei denen das Reisegepäck an Land bleibt, bieten sich Einer- oder Zweierkajaks mit Steuereinrichtung an. Nach ein paar Runden auf dem Wasser haben auch Ungeübte bald den Bogen raus, das Schiff auf Kurs zu halten. Schwieriger ist da schon das Geradeausfahren im steuerlosen Einerkajak. Schon mehr als einer hat entnervt aufgegeben, wenn das Boot immer wieder allem Gegensteuern zum Trotz in den Wind drehte. Für den Anfänger ist ein Kajak mit Steuer da sicher besser.

Kanus benötigen zwar kein amtlich verordnetes Kennzeichen, müssen aber trotzdem einen Namen haben. Dieser muss mit mindestens 10 cm hohen Buchstaben beidseitig von außen zu erkennen sein. Weiterhin müssen der Name und die Adresse des Bootseigentümers angegeben sein. Da reicht es aber aus, dass diese Angaben innen auf einem Schildchen stehen oder direkt mit wasserfestem Stift auf die Innenseite geschrieben sind.

Vermieter haben Canadier und robuste Einer- und Zweierkajaks im Angebot. Kaum jemand vermietet aber Faltboote oder aufblasbare Luftboote. Diese sind im Anschaffungspreis recht teuer und sehr reparaturanfällig. Diese Bootstypen bieten sich für den an, der sein eigenes Boot besitzen möchte, aber zu Hause keinen Platz zum Unterbringen starrer Boote besitzt oder oft auf Reisen mit öffentlichen Verkehrsmitteln bzw. mit dem Flugzeug geht.

Gute Bootsvermieter stellen heute nicht nur Boot und Paddel zu Verfügung, sondern zumindest noch wasserdichte Tonnen und Schwimmwesten. Bei einigen kann man sich die komplette Campingausrüstung leihen oder von Kanulehrern begleitete Touren buchen. Eine umfassende Einweisung in die Paddeltechnik und in die zu beachtenden Umweltbestimmungen gehört ebenfalls zum Merkmal guter Verleihstationen.

Allein oder in Familie zu paddeln macht sicher viel Spaß. Aber manchmal möchte man auch mit anderen Gleichgesinnten auf Tour gehen oder an organisierten Fahrten teilnehmen. Dann bietet es sich an, selbst Mitglied in einem Kanu-Verein zu werden. Die Internet-Adressen von Kanu-Vereinen entlang der beschriebenen Strecken sind weiter unten aufgelistet.

2. Schleusen, Bootsschleppen, Umtragen

Als man begann, die Flüsse für die Schifffahrt auszubauen, mussten die unterschiedlichen Höhen zwischen den Wasserwegen ausgeglichen werden. Es wurden Schleusen errichtet. Auf einer durchschnittlichen Paddeltour wird man kaum mehr als zwei bis drei Schleusen pro Tag überwinden müssen. Trotzdem sollten die Wartezeiten vor den Schleusen in die tägliche Zeitenplanung mit einbezogen werden. Wird außerhalb der Sommersaison nur zu bestimmten Zeiten geschleust, so heißt es in der Hauptsaison warten, bis man an der Reihe ist. Den Hinweisen des Schleusenmeisters ist auf jeden Fall Folge zu leisten. Ansonsten haben die ausfahrenden Boote natürlich Vorfahrt vor den einfahrenden, und Motorboote sollten zuerst die Schleusenkammer befahren. An einigen Schleusen lässt sich die Wartezeit durch Nutzen der Bootschleppe oder des eigenen Bootswagens verkürzen. Ohne hohen Kraftaufwand geht das bei vielen der oft uralten Schleppanlagen aber nicht ab. Selbst ohne Boote und Gepäck haben die Loren ein stattliches Gewicht, und diese dann aus dem Wasser zu ziehen, erfordert geballte Muskelkraft. Leider haben viele Paddler, nachdem das eigene Boot

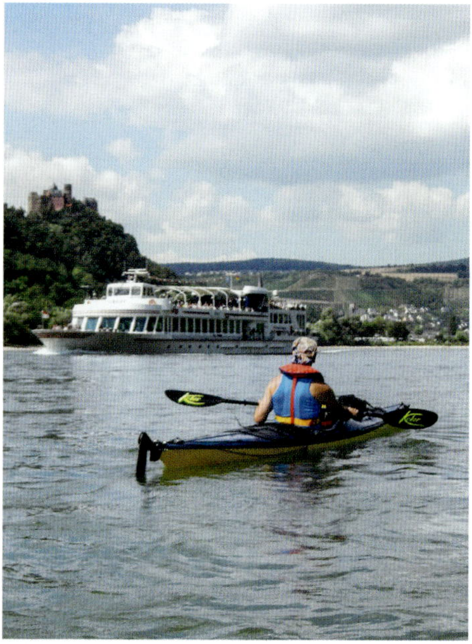

Der Mittelrhein bei Oberwesel.

auf der anderen Schleusenseite im Wasser liegt, dann nicht mehr die Energie, die Bootsschleppe wieder an Land zu ziehen. Will der nächste Paddler zufällig in die Gegenrichtung, erspart es ihm sogar etwas Aufwand. Kommt er aber aus der gleichen Richtung wie sein Vorgänger, vergrößert sich seine Mühe. Vorsicht ist auch beim ins Wasser lassen der Boote geboten. Durch das hohe Gewicht zieht es die Bootswagen auf den abschüssigen letzten Metern mit Gewalt ins Wasser. Die Zugkette sollte also bereits vor Erreichen der Hangneigung straff gehalten werden. Ansonsten sollte nicht zu spät mit dem Abbremsen begonnen werden. Ist der Wagen erst mal in Fahrt, hat es beim Versuch, ihn zu stoppen, schon manchen von den Beinen geholt.

Von den Kindern werden Schleusen oft als willkommene Abwechslung begrüßt. Zum einen haben sie vorerst Ruhe vorm Paddeln, zum anderen ist das Auf und Ab in der Schleusenkammer, die hautnahe Begegnung mit anderen Booten, eventuell auch mit hektischen Zeitgenossen, ein eigenes Abenteuer. Und nicht zuletzt haben die Erwachsenen Zeit, die Verpflegungskiste zu öffnen.

Immer mehr Schleusen werden, um die Kosten für den Schleusenwärter zu sparen, so umgebaut, dass sie jetzt von den Freizeitkapitänen selbst bedient werden können.

Die Schleusen im Spreewald sind seit Alters her Selbstbedienungsschleusen. In der Hauptsaison, vor allem am Wochenende, findet sich an ihnen ehrenamtliches Personal ein, das die Bedienung der Schleuse übernimmt und dafür ein Trinkgeld erwartet.

Neben den Schleusen gibt es auch noch andere Hindernisse auf dem Wasser wie z. B. Wehre, die ein Umtragen an Land erforderlich machen. Die Mitnahme eines Bootswagens ist da sicher nicht verkehrt, jedoch kommt man im Normalfall auch ohne ihn aus.

3. Gefahren

Obwohl die in diesem Buch beschriebenen Gewässer keine besonderen Gefahrenstellen aufweisen, kommt es doch Jahr für Jahr zu mehreren Unfällen; manche davon mit tödlichem Ausgang. Ursachen sind meist nicht unvorhergesehene Naturgewalten, sondern bodenloser Leichtsinn wie Alkohol oder Nichtbeachten des Wetters.

Natürlich gibt es Jahreszeiten oder Paddelreviere, die gefährlicher sind als andere. Eine Kenterung im Hochsommer auf einem kleinen See kann zwar auch böse Folgen haben; ein gesunder Paddler, der schwimmen kann, wird jedoch fast immer das Ufer erreichen. Anders sieht es im zeitigen Frühjahr, im Spätherbst oder gar im Winter aus. Die Kälte lähmt bald jeden Muskel und selbst 50 m bis zum Land können auch für geübte Schwimmer zu lang sein. Auch die großen Seen wie der Edersee erfordern besondere Vorsicht. Winde ab Stärke 4 können Bedingungen schaffen, die ungeübte Paddler nicht mehr beherrschen. Gerät das Boot quer zum Wind und kommt noch etwas Panik hinzu, ist eine Kenterung vorprogrammiert. Wer an solchen Tagen unbedingt eine Seentour durchführen möchte, sollte zumindest an der windgeschützten Uferseite paddeln. Manche Boote sind mit Familie und Urlaubsgepäck so beladen, dass nur ein paar Zentimeter Freibord vorhanden sind. Ohne Spritzdecke schlägt das Boot bei aufkommenden Wellen schnell voll und sinkt, wenn es nicht ausreichend Auftriebskörper über Wasser halten.Vorsicht ist auch bei Begegnungen mit der Berufsschifffahrt angebracht: Auf den Kanälen zwischen diesen beiden Flüssen kann man auf Schubkähne treffen. Diesen sollte man möglichst weiträumig aus dem Wege gehen. Problematischer sind die Wellen, die von einigen Sportmotorbooten hervorgerufen werden, und die sich mit den Wellen, die der Wind vor sich hertreibt, zu kabbeligen Kreuzseen mischen. Da ist schnell ein Canadier vollgeschlagen oder ein Einerkajak-Paddler aus dem Gleichgewicht gebracht. In Wellen, die man rechtzeitig sieht, sollte man möglichst im rechten Winkel einfahren.

Besondere Sorgfalt ist beim Paddeln mit Kindern zu beachten. Eigentlich ist es selbstverständlich, dass ohne angelegte Schwimmweste keine Tour beginnen darf, dies gilt natürlich auch für Fahrten, an denen keine Kinder teilnehmen. Bei Gruppenfahrten sollte auch in wenigstens jedem dritten Boot ein Erwachsener sitzen, denn auf dem Wasser zieht sich die Truppe schnell auseinander. Wenn ein Tourenbegleiter den letzten Bootsbesatzungen noch erklärt, wie das Paddel zu halten ist, sind die Pfiffigeren schon hinter der nächsten Biegung verschwunden und treiben möglicherweise Unsinn. Bei Gruppenfahrten sollte stets Rücksicht auf die Schwächsten der Gruppe genommen werden.

Und wenn trotz aller Vorsicht mal ein Unfall

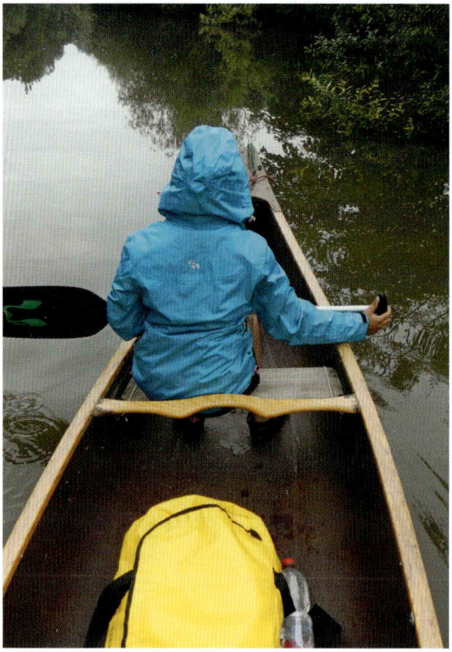

Gleich paddeln wir los – auch bei Regen!

passiert ist, sollte man eine Erste-Hilfe-Tasche an Bord haben und Erste-Hilfe-Maßnahmen leisten können.

4. Umweltschutz, Müllentsorgung

Als Paddler sollte man Rücksicht auf die Tier- und Pflanzenwelt nehmen; auch wenn man sich nicht in einem geschützten Biotop befindet. Folgende Regeln sollte darum jeder überall einhalten:

- Einfahren in Röhrichtbestände und andere dichtbewachsene Uferbereiche vermeiden,
- Vogelansammlungen weiträumig umfahren,
- Überfahren besonders flacher Gewässerpartien vermeiden,
- Zum Anlanden nur die dafür vorgesehenen und gekennzeichneten Stellen verwenden oder solche, an denen kein Schaden angerichtet werden kann,
- nicht „Schwarzzelten"!

Weitere Einschränkungen oder Besonderheiten, die auf Grund eines speziellen Schutzstatus wie Nationalpark, Biosphärenreservat oder Naturschutzgebiet gelten, werden in den Tourenbeschreibungen separat erwähnt.

Paddeln macht hungrig und vor allem durstig. Proviant wird auf fast jeder noch so kleinen Tour mitgenommen. Aber wohin mit dem ganzen Abfall nach der Pause?

Wer Übernachtungsplätze wie Campingplätze, Pensionen oder Privatquartiere nutzt, kann dort seinen Müll entsorgen. Ansonsten gibt es an manchen Schleusen oder Wasserwanderrastplätzen Mülltonnen. Besonders dankbar sind Unternehmen, Schifffahrtsamt und Kommunen, wenn der Müll gleich getrennt nach Papier-, Glas- und Grüner-Punkt-Verpackungsabfall entsorgt wird. Leider erlebt man es immer wieder, dass die Abfälle achtlos in der Natur landen. Nicht nur Angler und motorisierte Bootsfahrer hinterlassen so ihre Andenken. Auch unter den Kanuten gibt es schwarze Schafe. Es kann doch für keinen ein Problem sein, die Verpackungen, die voll transportiert wurden, auch entleert bis zur nächsten Mülltonne mitzunehmen.

5. Reisezeit

Da selbst im Winter die Flüsse und Seen nur an wenigen Tagen mit einer Eisdecke überzogen sind und nicht befahren werden können, hängt es somit stark von der Einstellung des Paddlers ab, welche Jahreszeit ihm die liebste ist.

Frühling: Nach den trüben Wintertagen drängt ab Ostern alles in die Natur. Eine Vielzahl von Blumen erblüht und die Vögel sind von ihren Überwinterungsplätzen zurückgekehrt. Dennoch beginnt die Tourismussaison nur verhalten. Auf den Flüssen und Seen ist vor allem an den Arbeitstagen kaum ein Boot unterwegs. Erst ab Mitte Mai wagen sich mehr Urlauber aufs Wasser. Die Ausnahme bilden die Wochenenden über Christi Himmelfahrt und Pfingsten. Dann sind alle Bootsvermieter ausgebucht, und mehr Getümmel als jetzt herrscht auf den Gewässern auch im Hochsommer nicht.

Sommer: Es ist Hauptsaison, vor allem für Familien mit Kindern. Neben Wassersportlern erkunden Radler, Wanderer, Reiter und Angler das Revier. Wem beim Paddeln zu heiß wird, findet beim Baden in den sauberen Seen eine willkommene Erfrischung. Ruhe und Stille auf den Seen herrschen jedoch nur noch am frühen Morgen und in den Abendstunden. Dafür geht die Sonne auch sehr zeitig auf und spät unter. Allerdings haben auch Mücken und Bremsen Hochkonjunktur. An den Wochenenden ist überall etwas los. Jedes noch so kleine Dorf feiert sein Volksfest.

Herbst: Der Trubel des Sommers ist vorbei. Auf dem Wasser wird es zunehmend einsamer. Sich begegnende Kanuten grüßen wieder. Die Blätter färben sich bunt. Nachts fällt die Temperatur schon mal in Richtung Gefrierpunkt, aber tagsüber sind die Temperaturen noch durchaus angenehm. In den Wäldern wachsen Unmengen von Pilzen, allerdings kaum noch Beeren. Die Ruhe nach einem hektischen Sommer ist Balsam für die Seele.

Winter: Strenge Winter sind eher die Ausnahme. Einige Tage frieren die Seen in jedem Jahr zu, aber nach einem Wärmeeinbruch mit Regen sind sie auch bald wieder eisfrei. Man hat die Gewässer wirklich ganz für sich allein. Abends in der gemütlichen Pension beim heißen Grog ist die nasse Kälte schnell vergessen. Wer es härter mag, findet aber auch auf einigen über Winter geöffneten Campingplätzen einen Platz fürs Zelt.

6. Literatur, Karten, Zeitschriften

Vom Jübermann-Verlag gibt es sehr gute Wasserwanderführer über das gesamte Gebiet. Hinzu kommen Karten, die spezielle Regionen darstellen.

- Deutsche Generalkarte 1 : 200.000, Blatt 13 und 15

Wer sich über das Paddeln ganz allgemein auf dem Laufenden halten möchte, kann in Deutschland aus einer ganzen Reihe von Zeitschriften wählen: Da ist das Magazin des Deutschen Kanu-Verbandes, der "KANU-SPORT" (*www.kanu-sport.com*). Weiterhin gibt es das Kanu Magazin (*www.kanumagazin.de*) und das Kajak Magazin (*www.kajak-magazin.com*).

7. Kanu-Verbände und -Vereine

- Deutscher Kanu-Verband e.V., Bertaallee 8
  47055 Duisburg, *www.kanu.de*
- Hessischer Kanu-Verband e.V.
  Otto-Fleck-Schneise 4, 60528 Frankfurt/Main
  Tel.: 069/673093, Fax: 069/675518
  HessischerKanuVerband@t-online.de
  www.kanu-hessen.de
- Pfälzischer Kanu-Verband e.V.
  Jörn von zur Mühlen (Präsident)
  Karl-Peters-Str. 60, 67657 Kaiserslautern
  Tel.: 0631/44484, Fax: 0631/3403787
  kanupfalz@gmx.de. *www.kanupfalz.de*
- Kanu-Verband Rheinhessen e.V.
  Klaus Anderweit (Präsident)
  Sachsenring 24, 67583 Guntersblum
  Tel.: 06249/7625
  praesident@kanu-rheinhessen.de
  www.kanu-rheinhessen.de
- Kanuverband Rheinland e.V.
  Michael Weber (Präsident)
  Euchariusstr. 32, 54290 Trier
  Tel.: 0651/307514, Fax: 0651/9933023
  info@kanu-rheinland.de
  www.kanu-rheinland.de
- Saarländischer Kanu-Bund
  Hermann-Neuberger-Sportschule 1
  66123 Saarbrücken
  Tel.: 0681/3879-111, Fax: 0681/3879-180
  kanu@lsvs.de, *www.kanu-saar.de*

Die Adressen der Kanu-Vereine findet man auf www.kanu.de | DKV | Vereinssuche.

STROMGEBIET WESER
Tour 1: Werra

An den südlichen Hängen des Thüringer Waldes bei Eisfeld entspringend, fließt die Werra, die der östliche Hauptquellfluss der Weser ist, durch ein breites Tal. Hier wird sie von der Vorderrhön immer mehr nach Norden abgedrängt. Im »Salzbogen« zwischen Bad Salzungen und Mihla wird das Werrawasser durch Kalisalze angereichert, die hier über Jahrhunderte aus dem Erdinnern gefördert werden.
Riesige Abraumhalden bestimmen an manchen Stellen das Talbild des Flusses, der am stärksten mit Salz belastete Fluss in Europa. Die Werra bahnt sich in vielen vollendeten Schleifen den weiteren Weg durch die abwechslungsreiche Mittelgebirgslandschaft zwischen dem Hainich und dem Schlierbachwald. Stolze Burgen und Schlösser begleiten die Werra auf ihrem Lauf in der schon immer exponierten Grenzlage zwischen Hessen und Thüringen, und manche Altstadt wie Meiningen, Creuzburg, Eschwege und Witzenhausen spiegelt ihre historischen Gemäuer im glatt dahinfließenden Wasser. Eingezwängt von den steilen Hängen des Kaufunger Waldes in ein enges, tief eingeschnittenes Tal, erreicht die Werra nach fast 300 km Flusslänge die Fulda, um mit dieser zusammen die Weser entstehen zu lassen.

Werra - Quellfluss der Weser

Etappe: Hörschel – Hann. Münden 116 km
Tourdauer: 4-5 Tage

Obwohl die Werra als Wanderfluss schon ab Meiningen auch für Zweier befahrbar ist, beginnen wir unsere Kanu-Wanderung erst am Zeltplatz des KC in Hörschel. Der Grund: 13 unbefahrbare Wehre versperren den oberen Flussabschnitt. *KC Rennsteig Hörschel/Werra, Rennsteigstraße 11, 99817 Eisenach, (51.0085,10.2247) www.kanuclub-hoerschel.de*
Bald nach dem Start erreichen wir das Kraftwerk Spichra, an dem wir links umtragen, und paddeln bald durch einen großen Flussbogen. Links zeigt sich die Ringmauer des mittelalterlichen Städtchens Creuzburg, in dessen engen Gassen die Zeit stehen geblieben ist.
Die anschließende einsame Fahrt durch das vielfach gewundene, enge Werratal wird nur

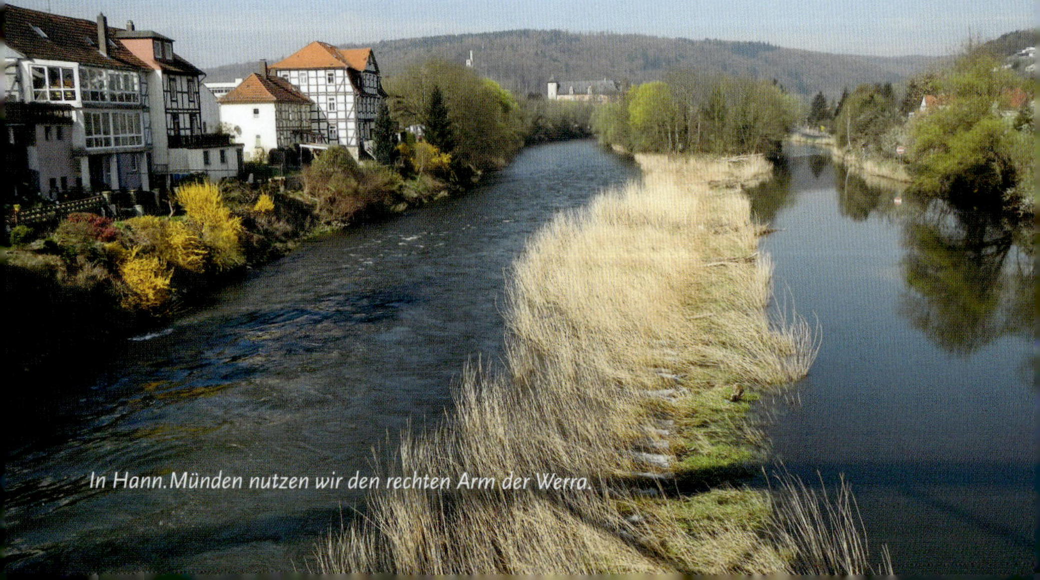

In Hann.Münden nutzen wir den rechten Arm der Werra.

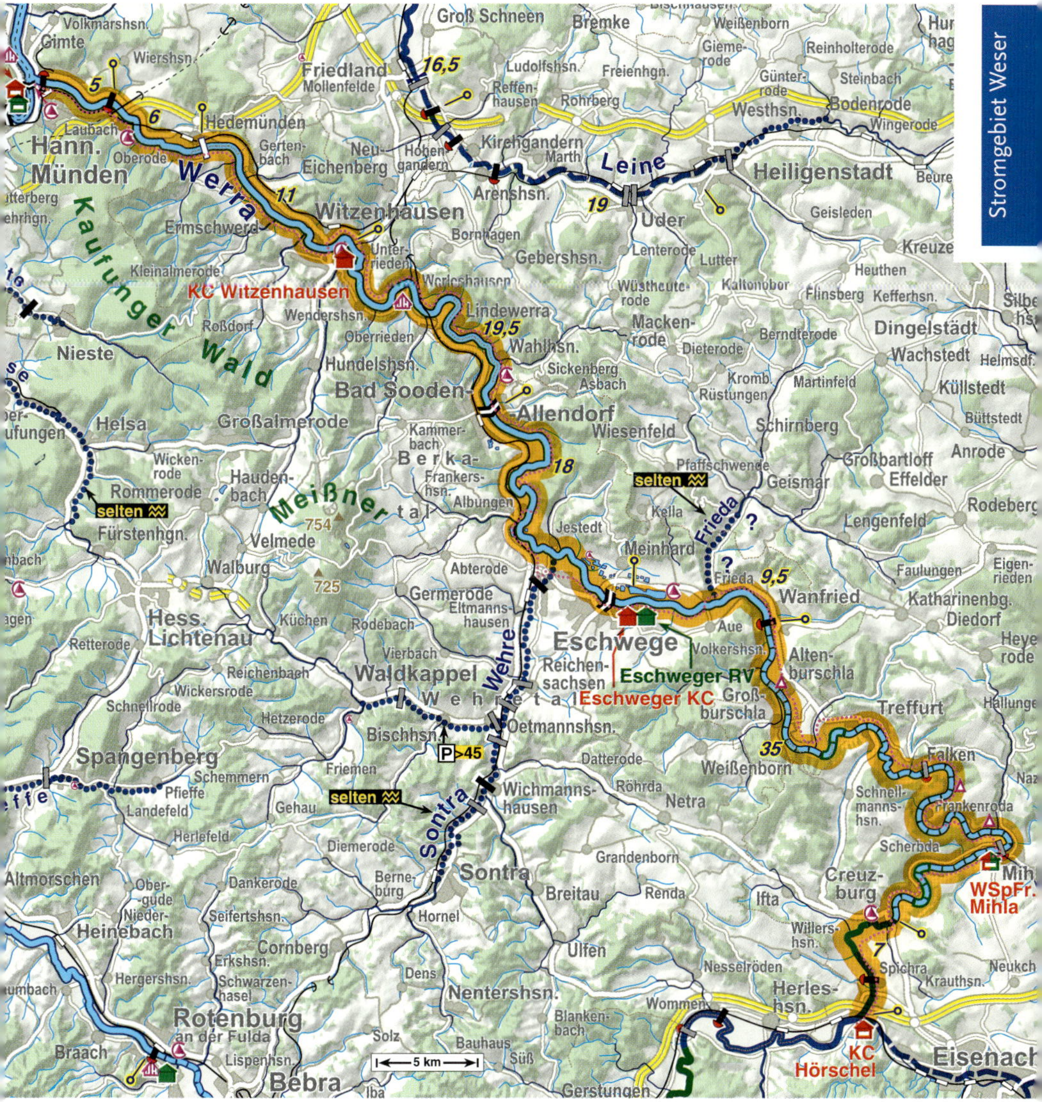

von den schrägen Wehren in Mihla und in Falken unterbrochen. Einladende Kiesbänke säumen die Innenbögen der vielen Flussschleifen, und nach den ehemaligen Grenzorten Treffurt und Großburschla erreichen wir Altenburschla. Eine gute Strömung treibt unsere Boote nach Wanfried, an dessen unbefahrbarem Wehr wir links umtragen. Hier endete im vorigen Jahrhundert die Weser-Werra-Schifffahrt; alte Warenspeicherhäuser zeugen vom geschäftigen Leben des damaligen Binnenhafens.

Nach einer Flussbiegung bei Frieda weitet sich das Tal kesselartig aus, rechts am Hang steht Schloss Wolfsbrunnen, vor uns der Bismarck-

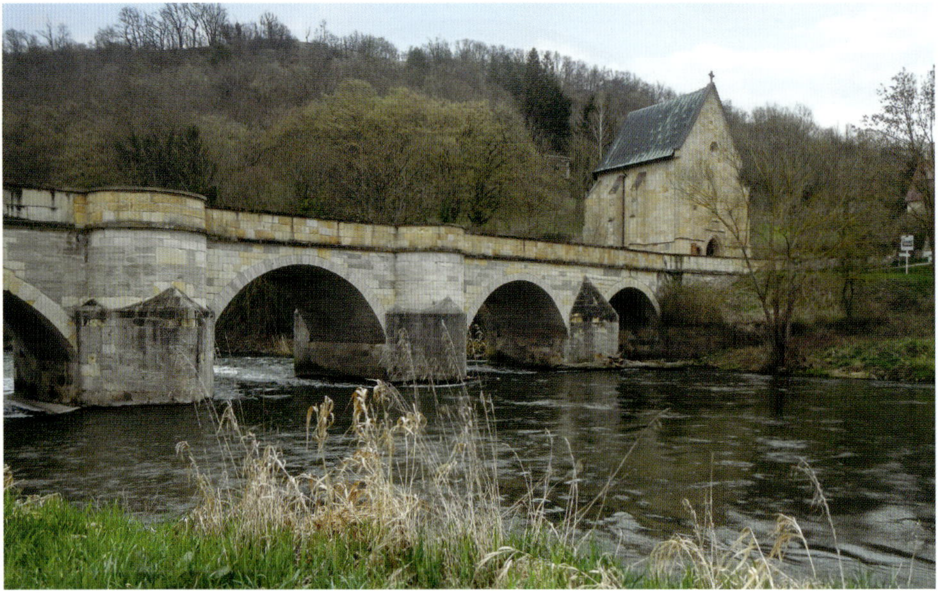

Diese steinalte Brücke kreuzt die Werra bei Creuzburg.

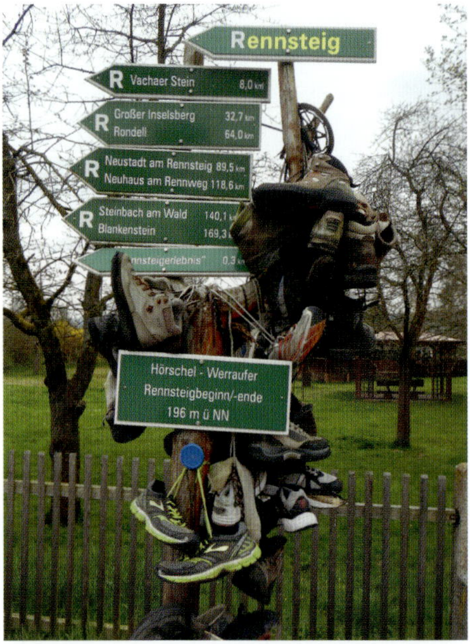

In Hörschel beginnt auch der Rennsteig.

turm am großen Leuchtberg, hinter dem sich die alte Landgrafenstadt Eschwege versteckt. Linksufrig am Bootshaus des Eschweger Kanuclubs lassen wir unsere Kajaks liegen.

KC Rennsteig Hörschel/Werra, Rennsteigstraße 11 99817 Eisenach, (51.0085,10.2247)
www.kanuclub-hoerschel.de

Bei der Weiterfahrt, nach Passieren des hübschen »Klein-Venedig«, müssen wir kurz nach der Straßenbrücke am Ende des schrägen Überfallwehrs die Kanus umtragen oder wir nutzen die Selbstbedienungsschleuse. Vorbei am Schloss, dann die letzten Gebäude des großen Industriegebiets linker Hand hinter uns lassend, erreichen wir Jestädt. Kurz nach dem Felsen des »Weinbergs« beginnt eine landschaftlich sehr ansprechende Talstrecke. Burg Fürstenstein, die Andreaskapelle und Schloss Rothestein begleiten die Flussschleifen. Bei langsamer werdender Strömung erwarten uns das erste und zweite Allendorfer Wehr; wir

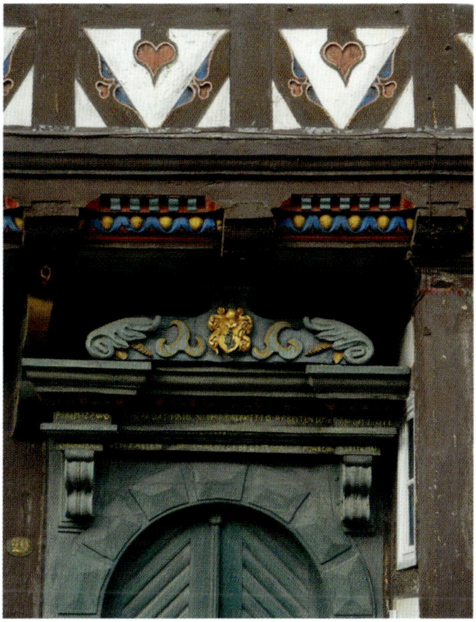

Fachwerk und Schnitzereien im mittelalterlichen Allendorf.

paddeln jeweils rechts im Fluss weiter. Vor der alten Steinbrücke liegt das dritte Wehr; hier tragen wir die Boote über die Treppenanlage links um. Ein Parkplatz bei der Brücke erleichtert das Abladen der Kanus beim Ein-und Aussetzen. Wir könnten natürlich auch rechts die alte, selbstbedienbare Schleuse ansteuern. An der Schleuse kann man die Boote auch umtragen. Die Fahrt entlang der farbigen, mittelalterlichen Häuserkulisse lohnt sich. Die Schleusenanlage ist jedoch nicht immer in Betrieb. Nach der ausgeprägten Hufeisenschleife bei Lindewerra durchbricht die Werra den Bergriegel zwischen Ludwigstein und der Hasenkanzel. Das Tal öffnet sich, und in der Flussbiegung bei der Flachsbachmühle erhaschen wir beim Zurückschauen den berühmten Zweiburgenblick. Das nun flache Tal ertrinkt im Frühling in der weißen Farbe der blühenden Kirschbäume, welche die sanft ansteigenden Hänge rings um Witzenhausen bedecken. Im Sommer, nach der Ernte, dreht sich das ganze Gemeindeleben in dieser alten Stadt um die süßen Kirschen. Alljährlich wird das Kirschfest gefeiert, eine Kirschkönigin wird gekrönt, und aus dem Stadtbrunnen am Marktplatz fließt statt Wasser Kirschsaft. Weiter flussabwärts nähern sich links die Ausläufer des Kaufunger Waldes, und bei guter Strömung paddeln wir an den alten Fachwerkdörfern Gertenbach und Blickershausen vorüber. Vor dem Städtchen Hedemünden steuern wir an der Flussgabelung unsere Boote in den linken Flussarm, »die Lache«; dadurch umfahren wir das Hedemünder Wehr. Die Strömung lässt bald nach; langsam paddeln wir in ein bewaldetes Engtal hinein. Es kommt eine Bootsanlegestelle und hoch über dem Fluss die schlanke, 400 m lange Autobahnbrücke. Noch ein paar hundert Meter und wir legen links vor der Schleuse neben dem mit Türmchen versehenen Wehr des Kraftwerks »Letzter Heller« an .

Jetzt heißt es aussteigen, Boote auf die bereitstehenden Wagen, dann kräftig bremsen – es geht steil hinunter zum Unterwasser. Wir lassen uns für die letzten Kilometer durch das grüne Tal viel Zeit. Die ersten Häuser der Stadt Hann. Münden ziehen an unseren Booten vorbei, unter der Eisenbahnbrücke halten wir uns rechts und erreichen so unter der alten Steinbogenbrücke hindurch die kleine Insel vor der Bootsschleuse. Ein Wagen erleichtert uns wieder das Umtragen. Nach wenigen Paddelschlägen sehen wir links auf der Inselspitze den Weserstein; hier, am Zusammenfluss der Fulda und Werra, beginnt die Weser. Wir fahren stromauf in den Schleusenkanal, wo wir neben dem Campingplatz an der Schleuse anlegen können.

Camping „Grüne Insel Tanzwerder“
links vom Schleusenanleger, Tanzwerder 1
34346 Hann.-Münden
Tel: 05541 12257, (51.4166,9.6480)
www.camping-und-kanu.de

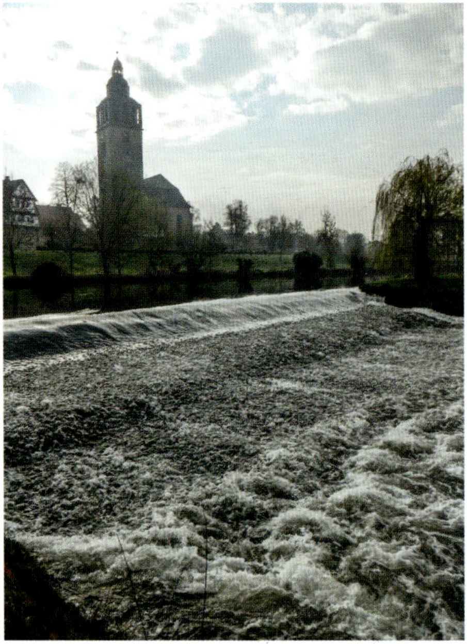

Das dritte Wehr in Allendorf umtragen wir links.

KURZ-INFO WERRA

Charakter, Tipps:

Durch eine abwechslungsreiche, reizvolle Mittelgebirgslandschaft gemächlich fließender Wanderfluss, ohne irgendwelche wassertechnischen Schwierigkeiten mit allen Bootstypen ganzjährig befahrbar. Besonders in der Obstbaumblütezeit (Kirschbaumblüte) ist eine Wanderfahrt zu empfehlen. Die Wehranlagen zwischen Spichra und Münden müssen umtragen werden, nur die Schleusen in Bad Sooden Allendorf und Eschwege sind betriebsbereit. An der größeren Stauanlage »Letzter Heller« erleichtert eine Umtragerampe mit Wagen das Umsetzen der Boote. Die Werra ist im beschriebenen Abschnitt zwar Bundeswasserstraße, doch findet kein Schiffsverkehr mehr statt.
Die Wasserbelastung durch Salzeinleitungen aus den Kalibergwerken ist in den letzten Jahren weitgehend zurückgegangen.

Auto nachholen:

Eine fast durchgehende Pkw-Begleitung ist möglich. Die im Flusstal führende Eisenbahnstrecke erlaubt ein Zurückholen der abgestellten Autos mit der Bundesbahn. Gut ausgebauter Werratal-Radweg.

Befahrensregelung.

In den NSG bei Treffurt und Witzenhausen ist die Durchfahrt erlaubt, es besteht jedoch Anlandeverbot.

Zeltmöglichkeiten

- Zeltplatz KC Rennsteig Hörschel
- Zeltplatz Altenburschla
- beim Bootshaus des Kanuclubs, Camping Eschwege am Werratalsee
- Camping bei Jestädt, Albungen
- Camping Witzenhausen, Bootshaus des Witzenhäuser Kanu-Club
- Camping Wallhausen, Laubach
- Camping Hann. Münden

Karte:

Generalkarte 1 : 200.000, Blatt 11

Pegelstand:

Die Werra ist ab Hörschel ganzjährig befahrbar.

Literaturhinweis:

- Deutsches Flusswanderbuch
- DKV-Gewässerführer Hessen, Rheinland-Pfalz und Saarland

Tour 2: Fulda

Fast 180 km legt die Fulda von ihrer Quelle an der Wasserkuppe in der Rhön bis zum Weserstein in Münden zurück. Auf dem vielfach gewundenen Weg durchquert sie, in nördlicher Richtung fließend, das geschichtsträchtige Land zwischen Rhön und Vogelsberg und verbindet dabei die barocke Bischofsstadt Fulda mit Bad Hersfeld, dessen romanische Stiftskirche jahrhundertelang die größte nördlich der Alpen war. Bei Bebra knickt der Flusslauf nach Nordwesten ab, um eingeengt im lieblichen, von steilen Waldhängen umsäumten Tal von der schmucken Residenzstadt Rotenburg durch die Enge von Beiseförth nach Melsungen zu eilen. Nach der großen Schleife bei Büchenwerra lockern die schroff abfallenden Berghänge ihre enge Umarmung, und die Fulda, von links gestärkt durch das klare Wasser der Eder, tritt in die Talweite von Kassel ein. Ein reizvoller architektonischer Teil der schönen Großstadt geworden, durchsägt sie nördlich die letzten Ausläufer des Kaufunger Waldes, um am Weserstein in Hann. Münden durch den berühmten »Kuss« mit der Werra die Weser entstehen zu lassen.

Fulda - Quellfluss der Weser

Etappe: Bad Hersfeld – Hann. Münden
121 km
Tourdauer: 4-5 Tage

Unsere Flusswanderung beginnt in Bad Hersfeld, wo schon im frühen Mittelalter die dort ansässigen Benediktinermönche mittels Einbäumen einen Bootsverkehr zwischen ihrem Kloster und dem in Fulda aufrechterhielten. Nach der Stadtbesichtigung finden wir eine gute Einbootstelle am Hersfelder Kanuclub oder beim Reit-und Fahrverein.
An der Bleiche, 36251 Bad Hersfeld
(50.8610, 9.7025), www.hersfelder-kanu-club.de
Am nahen Steilwehr erleichtert ein Treppchen das Umtragen der Boote.
Unter mehreren Brücken hindurch trägt uns die Fulda zuerst im ausgebauten, regulierten Flussbett zum Mecklarer Wehr, an dem wir links umtragen. Kurz danach folgt Bebra, heute ein wichtiger Eisenbahnknotenpunkt. Hier ändert die Fulda in einem Linksbogen ihre Fließrichtung nach Nordwesten. Rechts, unweit des Flusses, liegt das 1200-jährige Lispenhausen mit seiner Wasserburg. Nach der Haselbachmündung paddeln wir am Rotenburger Campingplatz vorbei und steuern links vor der Stadtbrücke zur

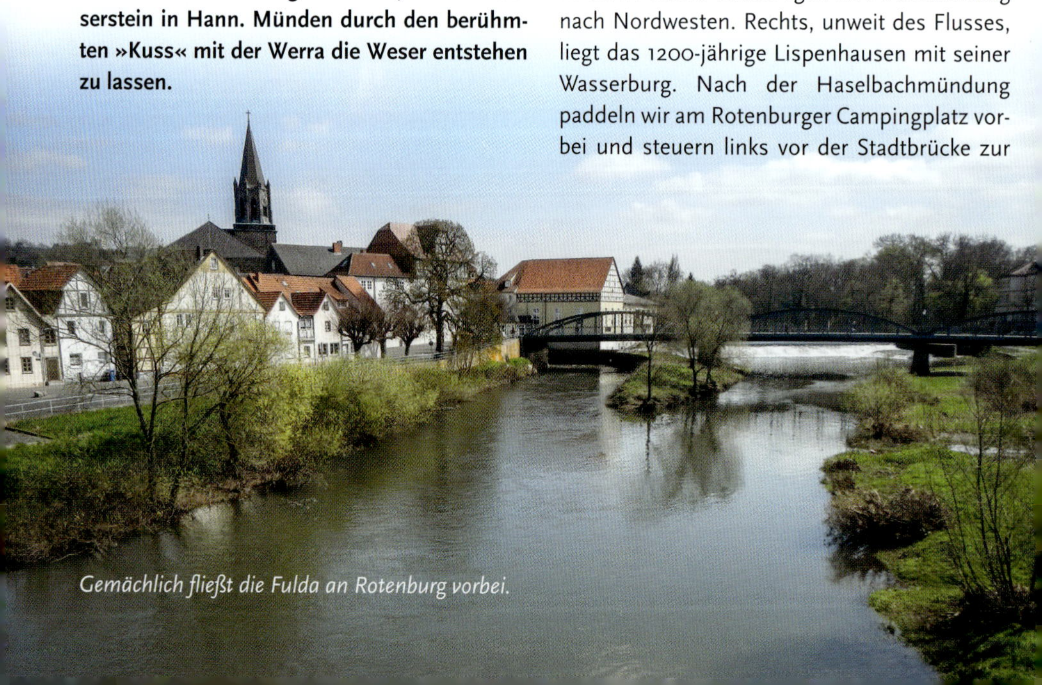

Gemächlich fließt die Fulda an Rotenburg vorbei.

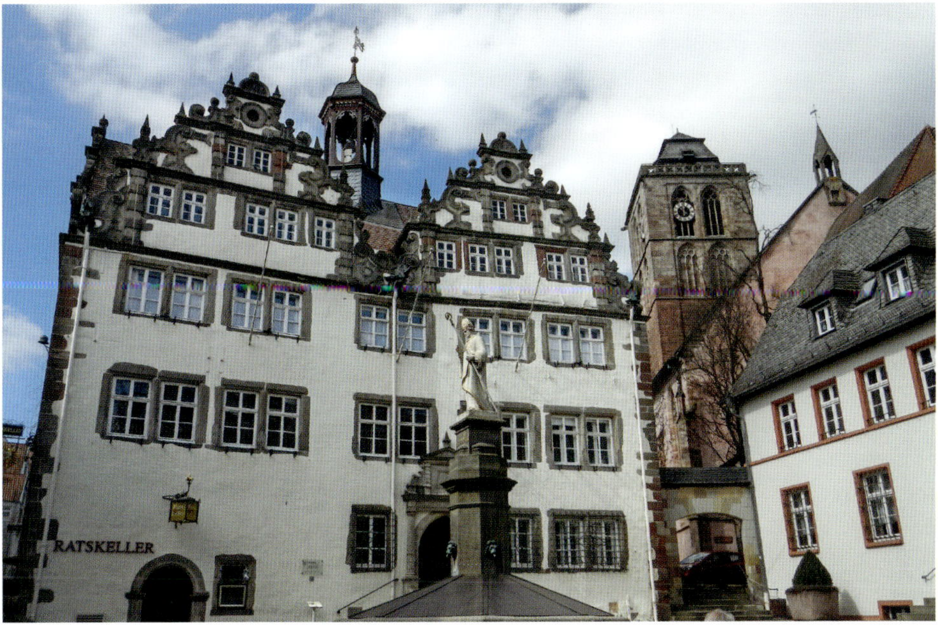

Das Rathaus von Bad Hersfeld mit Renaissancefassade.

ehemaligen, nun verschütteten Schleuse, wo wir links umtragen können.

Bei der Weiterfahrt begleitet uns entlang des Flusses eine schöne Fachwerkfront Wir haben nun eine reizvolle Strecke durchs wiesenreiche Fuldatal vor uns, das beiderseits von bewaldeten Höhenzügen eingefasst ist. In Morschen lugt die gotische Kirche des sehenswerten ehemaligen Zisterzienserklosters hervor. Die links liegende Stauanlage können wir selbst bedienen, doch schneller geht das Umtragen über die festen Landestege. Mit Faltbooten achten wir auf die Untiefen und spitzen Steine unter der nächsten Brücke sowie unter der Eisenbahnbrücke der Schnellstrecke Hannover-Würzburg.

Das Tal verengt sich noch weiter, es folgt der Durchbruch von Beiseförth. Über kleine Schwalle und. Schnellen paddeln wir durch die bewaldete Engstrecke, die bis Guxhagen mit vielen schönen Flussschlingen aufwartet. Nur das Wehr in der alten »Bartenwetzerstadt« Melsungen unterbricht die flotte Strömung. Es wäre fast eine Sünde, hier nicht aus dem Boot zu steigen, um die Altstadt zu besuchen. Vor der Selbstbedienungsschleuse an der sechsbogigen Steinbrücke nisten manchmal Schwäne, deshalb bitte im weiten Bogen anfahren. Ebenso treibt sich ein Schwanenpärchen an der Anlegestelle am großen Parkplatz herum; doch ist es recht zahm und friedlich.

Am Schwall unter der Grebenauer Brücke beginnt dann die einzigartige große Fuldaschleife, in welcher der lang gestreckte Umlaufberg von Büchenwerra den Fluss mehrere Kilometer in südliche Richtung abdrängt, bis er sich in einer scharfen Kurve wieder seinen Weg nach Norden zurückerkämpft.

Am Auslauf der Guxhagener Schleuse beachten wir bei Niedrigwasser die flachen Stellen, da eine Grundberührung mit dem Faltboot meist nicht ohne Folgen bleibt. Nach der Autobahn-

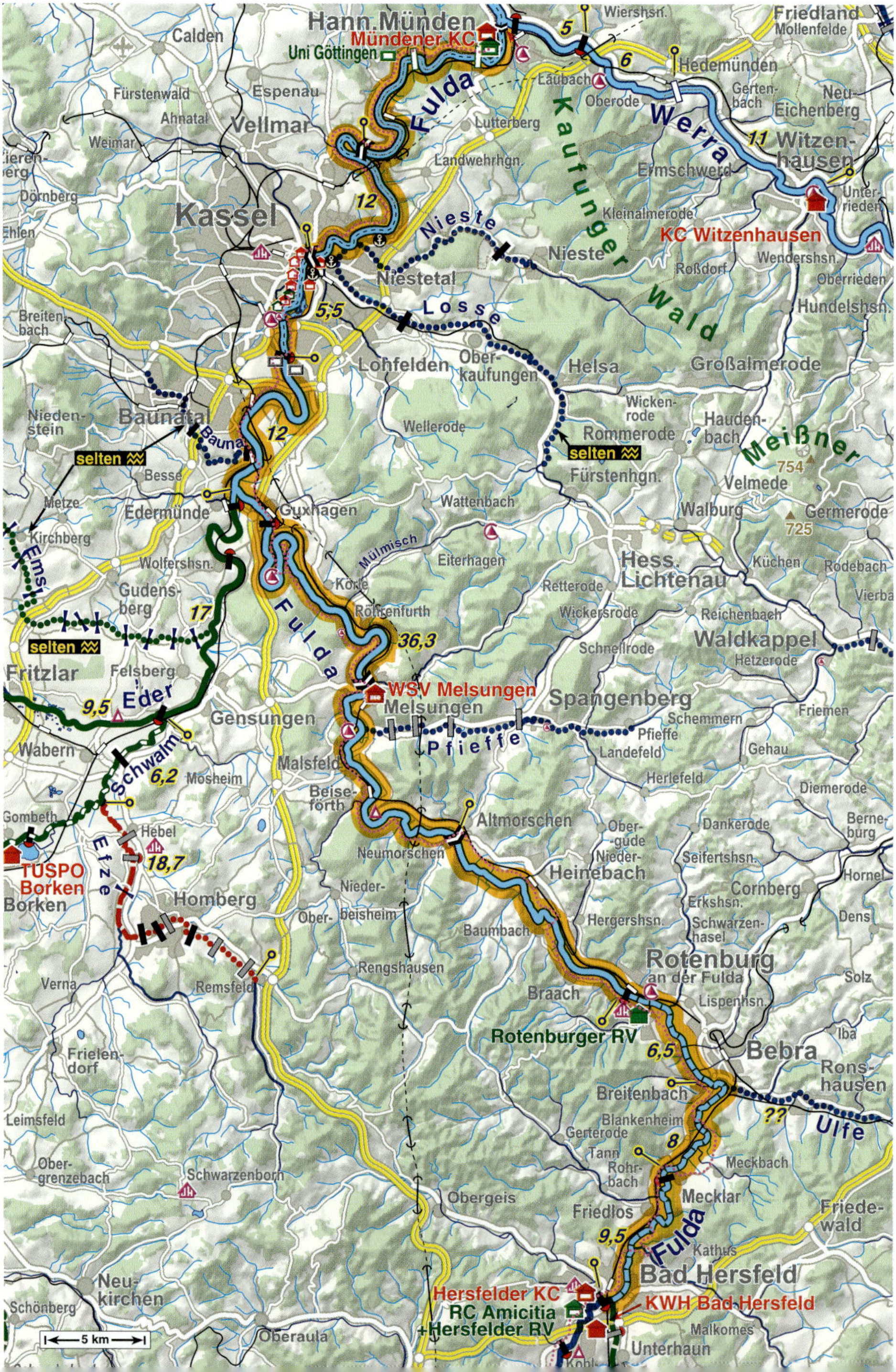
Hann. Münden
Mündener KC
Uni Göttingen
Fulda
Werra
Kaufunger Wald
Calden
Fürstenwald
Espenau
Ahnatal
Vellmar
Weimar
Dörnberg
Ehlen
Kassel
Lutterberg
Landwehrhgn.
Laubach
Oberode
Wiershsn.
Hedemünden
Friedland
Mollenfelde
Gerten-bach
Neu-Eichenberg
Witzen-hausen
Ermschwerd
Unter-rieden
Kleinalmerode
KC Witzenhausen
Wendershsn.
Oberrieden
Hundelshsn.
Roßdorf
Nieste
Niestetal
Losse
Breiten-bach
Lohfelden
Ober-kaufungen
Helsa
Großalmerode
Wicken-rode
Rommerode
Hauden-bach
Meißner
754
725
Nieden-stein
Baunatal
Bauna
selten
Wellerode
Fürstenhgn.
Velmede
Walburg
Germerode
Besse
Metze
Edermünde
Guxhagen
Wattenbach
Kirchberg
Emsi
Wolfershsn.
Mülmisch
Eiterhagen
Hess. Lichtenau
Küchen
Rodebach
Gudens-berg
Körle
Röhrenfurth
Retterode
Wickersrode
Reichenbach
Fritzlar
Felsberg
36,3
Schnellrode
Waldkappel
Hetzerode
Eder
WSV Melsungen
Melsungen
Spangenberg
Gensungen
Wabern
Schwalm
Pfieffe
Schemmern
Landefeld
Friemen
Gehau
Malsfeld
Mosheim
Beise-förth
Herlefeld
Diemerode
Gombeth
Altmorschen
Ober-gude
Nieder-gude
Dankerode
Berne-burg
Hebel
Neumorschen
Heinebach
Seifertshsn.
TUSPO Borken
Borken
Efze
Homberg
Nieder-beisheim
Ober-beisheim
Cornberg
Erkshsn.
Hornel
Dens
Hergershsn.
Schwarzen-hasel
Baumbach
Rengshausen
Rotenburg an der Fulda
Verna
Remsfeld
Braach
Lispenhsn.
Solz
Rotenburger RV
Bebra
Iba
Frielen-dorf
Breitenbach
Rons-hausen
Blankenheim
Gerterode
Ulfe
Leimsfeld
Tann
Rohr-bach
Meckbach
Ober-grenzebach
Schwarzenborn
Obergeis
Mecklar
Friedlos
Friede-wald
Kathus
Bad Hersfeld
Neu-kirchen
Hersfelder KC
KWH Bad Hersfeld
Schönberg
RC Amicitia +Hersfelder RV
Malkomes
Oberaula
Unterhaun
5 km
5
6
11
12
5,5
17
9,5
6,2
18,7
6,5
8
??

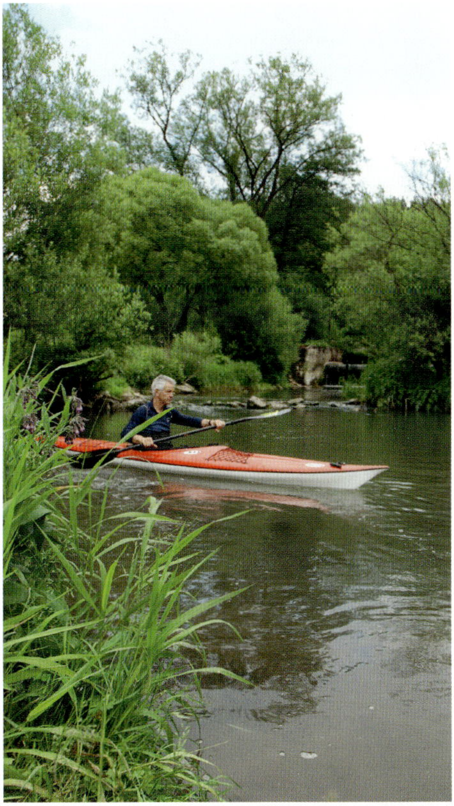

Grün umsäumt fließt die Fulda.

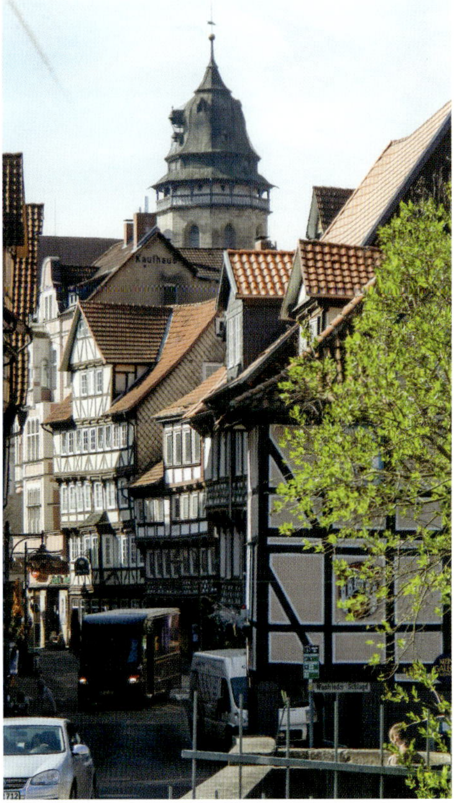

Die Altstadt von Hann. Münden ist ein Hingucker.

brücke gesellt sich unauffällig die Eder zu uns, deren grünes, klares Wasser sich lange mit dem dunklen der Fulda mischt. Nach Guntershausen (guter Ausbootplatz in Bahnhofsnähe) leuchtet am Hang links oben das Hotel »Felsenkeller«. Dahinter treiben die Kanus in die schöne, ebenmäßige Malerwinkel-Schleife.
Die Autobahnbrücke sagt uns das neue Mühlenwehr an. Wegen des starken, gefährlichen Wehr- und Turbinensogs legen wir frühzeitig rechts vor der Wehrkrone an Treppen an, um so die Kanus mit einem Gleiswagen zum Unterwasser weiterzubefördern. Danach zieht uns schon die Großstadt Kassel in ihren Bann. Linksufrig, am städtischen Campingplatz oder an einem der vielen Vereinsplätze, finden wir sicher eine Möglichkeit zum Aufstellen unserer Zelte. Mindestens einen Tag reservieren wir, um uns den historischen Gebäuden, Museen, Schlössern oder Kirchen zu widmen. Großzügig angelegte Grünanlagen verschaffen der Stadt eine angenehme Atmosphäre, so dass wir am nächsten oder übernächsten Tag erholt weiterpaddeln können. Am städtischen Walzenwehr (Vorsicht, Sog!) schleusen wir oder fahren die Kanus rechts mit dem Gleiswagen um. Das wieder sehr enge Flusstal überrascht mit immer neuen Landschaftsbildern, die sich nach jedem Bogen kulissenartig vorbeischieben.

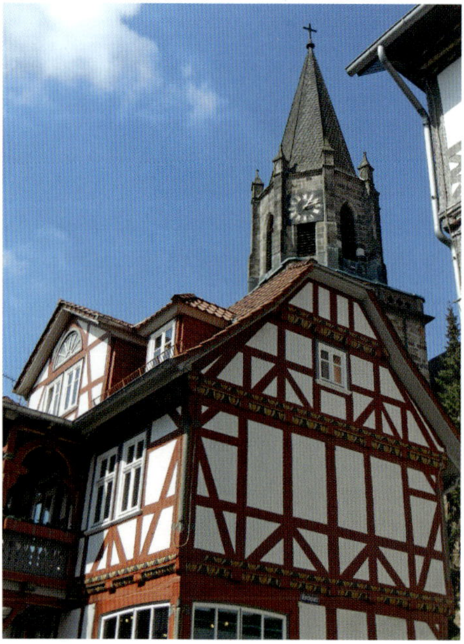

Die Stadtkirche überragt Rotenburg.

Ein Teil der herrlichen Kragenhofener Schleife steht unter Naturschutz; wir halten die Boote streng links in der Außenkurve, um das Gebiet nicht zu gefährden. Es folgen noch die Schleusen von Wahnhausen und Wilhelmshausen. Hier gibt es eine Bootsgasse, genauso wie am umgebauten Wehr in Bonaforth.

Bald darauf erblicken wir die ersten Häuser der wunderschön am Zusammenfluss mit der Werra liegenden Stadt Hann. Münden. Das den linken Flussarm sperrende Wehr ist bei gutem Wasserstand von erfahrenen Kanuwanderern befahrbar. Doch zum Zelten und für eine Stadtbesichtigung steuern wir zur Schleuse hinüber und legen auf der Insel »Tanzwerder« an. Dort erwartet uns ein kanufreundlicher Campingplatz; die Wanderfahrt ist hier zu Ende.

Camping „Grüne Insel Tanzwerder" links vom Schleusenanleger, Tanzwerder 1, 34346 Hann.-Münden, Tel: 05541 12257, (51.4166,9.6480) www.camping-und-kanu.de

KURZ-INFO FULDA

Charakter, Tipps:
Geruhsam fließender Wanderfluss, ab Bad Hersfeld ganzjährig auch mit Faltbooten befahrbar. Landschaftlich eindrucksvoll, steil abfallende Waldhänge begleiten in langen Abschnitten den Flusslauf, nur bei Kassel weitet sich das Tal kesselartig aus. Ab Mecklar Bundeswasserstraße, teilweise mit Kilometrierung versehen, wenig Bootsverkehr. Unterhalb Kassel an Feiertagen verstärkter Motorbootbetrieb, von Kassel bis Spiekershausen Personenschifffahrt. Alle Wehre unterhalb Rotenburg sind mit Schleusenanlagen versehen. Flussaufwärts von Kassel sind die Schleusen für Selbstbedienung eingerichtet, flussabwärts werden sie von Personal bedient (Schleusenzeiten 16.4. – 30.9. bei Tageslicht, gebührenfrei). Ein Teil der Schleusen ist jedoch außer Betrieb; in diesem Fall stehen zum Umfahren der Boote Gleisloren zur Verfügung (diese bitte wieder zum Oberwasser zurückschieben!).

Befahrensregelung:
Auf dem beschriebenen Abschnitt sind derzeit keine Einschränkungen bekannt.

Zeltmöglichkeiten:
Bad Hersfeld, Camping im Geistal, Camping Rotenburg, Beiseförth, Obermelsungen, WSV Melsungen, Guxhagen, mehrere Plätze in Kassel, Hann. Münden.

Sehenswertes:
Bad Hersfeld:
Stadtmauer mit Wehrturm, Rathaus mit herrlicher Renaissancefassade, Ruine der riesigen Stiftskirche (9. Jh.), Katharinen-

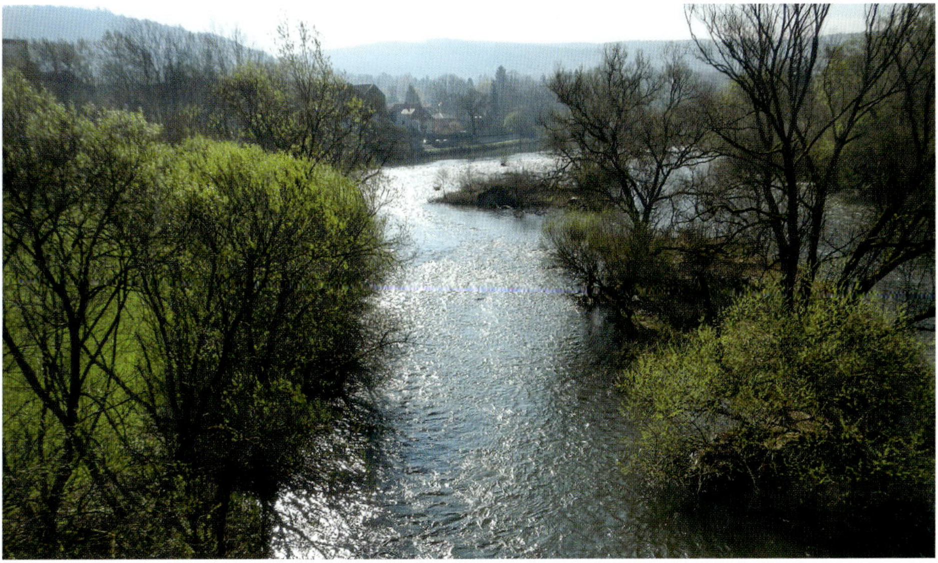

Bei Hann.Münden finden Fulda und Werra zusammen.

turm mit Lullusglocke, gotische Stadtkirche, schöne Fachwerkhäuser, Duden-Denkmal, Kurpark, Schloss Eichhof u.a.

Rotenburg a.d. Fulda:
Ehemalige Residenzstadt, mittelalterliches Stadtbild, Renaissanceschloss, Rathaus mit Freitreppe, Stadtkirche St. Jakob, Stadtmauer mit Hexenturm, Gut Elingerrode u.a.

Altmorschen:
Zisterzienserkloster Heydau mit gotischem Kreuzgang und Engelsaal, schöne Fachwerkhäuser, Orangerie

Kassel:
Eine der schönsten und grünsten deutschen Städte, Stadt der Kirchen, Museen, Galerien und Parks, Brüderkirche (13. Jh.), Martinskirche mit Grabstätten der hessischen Landgrafen, Landesmuseum, Brüder-Grimm-Museum, Staatstheater, Ottoneum, Neue Galerie, Murhard-Park, Park Schönfeld mit botanischem Garten, Karlsaue, Wilhelmshöhe mit Schloss und Park, Herkules, Kaskade u.v.a.

Auto nachholen:
Zwischen Bad Hersfeld und Hann. Münden regelmäßiger Bahnverkehr. Gut ausgebauter Fulda-Radweg.

Karten:
Generalkarte 1 : 200 000, Blatt 11 (13)

Pegelstand:
Die Fulda ist ab Bad Hersfeld ganzjährig befahrbar.

Literaturhinweis:

- Deutsches Flusswanderbuch
- DKV-Gewässerführer Hessen, Rheinland-Pfalz und Saarland

Tour 3: Eder

Im zusammenhängenden Waldgebiet des Rothaargebirges, nicht weit von den Quellen der Lahn und Sieg, erblickt auch die Eder, »die Eilige«, in einer Bergmulde am Hang des fast 680 m hohen Ederkopfes das Licht der Welt. Als schmales Bächlein durchflitzt sie Erndtebrück und in östlicher Richtung durch ein enges Tal hüpfend, sammelt sie die Gewässer des Wittgensteiner Landes. Nach den letzten Schleifen bei Battenberg wird aus ihr ein ausgewachsener Mittelgebirgsfluss, der im steinigen Bett eilend die alte Hessenstadt Frankenberg mit ihrem zehntürmigen Rathaus berührt. Von hier aus fließt die Eder durch ein bewaldetes Tal nordwärts bis nach Herzhausen, um den 26 km langen Eder-Stausee, der sich wie ein enger Fjord zwischen den grünen Kuppen der Ederhöhen windet, zu speisen. Unterhalb der Staumauern, nicht weit von Bad Wildungen, erreicht der Fluss eine fruchtbare Senke und grüßt südlich vorbeifließend die altehrwürdige Domstadt Fritzlar. In der Waberner Ebene wird bei Altenburg die windungsreiche Schwalm aufgenommen. Vorüber an Felsberg und dem aussichtsreichen Heiligenberg, die landschaftlich schöne Wolfershausener Schleife hinter sich lassend, vereint die Eder ihr grünklares Wasser mit den dunklen Fluten der Fulda.

Von den 177 Flusskilometern sind für uns Kanuwanderer ca. 150 km befahrbar. Doch die Befahrung der sportlichen Strecke von Raumland nach Frankenberg, die zwar durch ein reizendes Tal führt, aber dafür mit 17 teilweise befahrbaren Wehren gespickt, ist in Kunststoffbooten nur bei gutem Wasserstand im Frühling oder nach Regenperioden ratsam.

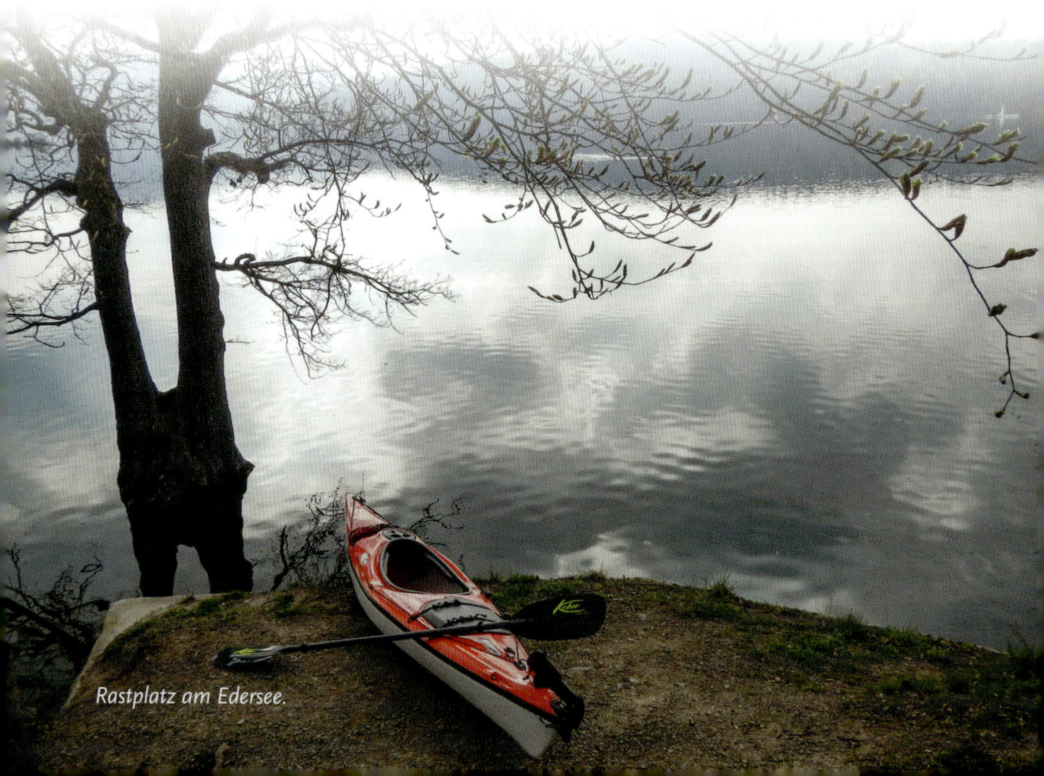

Rastplatz am Edersee.

Eder - Nebenfluss der Fulda

Etappe: Frankenberg – Grifte (Guntershausen) 91 km
Tourdauer: 4-5 Tage

Für eine Wanderfahrt setzen wir unsere Boote in Frankenberg (unter dem Wehr – hier Parkplatz) oder linksufrig über eine Zufahrt von der Straße Frankenberg – Schreufa rechts vor einer Schlosserei ein. Dabei umgehen wir die lange Treidelstrecke, die im Frühsommer durch Ableiten des Flusswassers in Frankenberg entsteht. Gegenüber der Einsatzstelle schießt das Wasser wieder zurück in den Fluss. Linksufrig begleitet uns noch eine Eisenbahnstrecke, rechts schmiegt sich die gut ausgebaute und an Wochenenden dicht befahrene B 252 an den Fluss, doch hier unten am Wasser wirkt sie nicht störend. Wir paddeln uns ein, und die ersten leichten Schwallstrecken mit lustig spritzenden Wellen lassen diesen typischen Mittelgebirgsfluss gleich am Anfang sympathisch erscheinen. Das Wasser ist sauber, ellenbogenlange Forellen flitzen gegen die Strömung an den Booten vorbei. Nach drei Kilometern erscheint das einzige Wehr bis zum Stausee; wir sind in Viermünden. Ohne Probleme tragen wir rechts an der Wehranlage kurz um.

Wir wundern uns über die Netze, die über den Mühlenkanal gespannt sind. Die Lösung des Rätsels sehen wir etwas später in den grau gefiederten Gestalten der Graureiher, die regungslos im seichten Wasser des Flusses ihrer Beute auflauern. Wir legen die Paddel an, die Strömung trägt uns sehr nah an diese prächtigen Wasservögel heran. Erst wenn wir uns ihnen zu sehr nähern, heben sie leicht und elegant ab. Noch einmal begegnen wir einer größeren Kolonie; die Reiher sitzen links auf hohen Fichten über dem Fluss. Rechts am Hang lugt aus dem Wald Burg Hessenstein, heute eine Jugendherberge.

Nach der Orkemündung legen wir rechts an,

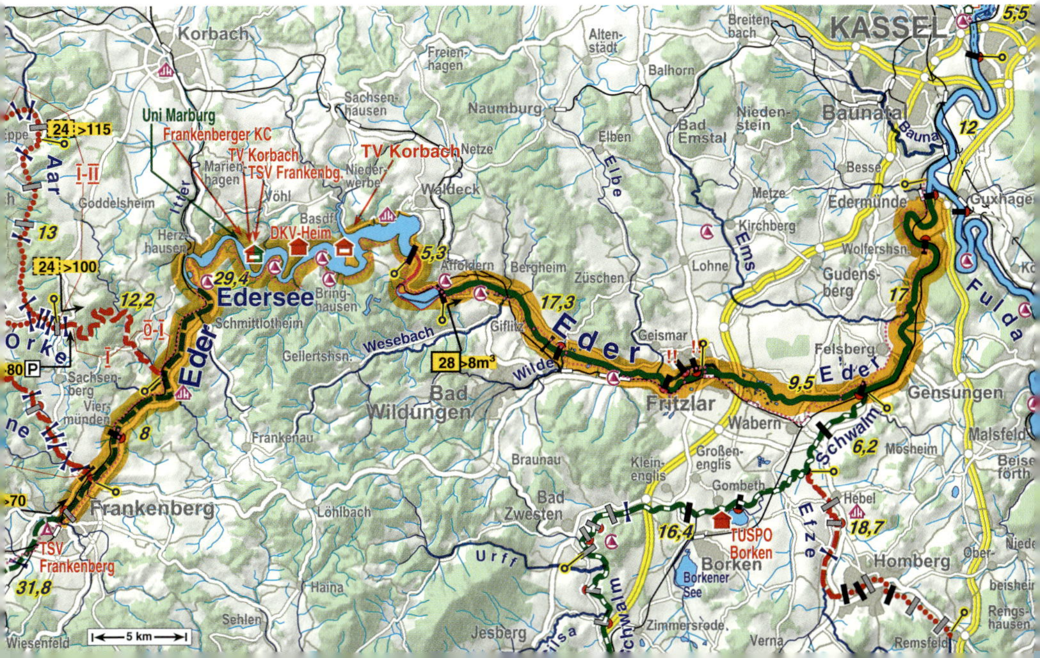

eine Vesperpause ist fällig. Später, nach einem Wechsel von spritzigen Abschnitten und ruhigeren Passagen, bekommen wir womöglich unter der Schmittlotheimer Brücke Bodenberührung. Bei wenig Wasser lauert hier mancher Stein tückisch unter der Wasserfläche. Die Berghänge drängen dichter an die Eder heran, nach dem Linksbogen zeigt sich der winzige Ort Kirchlotheim. Vor der Wegebrücke kommt eine spritzige Flachstelle, dann beruhigt sich der Fluss; der Rückstau des Edersees reicht bis hierher. Vorbei am großen Campinggelände erreichen wir die Herzhausener-Brücke. Bei extremem Niedrigwasser erscheint eine Stufe, sonst kommen wir gut durch.

In vielen Windungen zwischen steilen Waldhängen paddeln wir nun durchs ruhige Wasser des künstlichen Sees und haben den Eindruck, in einem norwegischen Fjord zu sein. Langsam

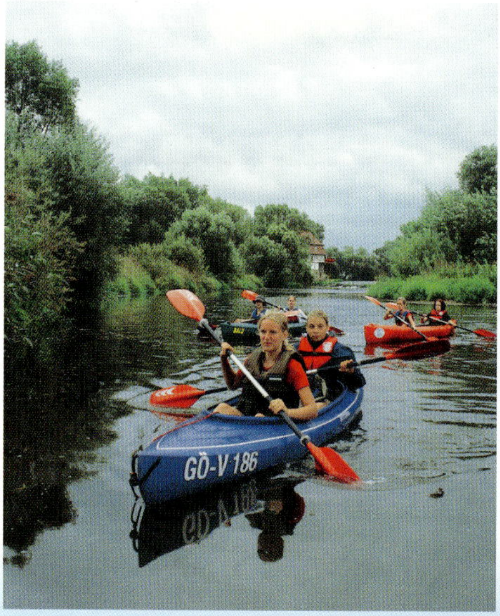

Die mächtige Edertalsperre will umfahren werden.

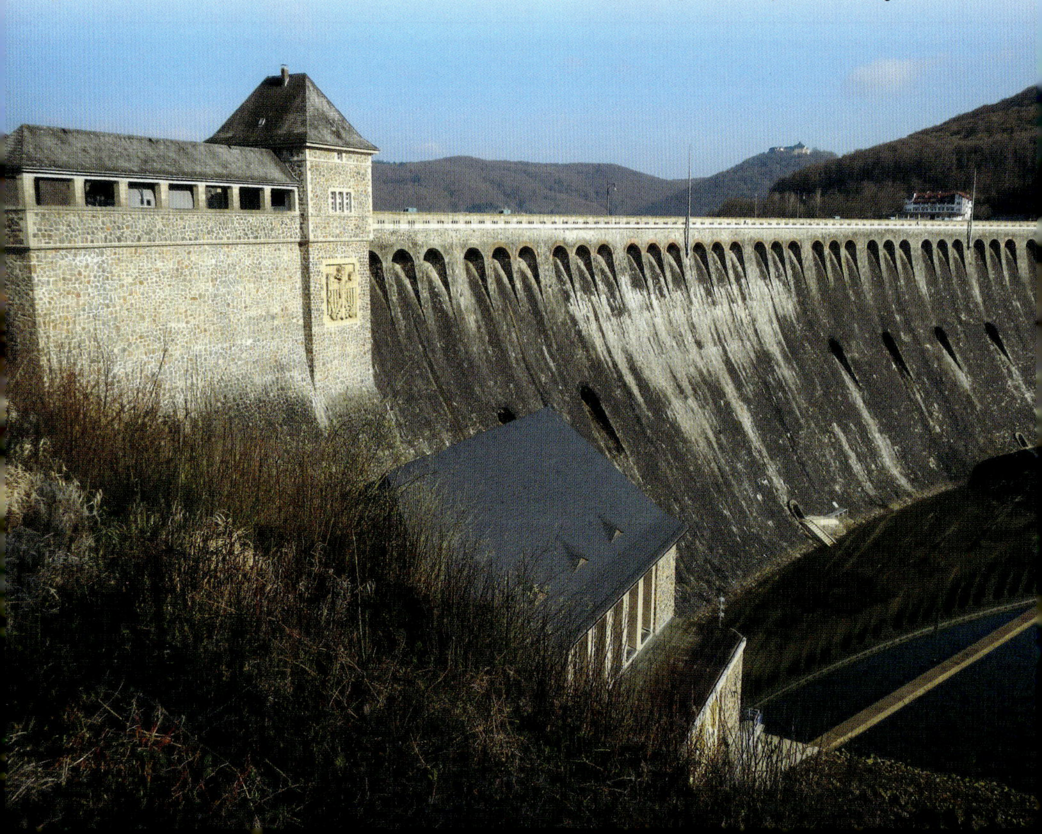

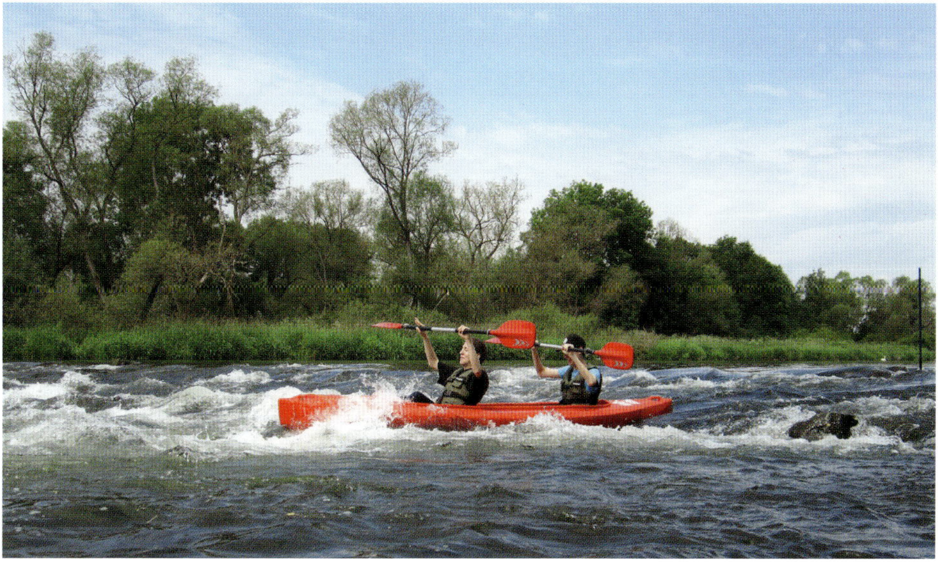

Spritzige Schnellen wechseln mit ruhigen Passagen.

ziehen die Kulissen der grünen Hänge an uns vorbei, stellenweise zerwühlt ein kurzer Fallwind die glatte Wasserfläche, kleine Kreuzwellen schlecken an unseren Kanus, hier und da spritzen sie auch über Bord. Eine Landzunge folgt der anderen, Harbshausen, Hohe Fahrt mit Campingplatz und Bootshäusern, Asel und kurz danach erreichen wir linksufrig das schöne DKV-Heim »Edersee« mit Zeltplatz. Hier schlagen wir unsere Zelte auf, baden, faulenzen und beobachten den regen Betrieb am Wasser.

Vöhl-Bahlsdorf, Tel: 05635 202 (51.1836,8.9837)
www.dkv-campingplatz-edersee.de

Um die mit Ferienhäusern bebaute Halbinsel Scheid paddeln wir am nächsten Tag durch den tief eingeschnittenen Seearm zum Einkaufen. Dahinter entfaltet sich der See in seiner vollen Breite. Am nördlichen Ufer entlang schieben sich unsere Boote in die Bucht beim eleganten Cafe »Seeblick«, von wo wir einen lohnenden Spaziergang in das Städtchen Waldeck und zum gleichnamigen Schloss unternehmen. Später, wieder in den Kanus sitzend, blicken wir noch lange zurück und bewundern die dominierende Schlosssilhouette am Bergrücken.

Vor der Sperrmauer steuern wir links die Anlege- und Umtragestelle an, befestigen den Bootswagen unter dem Kanu und ziehen ihn ca. 1 km weit über die Staumauerstraße. Dann nehmen wir links den zum Ort Edersee hinunterführenden Fahrweg und kommen schließlich durch den Ort zum Unterwasser.

Im Ausgleichsbecken dürfen wir am linken Ufer entlangpaddeln; der rechte Seeteil ist Naturschutzgebiet. Die fast 50 m hohe Staumauer im Rücken, von links durch die vom Wasser aufsteigenden Felshänge des Michelkopfes bedrängt, schieben sich die Kanus durch das enge Tal. Später kommen wir an der lang gezogenen Insel des Affolderner Stausees vorbei; dabei halten wir uns immer links. An den Treppen der Anlegestelle nehmen wir nochmals das Gepäck aus den Booten und transportieren das Ganze auf dem Bootswagen hinunter zur wie-

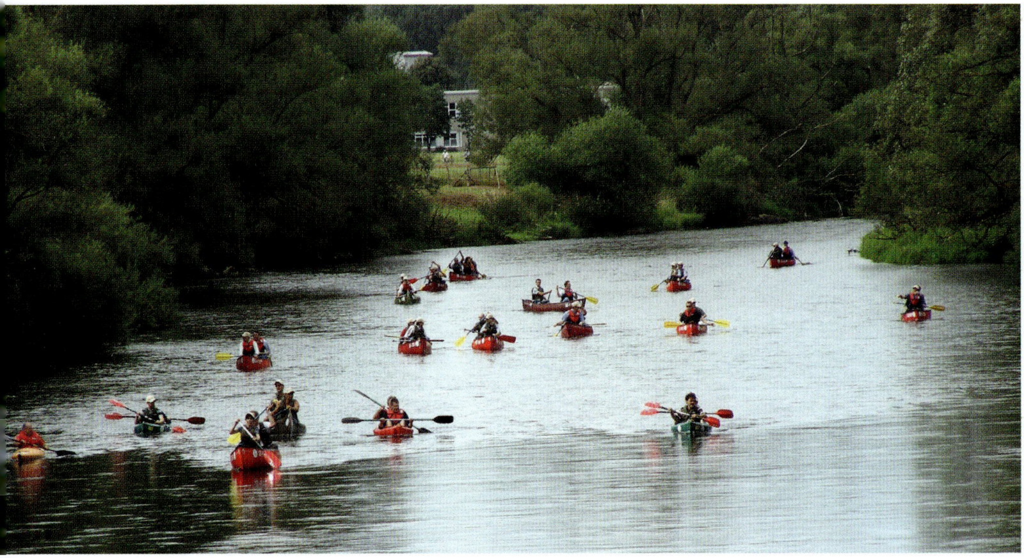

Der Kanuverleih floriert besonders am Wochenende.

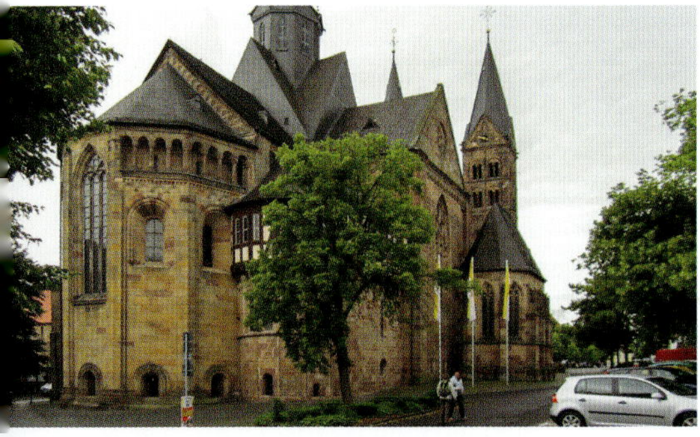

Der Fritzlarer Dom St. Peter.

der frei fließenden Eder. Kurz nach der Einsatzstelle steuern wir den schönen Campingplatz in Affoldern an. Spätnachmittags sitzen wir noch am Ufer und beobachten den patrouillierenden Schwan, wie er mit Bedacht seinen langen Hals zwischen die meterhohen grünen Wasserpflanzen taucht. Ein leichter Dunst liegt noch über dem Fluss, wenn wir morgens zeitig in die Boote steigen und uns von der überraschend guten Strömung davontragen lassen. Wie eine grüne Wiese sieht streckenweise die Eder aus; doch beim Paddeln gibt es keine Schwierigkeiten, eine Fahrrinne ist immer da. Kurz nach dem Start erspähen wir das zwischen den Bäumen des schönen Parks versteckte Bergheimer Schlösschen. Gleich danach können wir links am Festplatz anlegen, um im Lebensmittelgeschäft unsere Wandervorräte zu ergänzen. Die runden Bergrücken treten noch weiter zurück. Nach der Brücke beginnt beiderseits des Flusses ein ausgedehntes Naturschutzgebiet, zu dem die Eder gehört. Selbstverständlich betreten wir hier nicht die Ufer und verhalten uns besonders ruhig. Nach dem Campingplatz in Ungedanken macht sich der Stau des Fritzlarer Wehrs bemerkbar. Am Wehr tragen wir die Boote rechts um; bei gutem Wasserstand können wir mit Einer-Kajaks sogar über die Wehrkrone fahren. Danach wird der Fluss etwas seicht, doch bald treibt uns ein Schwall an mehreren Pferdekoppeln vorbei in eine schöne, parkähnliche Landschaft.

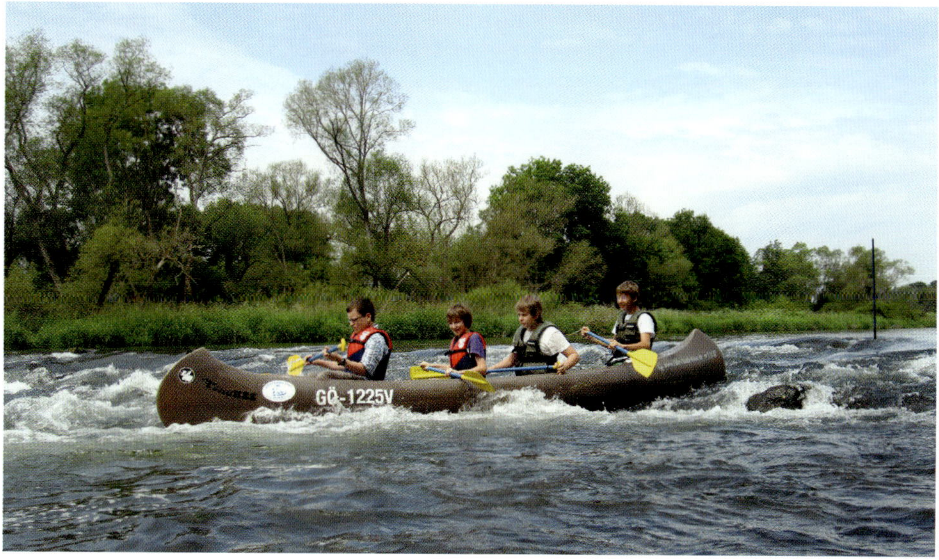

Im Vierer wird auch diese Schnelle präzise befahren.

Der Fritzlarer Dom blickt durch die Bäume; vor der alten Steinbrücke legen wir an, um der ehemaligen Freien Reichsstadt unsere Referenz zu erweisen. Die fast vollständig erhaltene Stadtmauer mit dem dominierenden Grauen Turm, die vielen Fachwerkhäuser am Marktplatz, der Rolandsbrunnen und der mächtige romanische Dom bestimmen das historische Flair dieser Stadt.

Nach Fritzlar ändert sich die Umgebung des Flusses; wir erreichen die Ebene bei Wabern. Riesige Schotter- und Sanddeponien erheben sich an den Ufern. Dann kommen wir nach Niedermöllrich und können beim Kanufahrerfreundlichen Gasthaus an der Ederbrücke nach Anfrage zelten. Ein selbstbewusster Schwan begleitet uns durch das Naturschutzgebiet Ederauen. Schließlich liegt Altenburg vor uns. Dunkel ragt der schlanke Turm der Burgruine über den Fluss. Heute ist die Ruine in Privatbesitz, langsam dem Verfall preisgegeben. 1860 hat man hier noch Gold mit Sacktuch und Trog

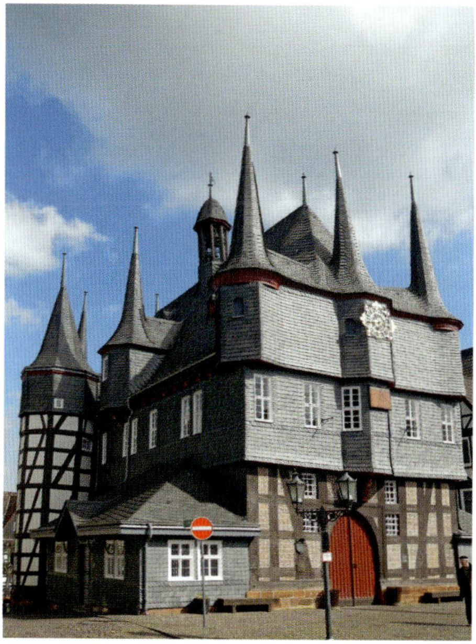

Das zehntürmige Rathaus Frankenbergs mit der Markthalle.

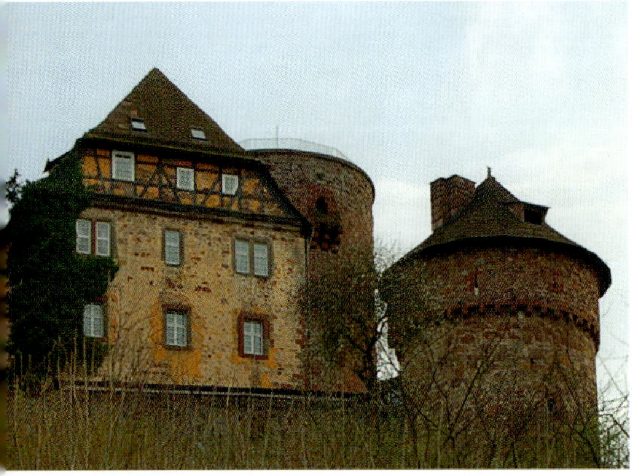

Burg-Trendelburg

aus dem Fluss gewaschen. Bis zum Krieg verkehrte zwischen Altenburg und Rhünda auch eine Fähre. Am schrägen Wehr unterhalb der Burg lassen wir unsere Boote über die Krone gleiten. Von rechts mündet die windungsreiche Schwalm in die Eder. Bald erreichen wir Felsberg. Von der in Wirklichkeit so markanten Burg ist vom Wasser aus nur wenig zu sehen. Es lohnt sich, beim Gasthaus »Zum Schwan« anzulegen und das »Hessische Kufstein« zu durchwandern. Flussabwärts zeigen sich wieder Graureiher; wahrscheinlich kommen sie vom Naturschutzgebiet bei Böddiger. Rechts nähert sich ein Bergrücken, dahinter müsste die Fulda sein. Nach der schönen Flussbiegung befahren wir rechtsseitig das lang gezogene Schrägwehr; sogar der Kanadier kommt ohne Schäden im Unterwasser an. Dann der letzte Schwall bei Haldorf, noch eine Eisenbahnbrücke und schließlich das Wehr in Grifte. Hier könnte man die Fahrt beenden, anderenfalls müssen wir nochmals die Boote kurz rechts umtragen.

Fast unmerkbar gesellt sich die Fulda zu uns; ihr dunkelbraunes Wasser mischt sich mit dem klaren grünen der Eder. Unter der weit gespannten Eisenbahnbrücke hindurchpaddelnd ziehen wir linksufrig auf einer Wiese bei Guntershausen unsere Kanus an Land.

KURZ-INFO EDER

Charakter, Tipps:

Am Oberlauf bis zum Stausee typischer Mittelgebirgsfluss, der ab Frankenberg oft bis in den Frühsommer mit allen Bootstypen auch von weniger geübten Kanuten befahrbar ist. Sehr sauberes Wasser mit flotter Strömung und kleinen Schwallen, unterhalb von Brücken schön spritzig. Wegen des steinigen Flussbetts sind bei niedrigerem Wasserstand Kunststoffboote den Faltbooten vorzuziehen.

Nach der Talsperre ruhiger, doch zügig fließender Wanderfluss, dessen Wasserstand von der Wasserabgabe des Eder-Stausees abhängig, aber fast den ganzen Sommer befahrbar ist: (Info: WSA Münden, Bandansage Tel. 05541/952 13 33).

An allen Wehren kann man leicht umtragen; für die Umtragestellen an den Staumauern ist ein Bootswagen erforderlich. Wenn unter dem Fritzlarer Wehr kein Wasser ist, dann links in den Mühlgraben umtragen, aber hier Vorsicht bei niedrigen Brücken und zwei Wehren (immer rechts umtragen, rechtzeitig anlegen – Sog!).

Befahrensregelung:

Bei einer Befahrung des Eder-Stausees müssen bei allen Booten Name und Wohnort des Eigentümers außen und innen gut lesbar angebracht sein!

Auf Sperrgebiete (mit Tonnen gekennzeichnet) und NSG achten.

Unterhalb des Ausgleichbeckens Affoldern bis zur Mündung in die Fulda, 01.01. - 20.02. Befahrungsverbot, übrige Zeit grundsätzliches Befahrungs verbot bei einem Ablass aus dem Edersee unter 6 m^3/s.

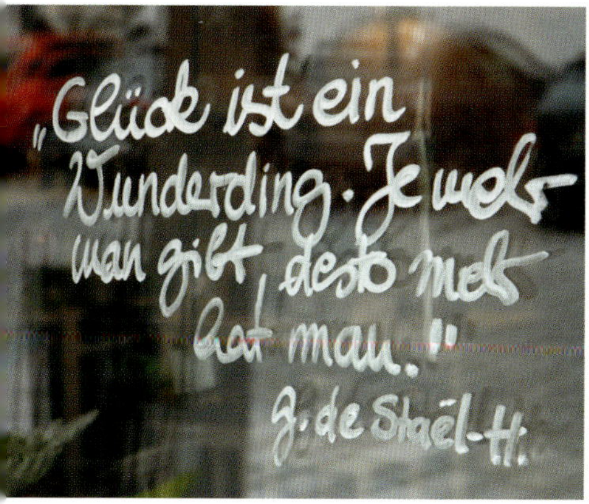

Glücklich, wer im Kanu Flüsse erkundet...

Näheres siehe Homepage Hess. KV
www.kanu-hessen.de/images/stories/pdf/Fluss-Infos/eder.pdf

Zeltmöglichkeiten:

- Camping Herzhausen, Edersee
- Hohe Fahrt
- Asel Süd
- DKV Edersee
- Scheid
- weiter am Fluss Affoldern
- Edertal-Mehlen
- Ungedanken
- Zeltwiesen in Niedermöllrich (Gasthaus an der Ederbrücke)

Sehenswertes:

Frankenberg:
Gotische Liebfrauenkirche, zehntürmiges Rathaus mit Markthalle, Kreisheimatmuseum

Edertalsperre:
Stadt Waldeck, Schloss, Stadtkirche, Sperrmauer

Bad Wildungen:
Evangelische Stadtkirche, Heimatmuseum, schöne Fachwerkhäuser (16. Jh.), Kurpark, Schloss Friedrichstein

Fritzlar:
Dom St. Peter mit Krypta und Domschatz, schöner Marktplatz mit dem Rolandsbrunnen, Rathaus (12. Jh.), Hochzeitshaus, Minoritenkirche, Stadtmauer, Der Graue Turm

Felsberg:
Mittelalterliche Kleinstadt, Stadtkirche, St.-Jakobs-Kapelle, Burg mit Turm, nicht weit davon Altenburg und Burg Heiligenberg

Auto nachholen:
Zwischen Bad Wildungen und Kassel regelmäßiger Bahnverkehr. Gut ausgebauter Eder-Radweg.

Karte:
Generalkarte 1 : 200 000, Blatt 11

Pegelstand:
Die Eder ist ab Frankenberg bis in den Frühsommer, unterhalb des Eder-Stausees ganzjährig befahrbar (Pegeltelefon s.o.)
www.pegelonline.wsv.de/gast/karte/standard
Bei Hochwasser nur für erfahrene Kanuten.

Literaturhinweis:

- DKV-Gewässerführer Hessen, Rheinland-Pfalz und Saarland
- DKV-Gewässerführer Nordwestdeutschland

Tour 4: Diemel

Nur wenige Kilometer von ihrer Quelle an den Nordhängen der Kahlen Pön im Sauerland speist die Diemel zusammen mit mehreren kleineren Flüssen den malerisch im Kranz der bewaldeten Hügel liegenden Diemel-Stausee, der heute Teil eines Naturparks ist. Unterhalb der hohen Staumauer, in einem tief eingeschnittenen, einsamen Waldtal sich windend, nimmt sie von links die wilde Hoppecke auf, durchfließt die Gemeinde Marsberg, deren Ursprung mindestens ins 8. Jh. zurückreicht, um im flachen, ausgedehnten Westbogen die von der weit sichtbaren Burgruine Desenberg beherrschte Stadt Warburg zu erreichen. Ein sehr reizvolles Tal mit Wald- und Wiesenhängen umrahmt den weiteren Flusslauf. Im flachen Talkessel von Trendelburg lässt die flotte Strömung etwas nach. Nach der Stadtumrundung durchsägt die Diemel in weiten Umlaufschleifen die nördlichen Ausläufer des Reinhardswaldes, um bei Karlshafen als linker Zufluss der Weser ihren eigenen Lauf zu beenden.

Diemel - Nebenfluss der Weser

Etappe: Warburg – Bad Karlshafen 45 km
Tourdauer: 2 Tage

Bei Hochwasser oder ausreichender Wasserabgabe des Stausees ist die Diemel schon ab Helminghausen als sportlicher Fluss mit vielen Wehren für Wildwasserfahrer befahrbar. Doch für unsere Wanderung wählen wir den ganzjährig befahrbaren, landschaftlich sehr ansprechenden Flussabschnitt von Warburg bis zur Mündung in die Weser. Vor dem Start machen wir noch einen Spaziergang durch die sehens-

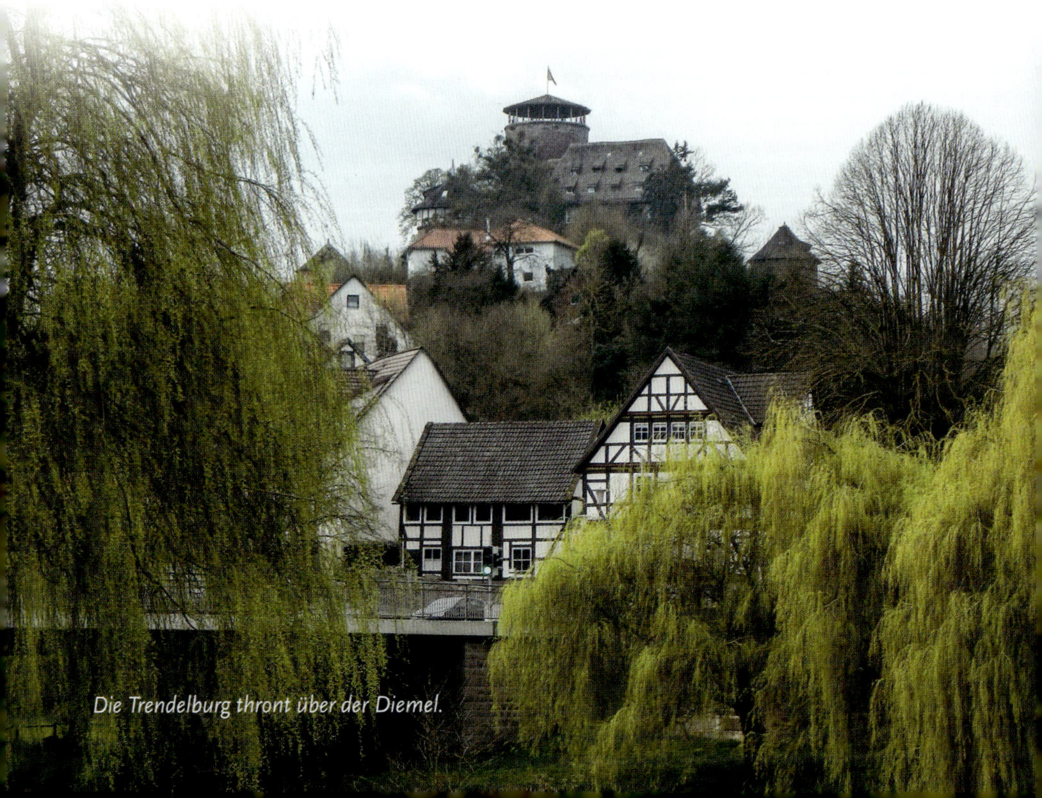

Die Trendelburg thront über der Diemel.

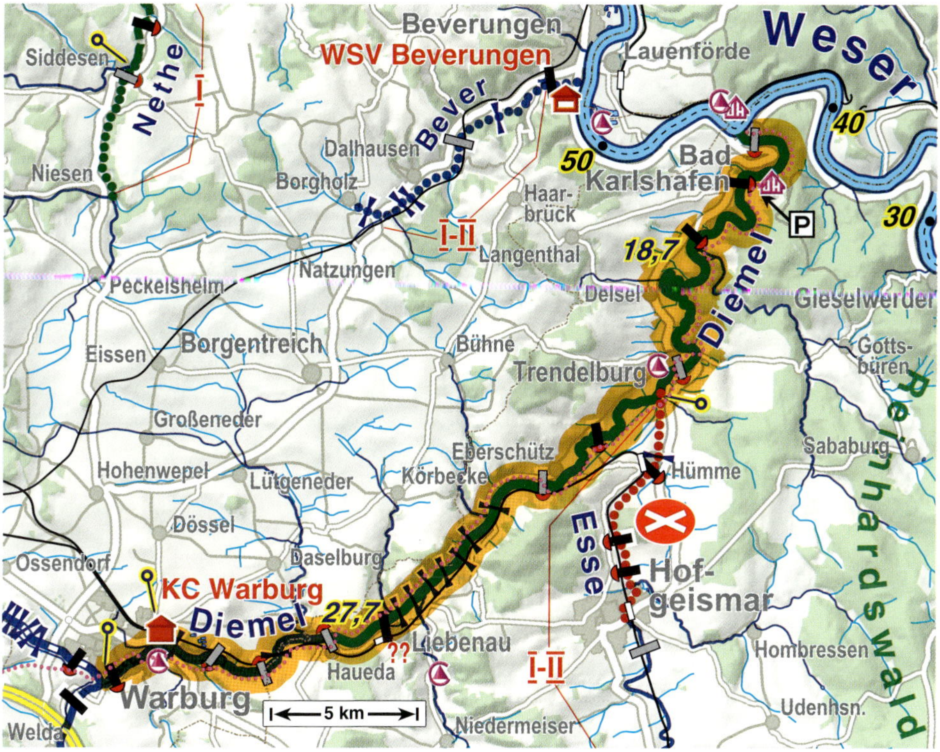

werte Warburger Altstadt, klettern sogar auf den steilen Basaltkegel zur Burgruine Desenberg, von wo wir einen phantastischen Rundblick übers Land haben. Freundlich werden wir am schönen Vereinsgelände des Warburger Kanuclubs aufgenommen; eine bessere Einsatzstelle können wir uns nicht vorstellen.

Kuhlemühler Weg, 34414 Warburg, Tel: 05641 3714 (51.4883,9.1650), www.kanuclub-warburg.de

Der hohe Schornstein der Fabrik begleitet uns durch die ersten Flussschleifen, die sich rhythmisch aneinander reihen, gerade recht zum Eingewöhnen. Wiesen und Waldhänge begleiten die einsame Flussstrecke, bis zum Wehr ist die Strömung recht flott. Aufmerksam, jedoch ohne Drohgebärden werden wir beim Übersetzen der Boote von einem Schwan beobachtet. Die Kuhlenmühle ist schön renoviert; das riesige Fass kündigt eine Gartenwirtschaft an. Lange Trockenperioden wirken sich auch auf den Wasserstand der Diemel aus, so dass wir wenige Meter nach dem Wehr Grundberührung bekommen.

Nach mehreren Mäandern folgt das nächste Wehr; eigentlich besteht es aus zwei teilweise verfallenen Stufen. Wir schieben die Kanus hinüber. Bei gutem Wasserstand macht das Befahren sicher Spaß. Längere Stromschnellen gestalten die Fahrt sehr angenehm, müssen wir doch nicht viel paddeln. Das ganze Tal wirkt sehr südländisch warm, vielleicht wegen der Wacholdergruppen und des freigelegten Muschelkalks auf den Hängen. Unterhalb des hohen Eisenbahnviadukts lockt eine kleine Naturstufe und vor dem großen Steinbruch in

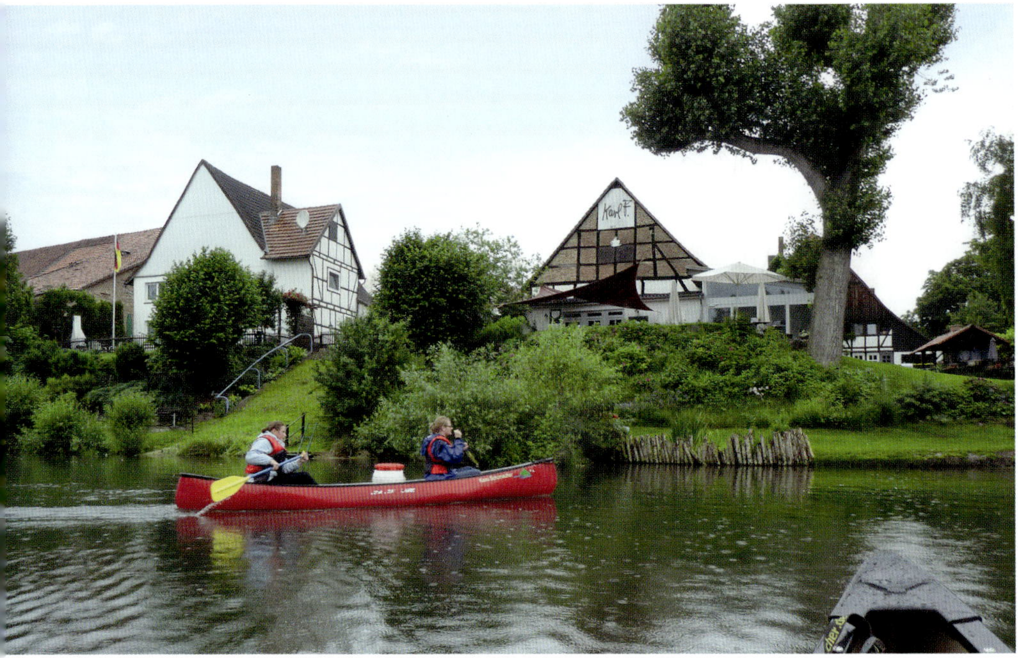

Fachwerkhäuser begleiten uns links und rechts der Diemel.

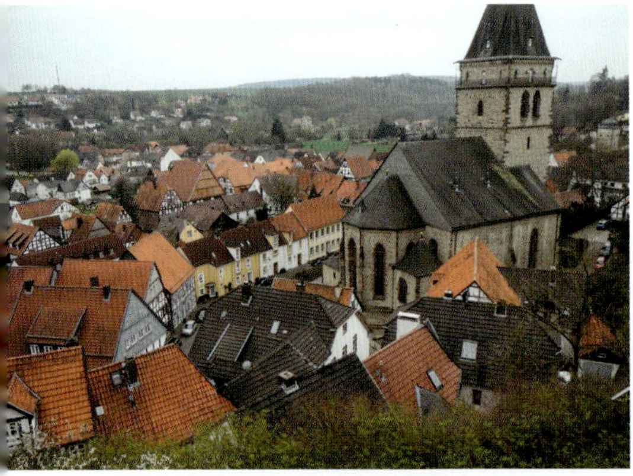

In Warburg lohnt ein Stadtrundgang.

Haueda eine schöne »Dschungelstrecke«.

Am nächsten Wehr tragen wir rechts um, unter der neuen Straßenbrücke folgt eine kurze Treidelstrecke. Nach der alten Brücke haben wir wieder genug Wasser unterm Kiel. Die Landschaft setzt weitere Akzente: Wetterföhren, Akazien, Wiesen und Gehölze. Über unseren Köpfen ziehen Bussarde ihre Kreise.

Am Liebenauer Wehr kann man leicht umtragen. Rechts liegt das Dorf mit seiner schönen Kirche, links folgen wieder steile Felsabbrüche. Ein Bauernhof mit rot gedecktem Dach steht einsam darunter. Das Wasser ist sehr sauber, immer wieder flitzen Fischschwärme vorbei. In flotten Schwallen durchbricht das Flüsschen nacheinander drei Riegel aus Muschelkalkstein. Auf einen steigen wir hinauf, um den herrlichen Blick ins Tal zu genießen.

Die flachen Stellen vor der Brücke in Lamerden verlangen vorsichtiges Manövrieren. In Eberschütz schließen wir bei den Einern die Spritzdecken und schubsen die Boote über die Wehrkrone ins Unterwasser. Danach verlässt die Eisenbahnstrecke den Flusslauf. In stetigem Wechsel zwischen spritzigen und ruhigen Abschnitten nähern wir uns Sielen. Am hiesigen Wehr ist das Umtragen etwas schwierig. Wir tragen die Boote entweder direkt über das Fabrikgelände oder wir paddeln zuerst im Fluss rechts, legen schon ca. 150 m vor dem Wehr an und tragen die Boote über die steile Böschung zum Unterwasser. Es folgen kurze Treidelstellen, 50 m nach der Straßenbrücke wartet noch ein niedriges Wehr, das bei gutem Wasserstand zu befahren ist; andernfalls müssen wir die Boote über die bemoosten Stufen hinunterschieben. Die Diemel erreicht hier die kesselartige Talerweiterung zwischen Hümme und Stammen und pendelt durch feuchte Wiesen in mehreren Mäandern Trendelburg entgegen. Endlich zeigt sich die schöne Stadtsilhouette mit dem markanten Burgturm in der abendlichen Sonne. Im kanufreundlichen Camping »Alte Mühle« finden wir Aufnahme. Wir spazieren in das Burgstädtchen, das malerisch am Felssporn über einer Flussschleife liegt.

Am nächsten Tag fahren wir weiter. Nach mehreren Schleifen treten wieder bewaldete Hänge an den Fluss heran. Am Kraftwerk Wülmersen erleichtert rechtsufrig ein Treppchen das Umtragen der Boote. Danach macht sich auch schon der nächste Stau bemerkbar. Das Wehr ist gerade noch befahrbar, doch an den fünf kleinen Steinstufen knirscht es dann unterm Kiel. Die Häuser von Helmarshausen begleiten uns durch die große Linksschleife, überragt von der Ruine Krukenburg. Rechts folgt ein hoher, steil aufsteigender Waldrücken. Kurz vor der Mündung in die Weser wartet das letzte Wehr. Wir legen auf dem Oberwasser kurz vor dem Wehr an und tragen um. Nach der Straßenbrücke paddeln wir im dunklen Weserwasser. Am gegenüberliegenden Ufer (Campingplatz) können wir mit unseren Booten gut anlegen. Am frühen Nachmittag bleibt uns noch viel Zeit zu einer ausgedehnten Besichtigung der ehemaligen Hugenottenstadt Karlshafen.

KURZ-INFO DIEMEL

Charakter, Tipps:

Gut strömendes, sportlich angehauchtes Wanderflüsschen, das teils im tief eingeschnittenen, teils im flachen Tal durch eine ungemein reizvolle Landschaft fließt. Von Warburg aus ganzjährig befahrbar, im Sommer jedoch nur bedingt für Faltboote zu empfehlen.

Alle Wehre leicht zu umtragen, nur am Doppelwehr in Sielen je nach Wasserstand schwierige Umtragestelle. Das Wasser ist sauber, nur mäßig belastet und sehr fischreich.

Das »Hausrecht« brütender Schwäne sollte respektiert werden.

Eine in Flussnähe verlaufende Straße macht Pkw-Begleitung teilweise möglich.

Befahrensregelung:

Zwischen Twistemündung und Kuhlenmühle ganzjähriges Uferbetretungsverbot. Zwischen Haueda und Bad Karlshafen vom 15.10. - 15.04. BV, auf zwei Abschnitten dann fallweise Kontingentierung. Einzelheiten und evtl. Ausnahmegenehmigungen sind auf der Homepage des HKV ersichtlich.

www.kanu-hessen.de/images/pdf/fluss-Infos/2015-AllgemeinverfgungDiemel1.pdf

Zeltmöglichkeiten:

Zeltplatz am Bootshaus des KC Warburg, Camping Eversburg, Camping in Trendelburg, Bad Karlshafen.

Sehenswertes:

Warburg:

Mittelalterliches Stadtbild,
Wehranlage mit Toren und Türmen,
Renaissance-Rathaus, Kirchen,

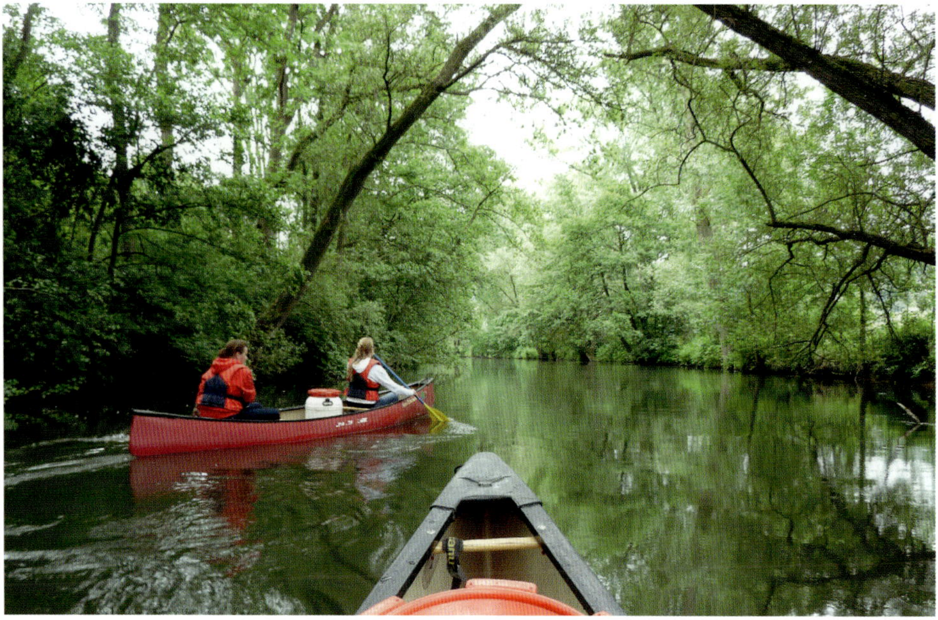

Manchmal geht es auf der Diemel urwaldähnlich zu.

Erasmuskapelle, Gymnasium Marianum, Amtshaus, Heimatmuseum, Burgruine Desenberg.
Trendelburg:
Fachwerk-Rathaus, Kirche mit Helmturm, Burg (Schlosshotel)
Helmarshausen:
Burgruine Krukenburg, Reste der Benediktinerabtei
Bad Karlshafen:
Barockes Rathaus, Invalidenhaus, Solequelle, Hugenottenturm, Museum

Auto nachholen:
Bahn- bzw. Busverbindungen zwischen Warburg und Bad Karlshafen ermöglichen das Zurückholen der Autos.
Gut ausgebauter Diemel-Radweg

Karten:
Generalkarte 1 : 200 000, Blatt 9

Pegelstand:
Die Diemel ist in Kunststoffbooten ganzjährig befahrbar - bei Hochwasser nur für erfahrene Kanuten
www.pegelonline.wsv.de/webservices

Pegelstand:
- DKV-Gewässerführer Hessen, Rheinland-Pfalz und Saarland
- DKV-Gewässerführer Nordwestdeutschland
- Gewässerführer für Nordrhein-Westfalen

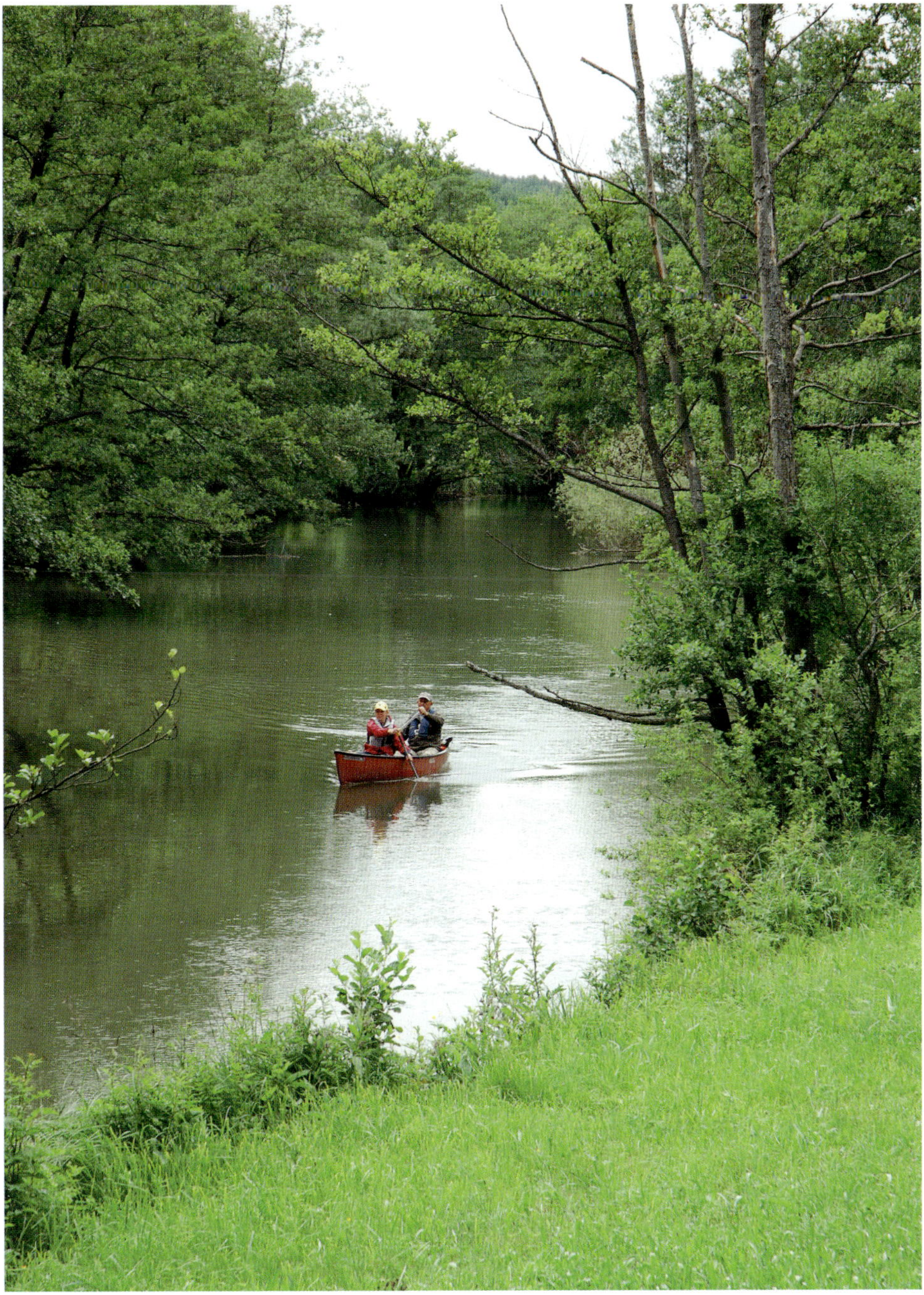

Eine Symphonie in Grün an der Diemel.

Tour 5: Nethe

Von ihrem Ursprung an den Osthängen des Eggegebirges, das die Wasserscheide zwischen Weser und Rhein bildet, eilt die quirlige Nethe in östlicher Richtung an der sehenswerten Vituskapelle von Wille-Badessen vorbei und erreicht, aufgestaut durch manches Mühlenwehr, Niesen, um hier nach Norden abzuknicken. Eingebettet zwischen Wiesen und Felder des Nethegaus, sägt sie bei Rheder eine kurze, doch recht eindrucksvolle Felsenschlucht in die Landschaft und berührt das Schloss des Grafen von Spiegel, dessen Brauerei schon über 300 Jahre die Umgebung mit Bier versorgt. Am Zusammenfluss mit der Driburger Aa liegt hoch über dem Tal die ehemalige Hansestadt Brakel, heute ein bekannter Luftkurort. Jetzt fließt die Nethe in östliche Richtung und windet sich, von Pappelalleen umsäumt, zwischen Wiesen und Berghügeln unter alten Steinbrocken hindurch zur Weser, in die sie bei Godelheim mündet.

Nethe - Nebenfluss der Weser

Etappe: Siddessen – Godelheim (Höxter) 35 km
Tourdauer: 1-2 Tage

Im Frühjahr, meistens bis Mitte Mai, können wir schon in Niesen oder Siddessen die Einer-Kajaks einsetzen. Sportlich geht es durch die enge Felsschlucht bei Rheder. Am dortigen Wehr tragen wir rechts um (bei Niedrigwasser in den Mühlengraben). Flott treibt uns die Strömung dann bis zur Mündung der Driburger Aa. Ein paar Meter flussabwärts liegt das schöne Bootshaus der Brakeler Kanuten, *Tel: 05272/9104 (51.7069,9.1856)*. Hier finden wir für unsere Zweier-Wanderboote einen idealen Einsatzplatz. Wenn man um Erlaubnis bittet, darf man auf der Wiese auch zelten.
Die Joche der Stra-

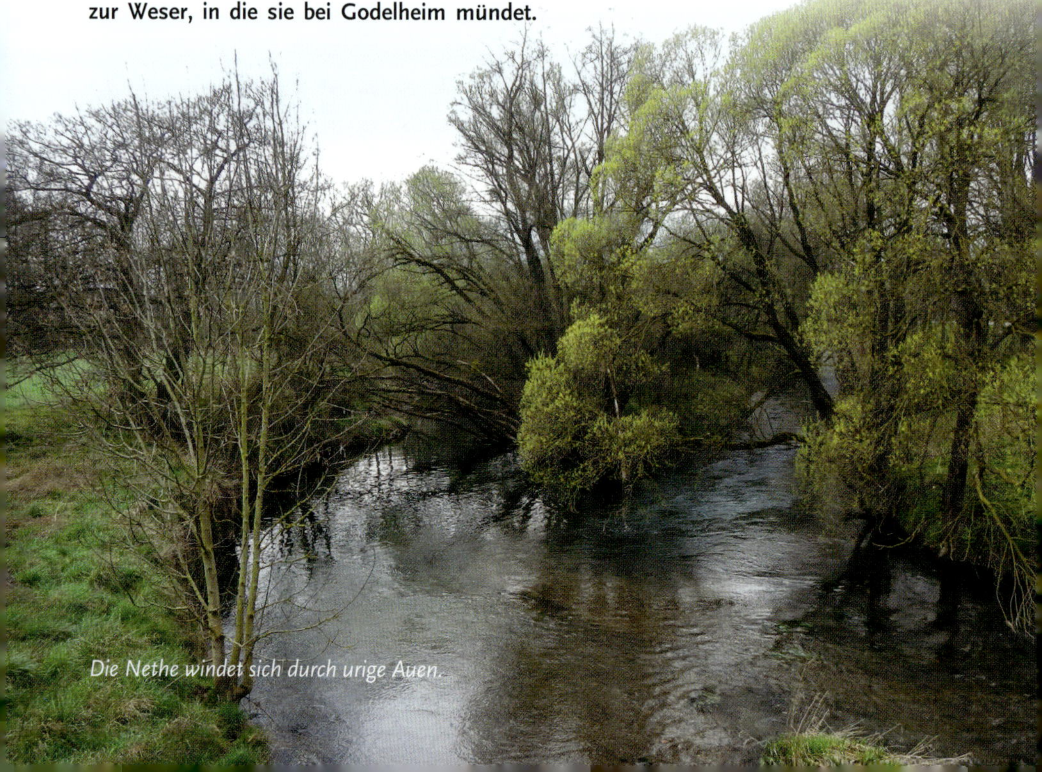

Die Nethe windet sich durch urige Auen.

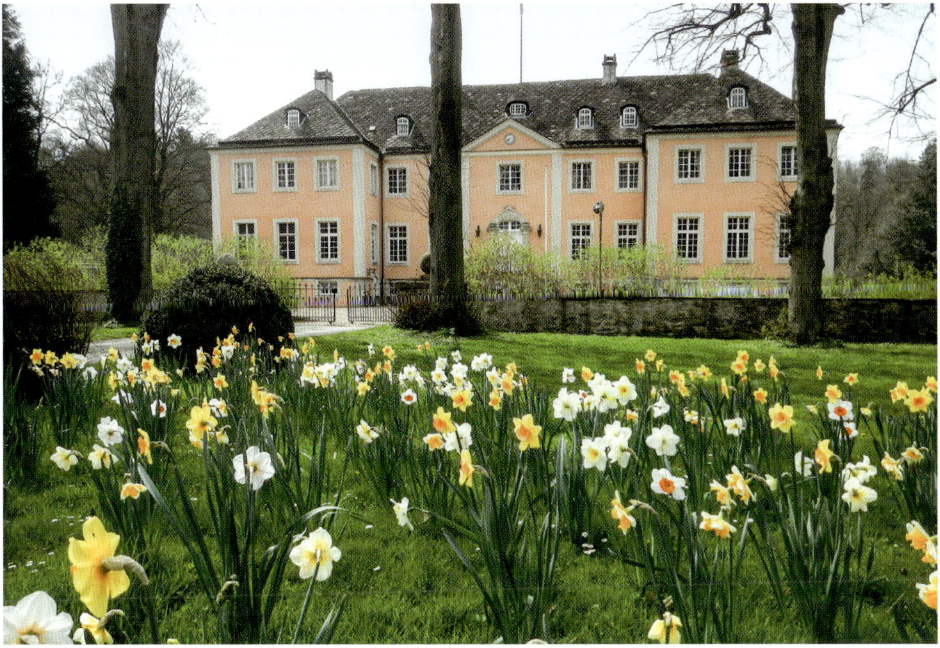

In Rheder lohnt sich der Besuch der Schlossanlagen.

ßenbrücke am Zeltplatz sind manchmal mit Schwemmholz verstopft, sodass nur ein enger Durchschlupf frei bleibt. Durch die glitzernden Wellen der vielen Schwallstrecken steuern wir die Kanus zwischen Wiesen und Weiden an steilen Bergkuppen vorüber. Nach der hohen Betonbrücke der Umgehungsstraße B 64 kommt die große Nethe-Südschleife um den runden Ortberg. Am schrägen Wehr von Erkeln (bei mittlerem Wasserstand befahrbar) schieben wir im Sommer die Boote rechts über die Krone. Am neuen Klappenwehr tragen wir um; im Dorf selbst überquert eine alte Steinbogenbrücke den Fluss. Mehrere Kehren, Kiesbänke und einige umgestürzte Bäume charakterisieren den kommenden Abschnitt zum Wehr in Beller, an dem wir umtragen. Vielleicht erschwert eine Treidelstrecke das Weiterkommen. Doch danach folgt eine wunderschöne Waldpassage, rechts mit hohen Buchen, links

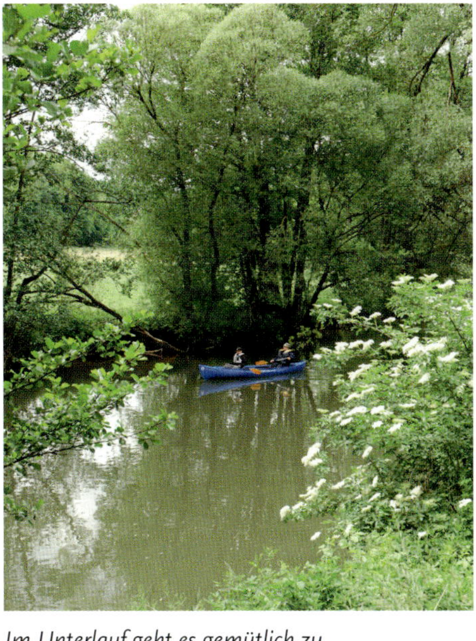

Im Unterlauf geht es gemütlich zu.

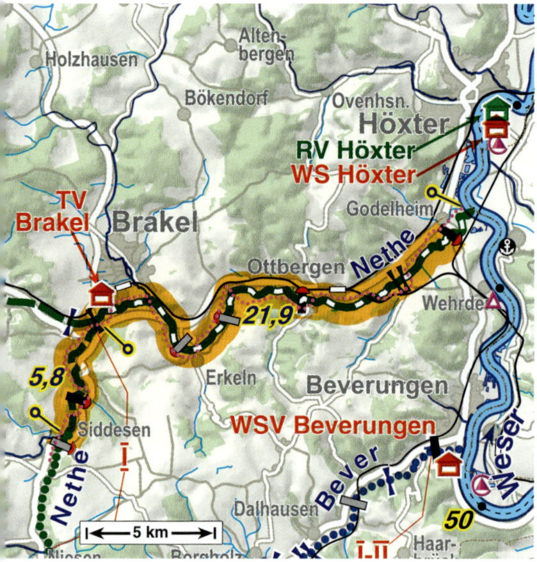

mit Pappelreihen und anschließend mit einem Schwall unter der steinernen Brücke von Hembsen. Bald erreichen wir Ottbergen, wo wir an der Eisenbahnbrücke den Pegelstand ablesen können. Bei 115 cm ist noch genug Wasser unterm Kiel. Nach der grünen Eisenbahnbrücke wird es eng, der Bahndamm rückt an den Fluss heran. Im flotten Tempo steuern wir aus dem Tal heraus. Die Bergkuppen treten langsam zurück. Am Amelunxener Wehr erwarten uns im Sommer zwei Treidelstellen. Noch einmal trägt uns die Nethe in Schlingen munter durch Wiesen. In der Ferne zeigt sich, hoch über der Weser thronend, das Schloss Fürstenberg. Links kündigt der weit sichtbare Schornstein der Kartonagenfabrik in Godelheim das nächste Wehr an, wo wir rechts anlegen und die Boote ca. 100 m über die Wiese tragen. An der Straßenbrücke der B 83 befindet sich eine gute Ein-und Aussetzstelle; kurz danach zieht uns die Strömung im nur 3-5 m engen, tief eingeschnittenen Flussbett weiter zur Nethemündung. Unter einem Steg hindurch erreichen wir die Weser und paddeln noch 4 km bis Höxter.

KURZ-INFO NETHE

Charakter, Tipps:

Schnell fließender Wiesenfluss mit sportlichem Charakter, doch ohne besondere Schwierigkeiten; ab Brakel ganzjährig (Pegel Ottbergen 115 cm), ab Niesen im Frühling oder nach längeren Regenperioden befahrbar (Pegel 140 cm).
Im Hochsommer bei niedrigem Wasserstand nach manchem Wehr Treidelstellen.
Ein landschaftlich besonders reizvolles, abwechslungsreiches Tal. Das Wasser ist sauber.
Pkw-Begleitung teilweise möglich.

Befahrensregelung:

Zwischen Niesen und Brakel sind Gruppen mit 6 Booten erlaubt; von der Brücke der B 83 bis zur Mündung ganzjähriges UV, gegen die Strömung fahren nict erlaubt.

Zeltmöglichkeiten:

Kanugelände TV Brakel (nach Anfrage)
Camping Höxter, auch WSV Höxter für DKV-Mitglieder

Sehenswertes:

Rheder:
Schloss (18. Jh.), Brauerei, Pfarrkirche
Brakel:
Spätgotisches Rathaus mit Renaissanceportal, St.-Michaelis-Kirche, Kapuzinerkirche, Schloss Hinnenburg
Ottbergen:
Schöne Fachwerkhäuser (18. Jh.)
Godelheim:
Benedictusquelle, Pfarrkirche mit Barockaltar
Höxter:
Siehe Wandervorschlag Weser, S. 54

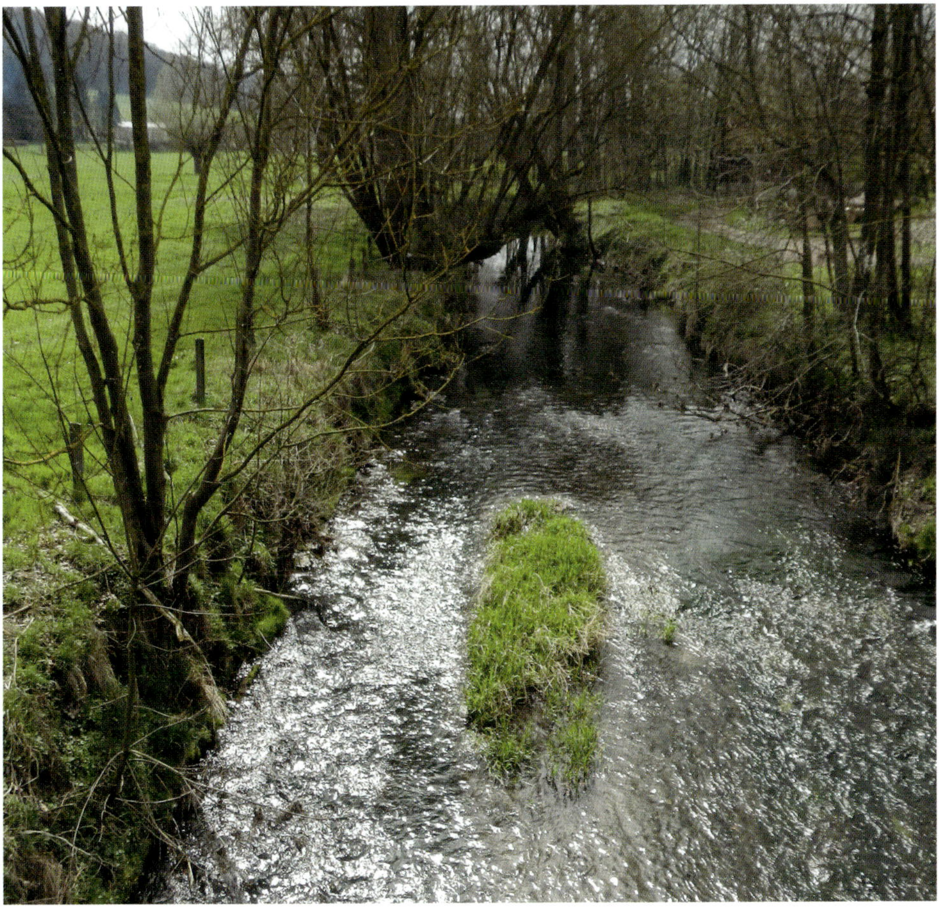

Bei gutem Wasserstand können wir in Siddesen einbooten.

Auto nachholen:
Regelmäßige Bahnverbindung von Höxter nach Brakel. Gut ausgebauter Nethe Radweg.

Karte:
Generalkarte 1 : 200 000, Blatt 9

Pegelstand:
Die Nethe ist ab Brakel ganzjährig befahrbar - bei Hochwasser nur für erfahrene Kanuten.
Aktueller Pegel: *www.kanu-nrw.de*

Literaturhinweis:
- DKV-Gewässerführer Hessen, Rheinland-Pfalz und Saarland
- DKV-Gewässerführer Nordwestdeutschland
- Gewässerführer für Nordrhein-Westfalen

Tour 6: Emmer

Von ihrer Quelle am Ostrand des Eggegebirges, nördlich von Bad Driburg, eilt die Emmer als munterer Wiesen- und Feldbach in östlicher Richtung durch einige kleine Ortschaften und entwässert durch viele Zuflüsse die wellige Landschaft des Abenburger Weserberglands. Bei Schieder, zuerst zu einem Erholungssee aufgestaut, fließt sie unterhalb der Staumauer in einem reizvollen, teilweise engen Tal durch die alte Ortschaft Lügde, am weltberühmten Bad Pyrmont und dem Juwel der Weserrenaissance – der Hämelschenburg – vorbei, um bei Emmern die Weser zu erreichen. Für unsere Kanuwanderung bieten sich mehrere günstige Einsatzstellen an, zum Beispiel am oberen Ende des Stausees, wo wir am großen Parkplatz das Auto abstellen können. Beim Durchpaddeln der Talsperre begegnen wir sonntags vielen Badenden und Surfern. Zum Umtragen der Kanus an der Staumauer ist ein Bootswagen hilfreich; es sind mindestens 200 m zurückzulegen. Wer sich das ersparen will, setzt erst am Waldrestaurant »Fischanger« ein.

Emmer - Nebenfluss der Weser

Etappe: Schieder – Emmern (Hameln)
33 km
Tourdauer: 1-2 Tage

Nun pendelt das Flüsschen im flachen, doch engen Wiesental von Hang zu Hang und nähert sich über kleine Schwalle der Stadt Lügde. Sohlgleite, rechts Fischaufstieg mit mehreren Querriegeln, Durchfahrt links neben dem Fischaufstieg, umtragen links schwer, rechts unmöglich. Von der Staumauer bis hierher sind es nicht ganz 2 Stunden. Es lohnt sich, eine Pause einzulegen, um das nette Fachwerkstädtchen mit seinen fußgängerfreundlichen Zonen zu durchwandern. Schon Karl der Große soll in

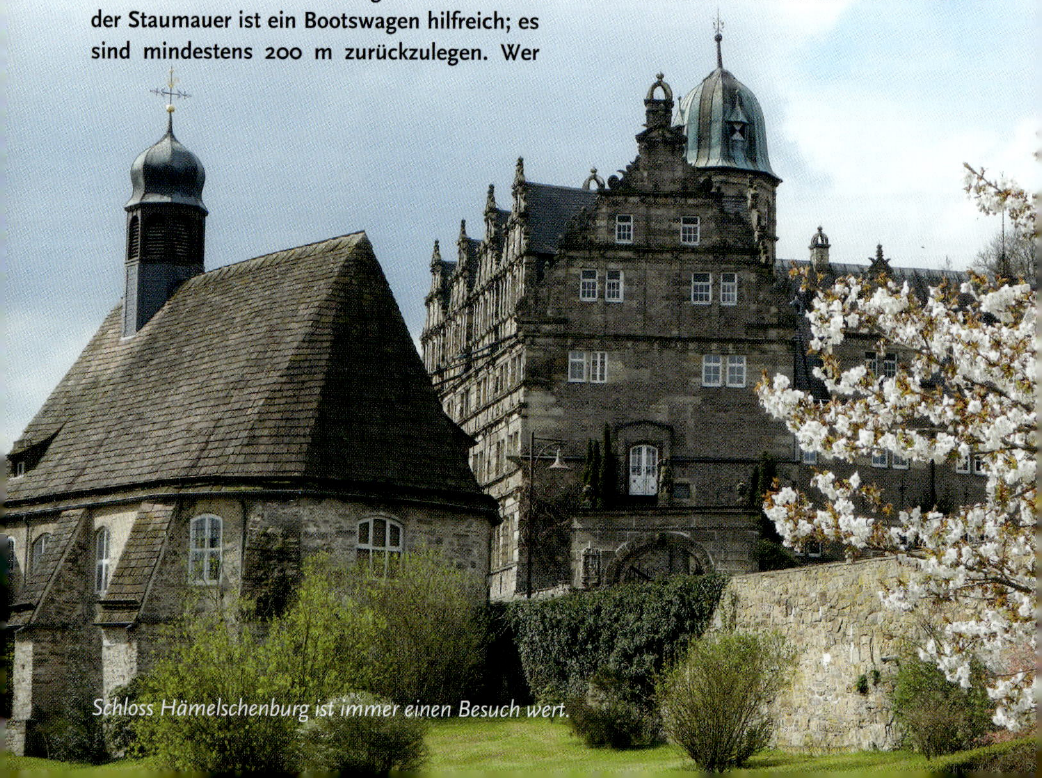

Schloss Hämelschenburg ist immer einen Besuch wert.

Lügde geweilt haben. Zur Erinnerung an ihn wurde die romanische Kilianskirche errichtet.
Gleich nach der Brücke erwarten uns ein Schwall und ein Schwanenpärchen; alles zusammen harmlos, wenn wir uns richtig verhalten. Über den steilen Ufern sehen wir sanft aufsteigende Hänge, links mit Feldern und Wiesen, rechts zieht ein bewaldeter Höhenzug vorbei. Im Pyrmonter Talkessel mäandert der Fluss, wir paddeln unter Holzstegen hindurch und finden am Fußballplatz eine Anlagestelle. Von hier ist es nicht weit zum sehenswerten Kurpark von Bad Pyrmont, dessen Palmengarten uns in subtropische Länder entführt. Am Wehr tragen wir kurz links um; bei gutem Wasserstand macht das Befahren mit Einern Spaß. Danach wechseln Schwallstrecken mit ruhigen Abschnitten. Die Berghänge drücken sich dicht an den Fluss, kleine Felswände reichen bis zur Eisenbahnstrecke, die eng am Wasser vorbeiführt. Alte Steinbogenbrücken und zwei unbefahrbare Wehre würzen die Strecke. Nach der Eisenbahnbrücke taucht links vor uns das dreiflügelige Schloss Hämelschenburg auf. Ein Besuch lohnt sich; nur wenige Burgen und Schlösser beherbergen so schöne, reichlich ausgestattete Innenräume. Unter dem Schloss läuft die Emmer flott im teils regulierten Flussbett den hohen, weiß strahlenden Kühltürmen des Atomkraftwerks Grohnde entgegen.
Wir unterqueren die Umgehungsstraße Emmertal und umgehen das Wehr links. Noch ein kurzer, ruhiger Abschnitt, und wir steigen links vor dem großen Gebäude der Papiermühle aus. Hier beenden wir die Fahrt, am kleinen Parkplatz warten die abgestellten Autos. Wer bis nach Hameln weiterpaddeln will (sicher lohnend – noch 6 km auf der Weser) setzt im tief eingeschnittenen Flussbett nach dem Steg wieder ein; 2 km flussabwärts pflügt der Kajakkiel dann das Weserwasser.

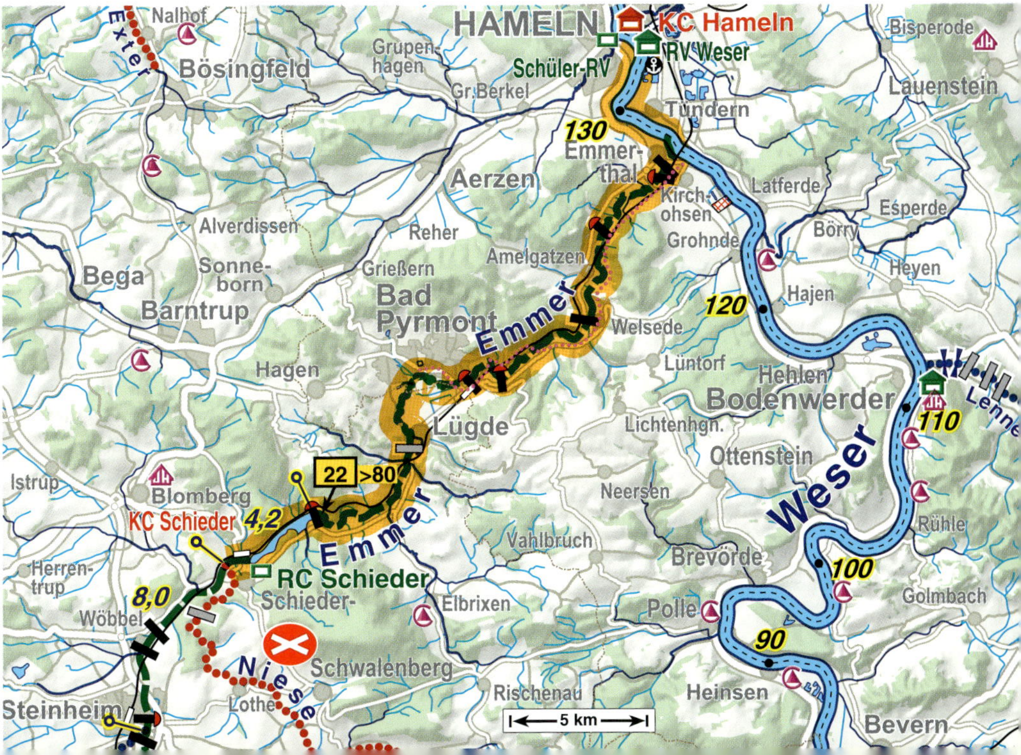

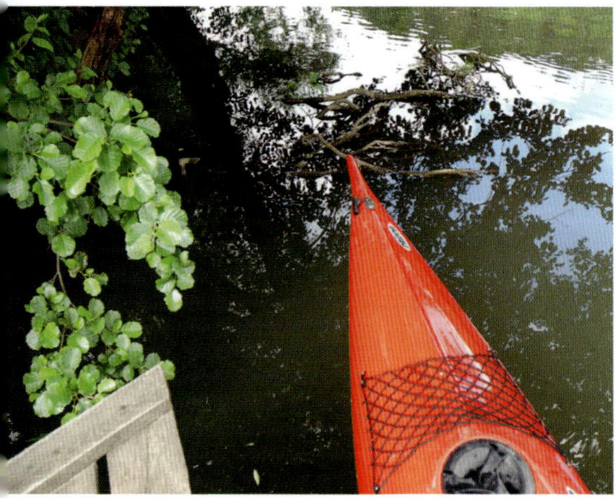

KURZ-INFO EMMER

Charakter, Tipps:
Im Oberlauf sportlicher Wiesenfluss, ab Schieder als flottes Wanderflüsschen (zuerst Talsperre) fast ganzjährig befahrbar. Landschaftlich sehr ansprechend. Alle Wehre leicht zu umtragen. Einsatzstellen in Schieder beim Waldrestaurant »Fischanger«, in Lügde und Bad Pyrmont. Pkw-Begleitung möglich. Die Bahnstrecke führt am Fluss entlang.

Befahrensregelung:
Auf der Emmertalsperre ist nur das Durchfahren erlaubt.

Pegelregelung: Mindestens 80 cm am Pegel Stausee, Unterwasser, für eine Befahrung des NSG Emmertal (Lügde – Flussmündung), ganzjähriges UV.

Ab Landesgrenze bis zur Mündung Wassertiefe min. 40 cm.

Zeltmöglichkeiten:
Fischanger beim Stausee, Elbringxen, Bad Pyrmont, Friedenstal (nicht am Fluss), Welsede, Hameln

Sehenswertes:
Schieder-Schwalenberg:
Trachten- und Malerstadt, Fachwerk-Rathaus, Kurpark, Sanatorium (ehemaliges Schloss, 17. Jh.), Burgruine

Lügde:
Schöne Fachwerkhäuser, St.-Kilians-Kirche, Stadtmauer mit Türmen, Zigarrenfabrik

Bad Pyrmont:
Quelle »Der Hyllige Born«, herrlicher Kurpark mit Palmengarten, Theater, Spielbank, Wandelhalle, Schloss (18. Jh.), Heimatmuseum, Kurhäuser

Hämelschenburg:
Schloss der Weserrenaissance (16. - 17. Jh.) mit Schlossbrücke und prunkvollen Innenräumen, Dorfkirche

Auto nachholen:
Auf der Strecke zwischen Schieder und Emmerthal/Hameln regelmäßige Zugverbindungen. Gut ausgebauter Emmer-Radweg.

Karte:
Generalkarte 1 : 200 000, Blatt 9

Pegelstand:
Die Emmer ist fast ganzjährig zu befahren - bei Hochwasser nur für erfahrene Kanuten.

Aktueller Pegel: *www.kanu-nrw.de*

Literaturhinweis:
- DKV-Gewässerführer Hessen, Rheinland-Pfalz und Saarland
- DKV-Gewässerführer Nordwestdeutschland
- Gewässerführer für Nordrhein-Westfalen

Tour 7: Weser

Bei ihrer Entstehung durch den Zusammenfluss von Werra und .Fulda in Hann. Münden ist die Weser schon ein stattlicher, ausgewachsener Fluss, der mit ruhiger Strömung in vielen unregelmäßigen Schleifen die landschaftlich sehr reizvollen norddeutschen Mittelgebirgszüge durchquert, an der Porta Westfalica bei Minden das norddeutsche Tiefland erreicht und nach 430 km Flusslänge bei Bremerhaven von der Nordsee aufgenommen wird. Auf ihrem Wege zeigt uns die Weser viele, manchmal sehr verschiedene Gesichter. Ohne Hindernisse gemächlich strömend, ist sie ein Fluss der Ruhe, gleichzeitig ein Tummelplatz der Wassersportler, wenn an Wochenenden hunderte der verschiedensten Boote die Fluten beleben. Sie ist auch ein Fluss der Märchen und Sagen – erinnern wir uns nur an Doktor Eisenbart, der in Hann. Münden lebte, oder an das Märchen vom Dornröschen. Die im geheimnisvollen Reinhardswald versteckte Sababurg lieferte sicher den Brüdern Grimm die Kulisse für ihre Erzählungen. In Bodenwerder gab der »Lügenbaron« Freiherr von Münchhausen seine phantastischen Geschichten zum Besten. Auch Hameln mit seiner Rattenfängersage sowie die Bremer Stadtmusikanten dürfen hier nicht vergessen werden.

Die Weser ist aber genauso ein Fluss der deutschen Geschichte. Viele Klöster wurden um die Jahrtausendwende an ihren Ufern gebaut und beherbergen heute unschätzbare historische Kunstwerke. Auch mehrere mittelalterliche Städte mit gut erhaltenen, reich verzierten Fachwerkhäusern und Schlössern der Weser-Renaissance säumen den Strom und laden zum Aufenthalt ein. Das alles, zusammen mit der beschaulichen Landschaft, macht aus einer Kanuwanderfahrt auf der Weser ein unvergessliches Erlebnis. Trotz wesentlicher Verbesserung

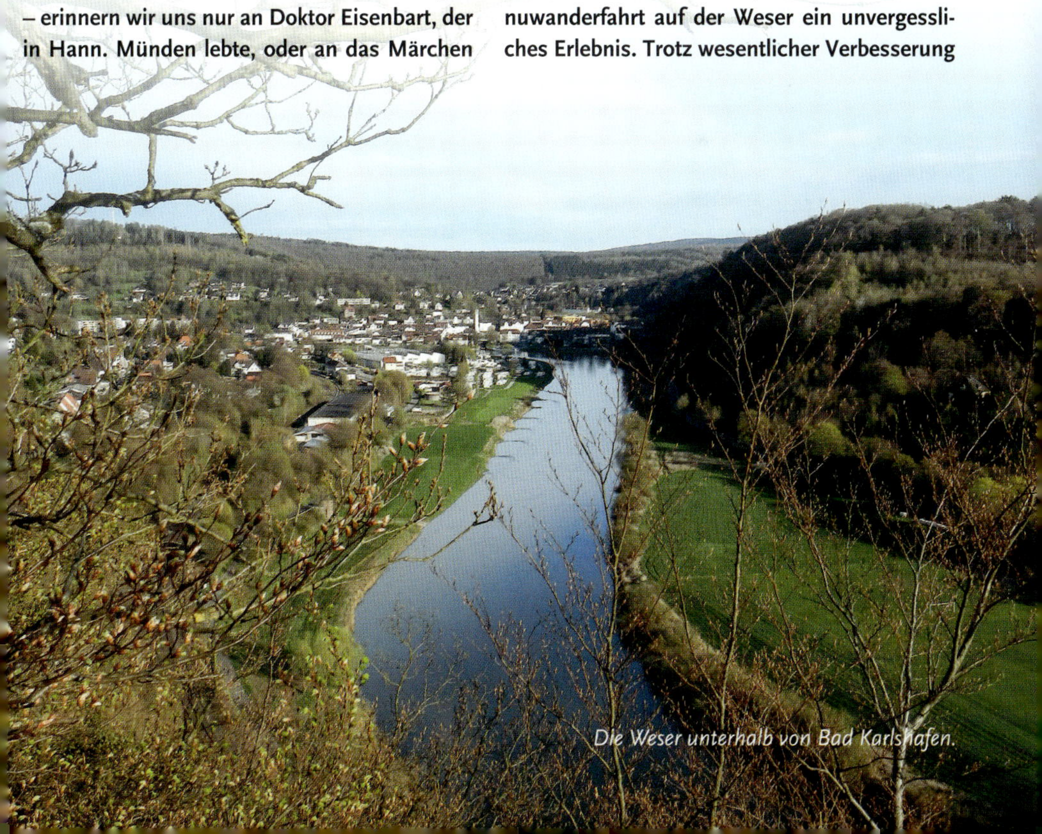

Die Weser unterhalb von Bad Karlshafen.

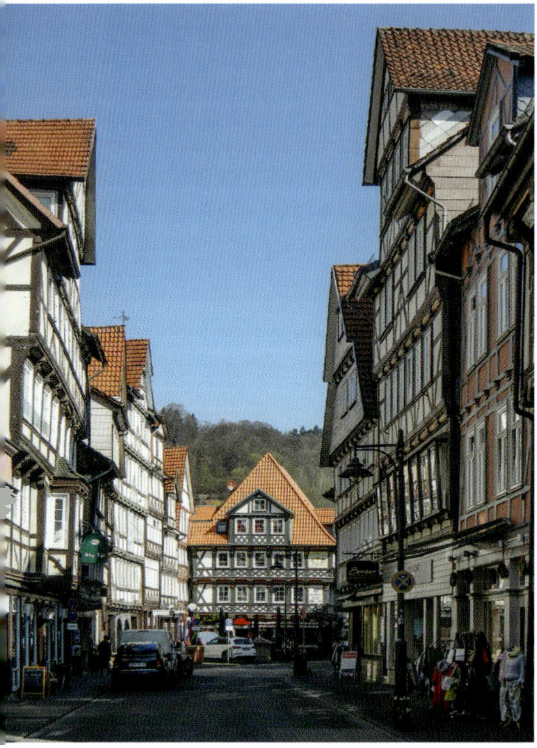

Fachwerkhäuser in Hann. Münden.

der Wasserqualität gehört die Weser leider noch immer zu den von der Industrie belasteten Flüssen. Die Versalzung über die Werra ist zwar durch teilweise Stilllegung der Kalibergwerke zurückgegangen, doch bleiben noch immer Salz und Abwässer der Industrie übrig. Weitere Besserung ist angesagt.

Weser - Nordseestrom

Etappe: Hann. Münden – Minden 203 km
Tourdauer: 7 - 8 Tage

Wenn wir nicht bereits im Boot sitzend über Fulda oder Werra ankommen, beginnen wir unsere Wanderfahrt am besten in Hann. Münden, oft noch Hannoversch Münden genannt. Malerisch auf einer Landzunge zwischen Fulda und Werra liegend, bietet diese alte Stadt so viel Sehenswertes, dass ein Tag zur Besichtigung kaum ausreicht.

Auf dem paddlerfreundlichen Campingplatz auf der Flussinsel vor den Toren der Stadt sind wir gut aufgehoben; von hier aus setzen wir unsere Boote unterhalb der Schleuse ins Wasser.

Camping „Grüne Insel Tanzwerder" links vom Schleusenanleger, Tanzwerder 1, 34346 Hann.-Münden, Tel: 05541 12257, (51.4166, 9.6480) www.camping-und-kanu.de

Vorbei am berühmten Weserstein mit der so oft zitierten Inschrift »Wo Werra sich und Fulda küssen ...« führen uns die ersten Paddelschläge in den ruhigen, doch zügig strömenden Weserfluss. Wenn wir keinen Gegenwind haben, können wir ab jetzt in den Kanus herrlich faulenzen, uns an der vorbeiziehenden Landschaft erfreuen, und nur hier und da mit dem Paddel ein wenig die Richtung korrigieren.

Die nächsten 40 km sind wahrscheinlich die reizvollsten; doch die Weser überrascht uns auch weiter flussabwärts immer wieder mit neuen prächtigen Landschaftsbildern. Über weite Strecken reichen die steilen Buntsandsteinhänge des Bramwaldes, des Sollings und des sagenumwobenen Reinhardswaldes rechts und links bis an den Fluss. Zwischen den vielen kleinen Dörfern, die die Weserufer schmücken, verkehrt noch wie in alten Zeiten so manche handgetriebene Hochseilfähre. Hier heißt es aufpassen, denn so eine Fähre hat natürlich Vorfahrt!

Gimte, Hilwartshausen und Vaake mit seiner schönen Häuserfront hinter uns lassend, verbringen wir anschließend im einladenden Veckerhagener »Brauhaus« eine angenehme Vesperpause. Am gegenüberliegenden Ufer, am Fuße des Bramwaldes, liegt Hemeln. Kurz danach, in einer scharfen Rechtskurve hoch über dem Fluss, versteckt sich im Wald die Ruine

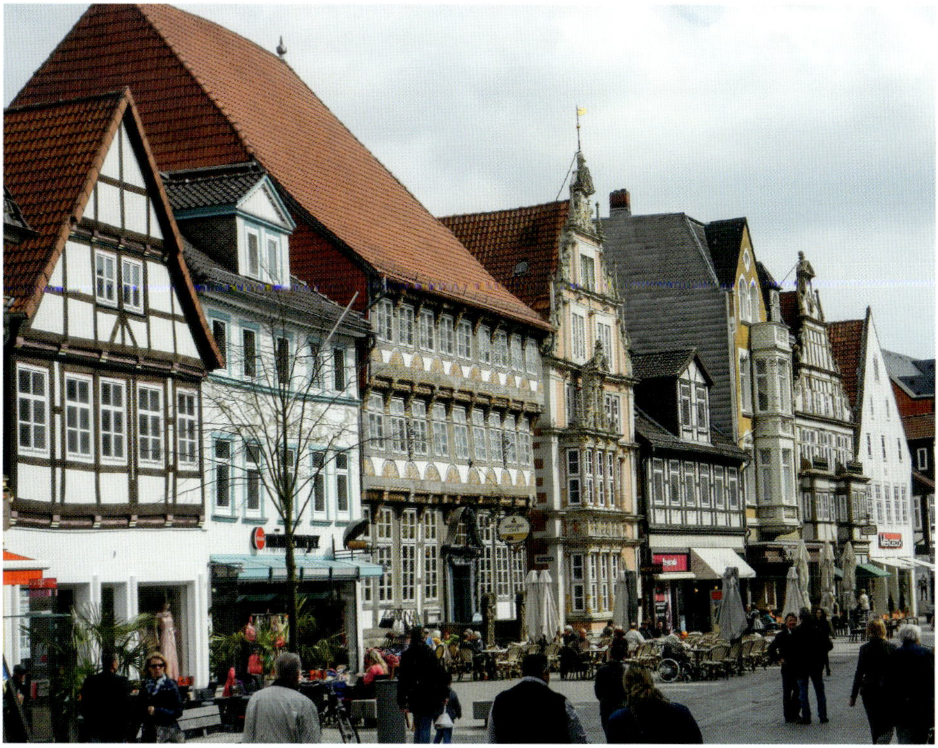

Hameln, die ehemalige Hansestadt, lockt mit ihren Straßencafés.

Bramburg, von der wir eine prächtige Aussicht ins Wesertal genießen können. Die Burg wurde zum Schutze des Benediktinerklosters Bursfelde errichtet, dessen weit emporragenden Türme wir zuerst vom Fluss aus erblicken. Nachher bewundern wir die kostbaren Fresken in der dreischiffigen Klosterkirche. Von Gieselwerder, heute ein Ortsteil von Oberweser, kommen wir nach einer Wanderung durch urwaldähnlichen Forst zu einem Dornröschenschloss – der Sababurg.

Wieder zurück in den Kanus, paddeln wir nach Lippoldsberg in einem großen Bogen nach Süden. Anschließend weiter in einer vollendeten Schleife an einem Umlaufberg, dem Kalberg, vorbeiziehend. Das Tal ist sehr eng; eine einsame Strecke, der so genannte Sollingdurchbruch, führt uns nach Karlshafen, wo wir am großen Campingplatz rechtsufrig gegenüber der Stadt anlegen. Über eine der wenigen Weserbrücken spazieren wir in die 1699 gegründete Hugenottenstadt. Im alten Hafenbecken spiegelt sich die weiß leuchtende Barockfassade des Rathauses. Der Hafen ist ein Überbleibsel des ehrgeizigen historischen Schiffskanal-Projekts, das die Weser über das Diemeltal mit Kassel verbinden sollte.

Wenn wir etwas Zeit haben, scheuen wir nicht den steilen Aufstieg zum Hugenottenturm; der Ausblick auf die symmetrisch angelegte Stadt und ins Wesertal ist sehr hübsch.

Von links mündet knapp unterhalb der Stadt die Diemel. Weiter flussabwärts säumt das rechte Ufer eine Felsgalerie – die Hannoverschen Klip-

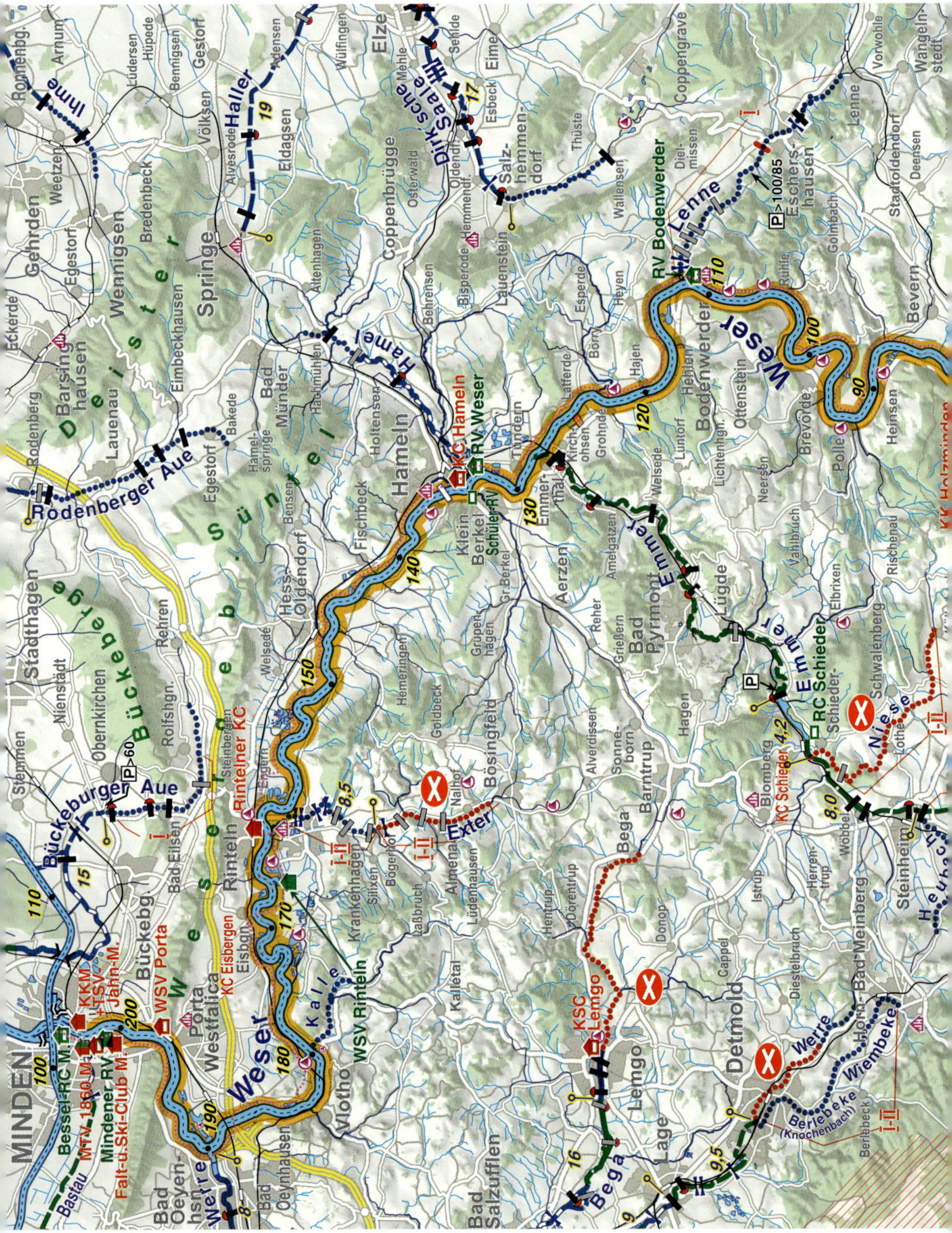
Weser
Minden
Porta Westfalica
Rinteln
Hameln
Bodenwerder
Bad Oeynhausen
Vlotho
Bad Pyrmont
Lemgo
Detmold
Bad Salzuflen
Springe
Bad Münder
Stadthagen
Bückeburg
Bückeburger Aue
Rodenberger Aue
Hamel
Haller
Saale
Dinkel
Ihme
Exter
Kalle
Emmer
Bega
Werre
Wiembeke
Berlebeke
Lenne
Deister
Süntel
Wesergebirge
Bückeberge
KC Hameln
RV Weser
Rintelner KC
WSV Rinteln
KC Eisbergen
WSV Porta
RV Bodenwerder
RC Schieder
KC Schieder
KSC Lemgo
Bessel-RC M.
MTV 1860 M.
TSV Jahn-M.
Mindener RV
Falt-u.Ski-Club M.
KKM
200
190
180
170
150
140
130
120
110
100
90

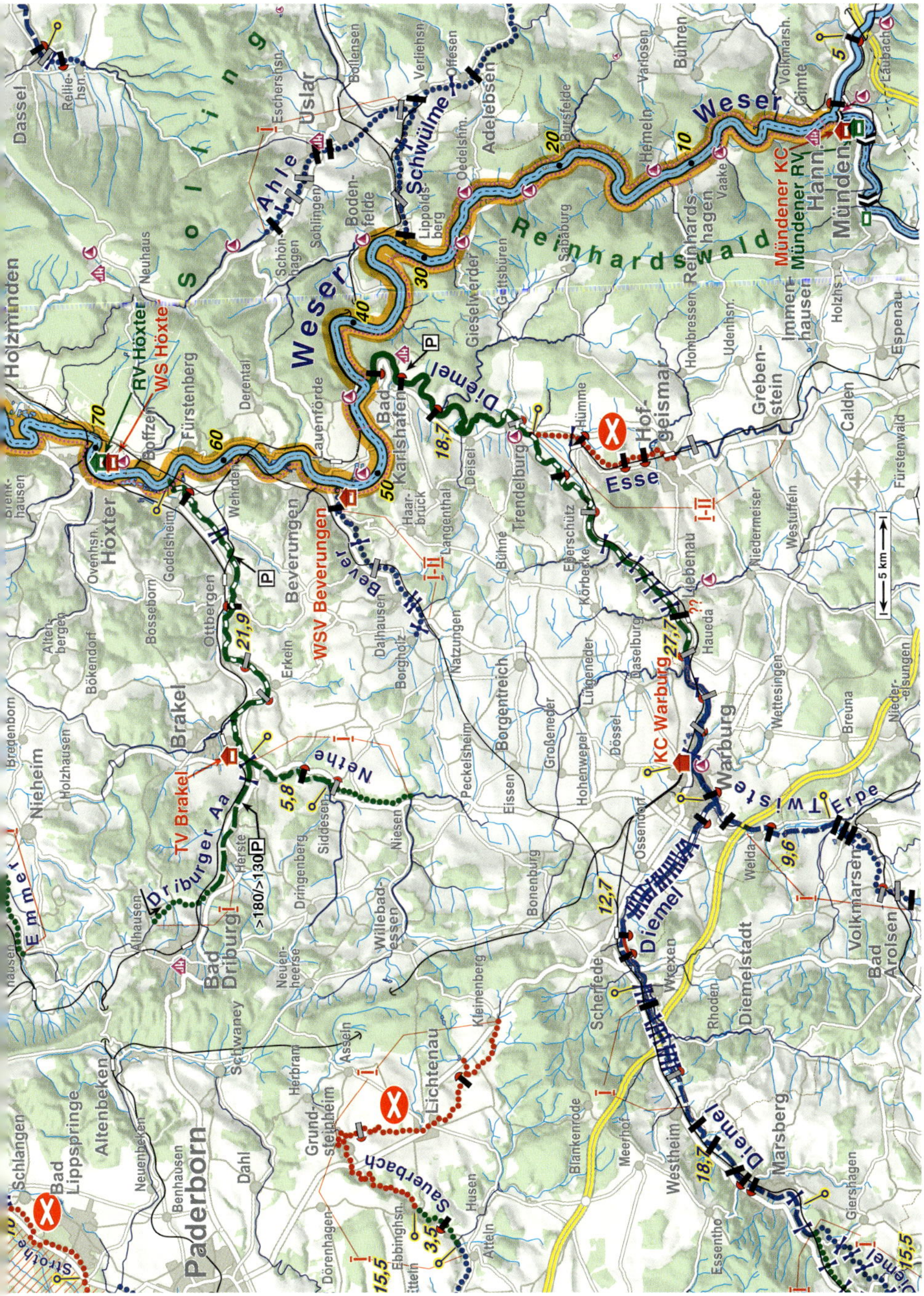

Weser
Solling
Reinhardswald
Diemel
Esse
Bever
Nethe
Twiste
Erpe
Ahle
Schwülme
Emmer
Driburger Aa
Sauerbach
Holzminden
Höxter
RV Höxter
WS Höxte
Beverungen
WSV Beverungen
Bad Karlshafen
Brakel
TV Brakel
Bad Driburg
Paderborn
Warburg
KC Warburg
Hofgeismar
Hann. Münden
Mündener KC
Mündener RV
Uslar
Dassel
Bad Lippspringe
Marsberg
Volkmarsen
Bad Arolsen
Diemelstadt
5 km

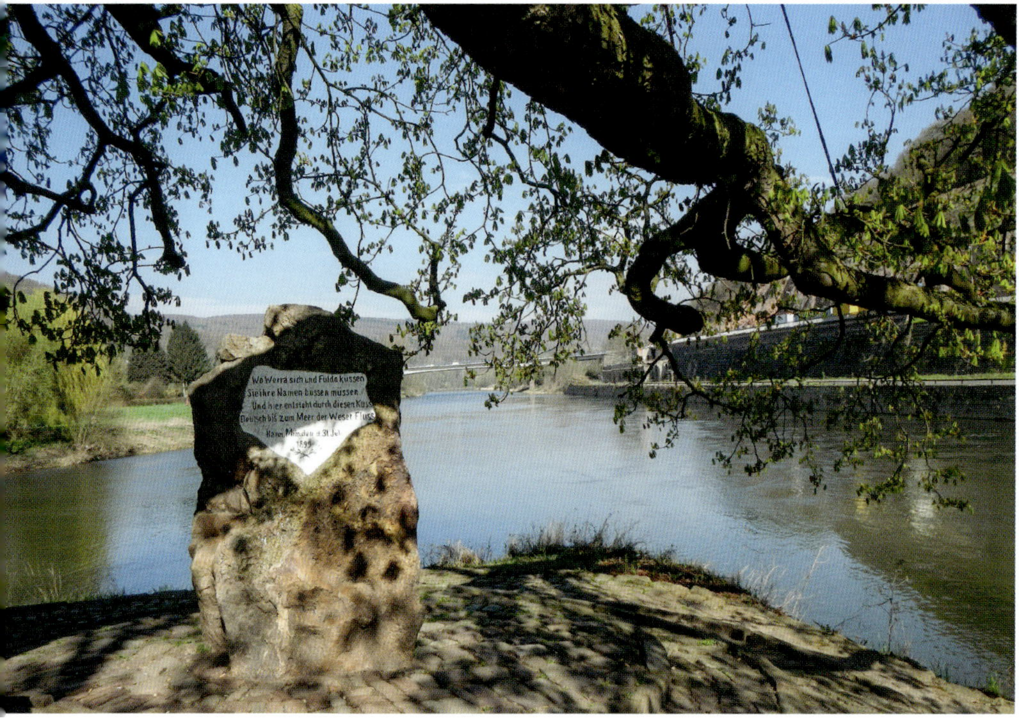

Der berühmte Weserstein ist Ausgangspunkt unserer Kanutour.

pen Das enge Tal öffnet sich, vor uns liegt der Große Weserbogen. Am rückgebauten ehemaligen AKW Würgassen vorbeifahrend erreichen wir das reizvolle Städtchen Beverungen.

In weiten, rhythmischen Schleifen teilt jetzt die Weser die hellen Kalksteinschichten des Lipper Berglandes vom rötlichen Buntsandstein des Sollings. Der flache Auboden des nunmehr breiten Tals ist von Kiesgruben zerwühlt und mancher Berghang durch Steinbrüche verwundet Von den übrig gebliebenen Weideflächen entlang der Ufer beäugen uns Schafe und gescheckte Kühe, die an heißen Tagen ins kühlende Wasser steigen. Rechts gegenüber der Nethemündung ragt hoch über dem Fluss das auf einem Felssporn erbaute Schloss Fürstenberg auf, seit fast 250 Jahren Sitz einer weltberühmten Porzellanmanufaktur. Eine Besichtigung des interessanten Museums und die Werksführung geben einen Einblick in die Geschichte der Porzellanherstellung.

Nach der nächsten Flussbiegung erblicken wir weit voraus Höxter, eine über 1100 Jahre alte Stadt, deren Kern noch immer mittelalterliche Züge trägt. Hier finden wir manches Kleinod der Weserbaukunst: reich geschnitzte, renovierte farbige Fachwerkhäuser mit ihren typischen »Fächerrosetten«, die romanische Kilianikirche, die Dekanei, das Rathaus mit seinem reizenden Erker. Ein Spaziergang am Weserufer führt uns zur berühmten Benediktinerabtei Corvey, die über viele Jahrhunderte hinweg als religiöses, politisches und kulturelles Zentrum des Nordens Deutschlands wirkte. Es lohnt sich, hier eine Tagespause einzuplanen. Auf dem geräumigen Campingplatz rechtsufrig vor

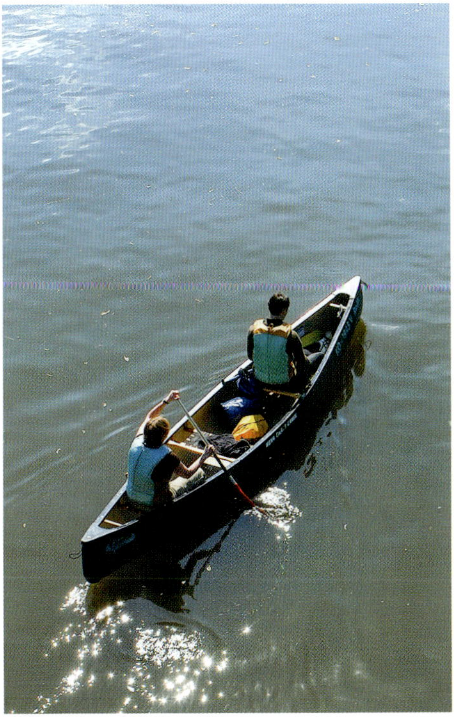

Auf der Weser trägt uns eine flotte Strömung.

der Brücke oder auch auf dem Zeltgelände des Wassersportvereins Höxter sind wir gut aufgehoben.

Bei der Weiterfahrt können wir vom Kanu aus noch einmal die majestätisch vorbeiziehenden Türme und alten Mauern der Abtei Corvey bewundern, bevor uns die Strömung in eine enge, unübersichtliche Südschleife hineinzieht. Hier müssen wir bei Begegnungen mit Ausflugsschiffen der Weserflotte besonders aufpassen, rechtzeitig ausweichen und die Kanadier und Kajaks mit dem Bug gegen die ankommenden Wellen halten. Bei Holzminden können wir vielleicht einige der 30.000 Düfte der dort ansässigen Aroma- und Parfumindustrie erschnuppern. Auf jeden Fall lohnt ein kurzer Aufenthalt am schattigen Marktplatz der Altstadt.

Flussabwärts von Holzminden pendelt die Weser von einem Prallhang zum anderen, vom Kiekenstein zum Kapenberg, Eckberg und Kollberg. Oft nackten Fels freilegend, sägt sie sich so ihren Weg durch die Muschelkalkschichten der Ottensteiner Hochfläche. Nach dem Städtchen Bodenwerder, wo der bekannte Geschichtenerzähler Freiherr Hieronymus von Münchhausen lebte, verlässt der Fluss das Tal. In großen, sanften Bögen nähern wir uns dem stillgelegten Kernkraftwerk Grohnde, das noch klotzig in der Landschaft steht und bald zurückgebaut wird.

Flott strömt die Weser über die »Latferder Klippen«, erst beim Dorf Emmern verlangsamt sich die Strömung, der Rückstau des Hamelner Wehrs macht sich bemerkbar. Von hier aus können wir eine schöne Wanderung ins Emmertal zum Schloss Hämelschenburg, einem Juwel der Weserrenaissance, unternehmen. Im ruhigen Wasser erreichen wir dann langsam das Hafengebiet von Hameln und können dort rechts vor der Fußgängerbrücke am Anleger des KC Hameln anlanden.

Bei einer Weiterfahrt lenken wir kurz nach der Fußgängerbrücke unsere Boote halblinks zur großen Schiffsschleuse; an ihr rechts vorbei leitet eine Beschilderung zur Bootsschleuse und zur automatischen Bootsgasse. Sofern sie in Betrieb ist, öffnen wir durch Betätigen eines Druckschalters (die dort angebrachte Anweisung durchlesen!) diese Gasse, fahren mit einigen Schlägen hinein, legen die Paddel an, fahren durch, paddeln im Unterwasser weiter und steuern weg vom Wehr zum linken Ufer.

Beim Durchfahren von Hameln halten wir uns links und achten auf den Schiffsverkehr. Nach Unterqueren der Straßenbrücken erreichen wir den Campingplatz. Hier schlagen wir unser Zelt auf, um der Metropole der Oberweser einen Besuch abzustatten. Wir werden nicht enttäuscht sein. Diese voller Leben pulsierende und doch so historisch wirkende Stadt zieht uns sofort in ihren Bann.

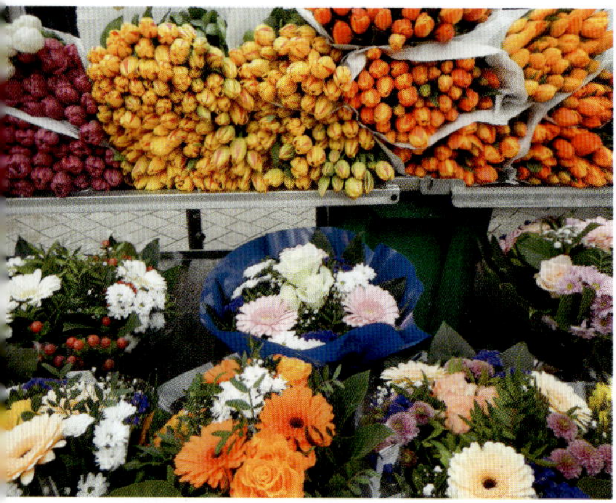

Bunter Markt in Minden.

Viele Häuserreihen mit formenreichen, bunten Fachwerkfassaden, sorgfältig renoviert, versetzen unsere Phantasie in die Zeit der Rattenfängersage. Also in die Zeit des mittelalterlichen Wohlstands, als Hameln eine reiche, bedeutende Hansestadt war. Die ausgedehnte Fußgängerzone ermöglicht ein Schlendern durch die Gassen und über die Plätze dieser so sehenswerten Stadt. Voller Eindrücke kriechen wir spätabends in unsere Schlafsäcke und hören vielleicht noch im Traum das Flötenspiel des Rattenfängers...

Am nächsten Morgen trägt uns die Weser mit neuem Schwung weiter flussabwärts. Die Orte liegen jetzt etwas weiter vom Fluss entfernt; wahrscheinlich hat man sie wegen der oftmals drohenden Überschwemmungen so gebaut. Rechts beherrschen den Horizont die Süntelhöhen; mit ihren ausgedehnten Waldkomplexen und bizarren Felsformationen sind sie ein Paradies für Wanderer und Kletterer. Links begrenzt das Massiv des Rumbecker Berges das breite Tal. Mehrere Kieswerke säumen den Flusslauf, und es folgen viele einsame Flusskilometer, bis wir die nächste Stadt erreicht haben.

Rinteln begrüßt uns mit dem markanten mehrstöckigen Turm der Nikolaikirche und schönen Fachwerkhäusern. Erstaunt stellen wir fest, dass diese kleine Stadt schon vor mehr als 350 Jahren eine Universität besaß, die von Jerome Bonaparte, Bruder Napoleons, erst 1810 geschlossen wurde.

Immer dichter wird jetzt am Fluss der Motorbootverkehr. Bei Erder sowie auf mehreren Strecken müssen wir auf Wasserskifahrer achten, die manchmal bedrohlich nah an unseren Booten vorbeiflitzen. Hier beginnt die letzte »Engtalstrecke«, und die Weser zeigt sich nochmals von ihrer schönsten Seite. Als nehme sie Anlauf, lässt sie sich weit nach Westen abdrängen und ändert ihre Richtung erst im großen Bogen bei Vlotho und Bad Oeynhausen. Das weltberühmte Bad ist durch eine Autobahn und die Umgehungsstraße vom Fluss etwas abgeschirmt. Knapp vor der Werremündung finden wir in Rehme einen guten Anlegeplatz, um von da aus durch den schönen Kurpark zum stärksten Thermalsolegeysir der Welt zu spazieren.

Nun ist es nicht mehr weit zum letzten Höhepunkt unserer Weserfahrt. Links nähern sich die steilen Waldhänge des Wiehengebirges. Bis zuletzt sehen wir nirgendwo einen Durchschlupf; erst knapp vor der Brücke kommt ein Linksbogen, und wir paddeln durch die Scharte – die »Porta Westfalica«. Unterhalb der Brücke finden wir dann eine gute Ausbootmöglichkeit sowie Zeltplätze beim WSV Porta.

Von hier aus ist der beste Aufstieg zum monumentalen, 87 m hohen Kaiser-Wilhelm-Denkmal am Wittekindberg. Auf der Terrasse erwartet uns ein großartiger Ausblick, mit dem wir vom so vielgestaltigen Weseroberlauf Abschied nehmen. Wir können natürlich auch weiter nach Minden fahren und am Bootshaus des MTV Minden oder der Faltbootabteilung des TV Jahn die Fahrt beenden, um mit einer Besichtigung der im letzten Krieg stark zerstörten und heute wieder aufgebauten alten Bischofs- und Hansestadt Minden nach dem landschaftlichen noch den urbanen Abschlusspunkt zu setzen.

KURZ-INFO WESER

Charakter, Tipps:

Ganzjährig befahrbarer Wanderfluss, der im regulierten Flussbett in vielen weiten Schleifen durch ein teils enges, teils breiteres, landschaftlich sehr schönes Tal mit guter Strömung fließt.
Für alle Bootstypen geeignet, bietet der Fluss die einzigartige Möglichkeit, die 200 km von Hann. Münden bis Minden mit nur einem Wehr (Bootsgasse) zu bewältigen. Die Strömung treibt uns dabei prächtig an; 40 – 50 km am Tage zu paddeln, ist kein Problem, doch für die unzähligen Sehenswürdigkeiten sollte man sich Zeit lassen und mindestens eine Woche für die Strecke planen.
Obwohl der Fluss ab Hann. Münden als Bundeswasserstraße eingestuft ist (Binnenschifffahrtsstraßen-Ordnung!), herrscht auf der oberen Weser bis Hameln so gut wie kein Frachtverkehr; nur eine Personenschifffahrtslinie verbindet Münden und Hameln. Unangenehm kann der rege Motorbootverkehr an Wochenenden werden. Darum ist es dann wichtig, mit Wanderbooten stets in der Nähe des Ufers zu fahren.

Befahrensregelung:

Auf dem beschriebenen Abschnitt sind derzeit keine Einschränkungen bekannt.

Zeltmöglichkeiten:

Campingplatz Hann. Münden,
hier auch DKV-Zeltplatz,
weitere Campingplätze in Hemeln, Oedelsheim, Gieselwerder, Karlshafen, Beverungen, Fürstenberg, Höxter, Holzminden, Heinsen, Polle, Rühle (Rühler Schweiz, An der Himmelspforte), Grohnde, Hameln, Rinteln KC, Borleffzen, Porta, Minden.
Zwischen Hann. Münden und Bursfelde nicht frei zelten, hier rechtsufrig Naturpark Münden.

Sehenswertes:

Hann. Münden: Altstadt mit hervorragend restaurierten Fachwerkhäusern, Renaissance-Rathaus mit prächtigem Portal und Freitreppe, St.-Blasius-Kirche, Ägidienkirche, Werrabrücke (14. Jh.), Heimatmuseum, ehemaliges Welfenschloss, Weserstein u.a.
Vaake: Wehrkirche (Wandmalereien), Friedhof mit alten gusseisernen Kreuzen
Veckerhagen: Barockes Jagdschloss
Ruine Bramburg: Aussicht ins Wesertal
Bursfelde: Benediktinerabtei, Klosterkirche mit Wandfresken, Sababurg (4 km) mit Tierpark, Urwald
Gieselwerder: Wasserburg, Freilichtmuseum
Lippoldsberg: Dreischiffige romanische Basilika, ehemaliges Jagdschloss des Landgrafen Karl von Hessen
Bad Karlshafen: Barockes Hugenottenstädtchen, Rathaus, Hafen an der Diemelmündung, Invalidenhaus, Solequelle, Ruine Kruckenburg
Beverungen: Fachwerkhäuser, Burgturm
Wehrden: Wuchtiges Schloss – ehemalige Wasserburg, Schloss Fürstenberg mit weltberühmter Porzellanfabrik
Höxter: Ehemalige Hansestadt, romanische Kilianskirche, frühgotische Minoritenkirche, Fachwerkhäuser mit reicher Balkenornamentik, Rathaus mit Glockenspiel, Steinbrücke über die Weser, Benediktinerabtei Corvey
Holzminden: Lutherkirche, Marktplatz, Geschmacksstoff-Industrie

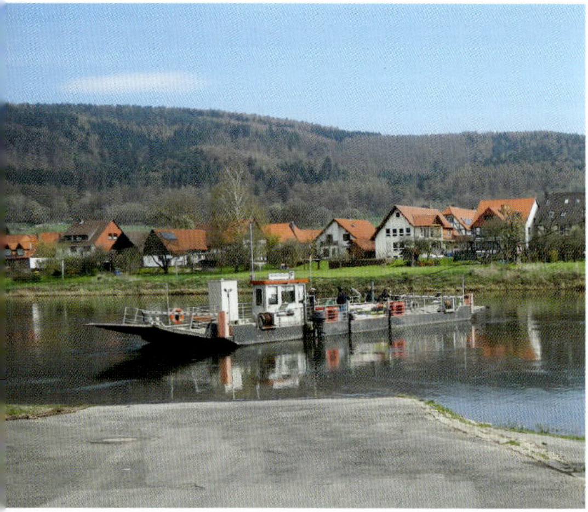

Eine der zahlreichen Seilfähren auf der Weser.

Polle: Burgruine (Freilichtbühne), Kirche, Fachwerkhäuser
Bodenwerder: Romanische Klosterkirche, Kemnade, Geburtshaus des Freiherrn »Baron von Münchhausen« mit Museum, Brunnen, Schiffswerften
Hehlen: Wasserschloss mit Türmen
Emmern: Von hier Wanderung (4 km) zum Schloss Hämelschenburg
Hameln: Ehemalige Hansestadt. Altstadt mit bürgerlichen Fachwerk- und Renaissancehäusern, Stadtmauerreste mit Pulverturm, Rattenfängerhaus, Stiftsherrenhaus, Münster St. Bonifatius, Lachsbrunnen, Marktkirche u.v.a.
Fischbeck: Romanische Kirche – dreischiffige Basilika mit Säulenkrypta, Kirchenschatz, Teppich mit Klosterlegende
Hessisch-Oldendorf: Spätgotische Hallenkirche, Herrenhäuser, NSG Hohenstein im Sönte
Rinteln: Ehemalige Universitätsstadt, Rathaus und frühgotische Kirche, Marktplatz mit Fachwerkhäusern

Rinteln: Ehemalige Universitätsstadt, Rathaus und frühgotische Kirche, Marktplatz mit Fachwerkhäusern
Möllenbeck: Klosterkirche, Klosterkomplex mit Kreuzgang
Veltheim: Denkmal, gegenüber Schloss Varenholz
Vlotho: Alte Schifferstadt, Burgruine Wittekindstein, Schwedenschanze, Kleine oder Lippische Porta
Bad Oeynhausen: Kurpark, Jordansprudel-Geysir, Deutsches Märchen- und Sagenmuseum
Porta Westfalica: Kaiser-Wilhelm-Denkmal am Wittekindsberg
Minden: Früher Hansestadt, Dom St. Peter mit Domschatz, Heimatmuseum, eines der ältesten deutschen Rathäuser, malerische Fischerstadt, »Schachtschleuse« – Schiffshebewerk.

Auto nachholen:

Zwischen Hann. Münden und Minden überwiegend gut ausgebauter Bahn-/Busverkehr. Umsteigen notwendig. Einzelne Teilstrecken auch ohne Umsteigevorgang. Gut ausgebauter Weser-Radweg.

Karten:

Generalkarte 1 : 200 000, Blatt 7 und 9

Pegelstand:

Die Weser ist ganzjährig befahrbar - bei Hochwasser nur für erfahrene Kanuten.

Literaturhinweis:

- Deutsches Flusswanderbuch
- DKV-Gewässerführer Hessen, Rheinland-Pfalz und Saarland
- DKV-Gewässerführer Nordwestdeutschland
- Gewässerführer für Nordrhein-Westfalen

STROMGEBIET MITTELRHEIN
Tour 8: Lahn

Es ist sicher nicht übertrieben, die Lahn als einen der schönsten und gleichzeitig kanufreundlichsten Wanderflüsse Deutschlands zu bezeichnen. Vieles spricht dafür. Schon der reizvolle Landschaftswechsel zwischen breiten Flachbecken, wo der Fluss spielerisch in vielen Schlingen durch weite Wiesen und Felder und überwältigend schönen, langgezogenen Engtalstrecken, in denen manchmal sanft gerundete, manchmal schroff abfallende, bewaldete Hänge bis an die Ufer reichen, nur wenig Platz für eine schmale Talaue lassend. Hier gibt es einsame Flussabschnitte, in denen nur unsere Paddelschläge die Ruhe des dahinfließenden Wassers stören; doch es finden sich auch Strecken, wo an Wochenenden Wasserskifahrer an unseren schaukelnden Kanus vorbeiflitzen und die Sonntagskapitäne ihre tuckernden Kabinenkreuzer den Fluss hinaufsteuern.

Unzählige historische Kostbarkeiten säumen die Ufer der fast 250 km langen Lahn, die, von ihrer Quelle im südlichen Rothaargebirge wie eine silbern gewundene Schleife zwischen Westerwald und Taunus fließend, sich auf ihrem Weg bis zur Mündung bei Lahnstein am Rhein sehr viel Zeit lässt. Genauso viel Zeit sollte der Kanuwanderer haben, um den Liebreiz der vorbeiziehenden Landschaft auszukosten, um öfter aus dem Boot zu steigen, kleine Spaziergänge zu unternehmen und die vielen alten Orte, sehenswürdigen Burgen, Schlösser und andere Zeugen der deutschen Geschichte kennen zu lernen. Vor den vielen Wehren, die wir in der Karte entdecken, brauchen wir uns nicht zu fürchten. Sie sind im oberen Flussabschnitt bis Gießen alle leicht zu umtragen, manche sogar mittels einer Bootsgasse befahrbar. Weiter flussabwärts müssen wir, mit

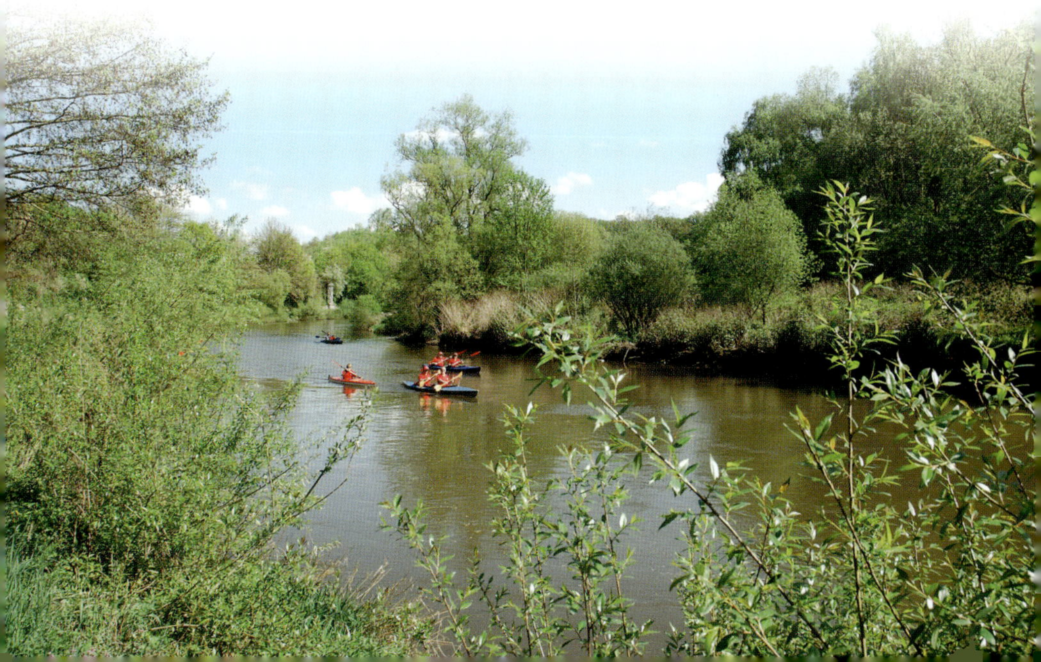

Ausnahme von Wetzlar, die Boote überhaupt nicht mehr aus dem Wasser heben. Die mit Schleusen versehenen Wehre sind für manuelle »Selbstbedienung« eingerichtet. Wegen zu geringer Strömung brauchen wir keine Bedenken zu haben. Zumindest bis Limburg fließt die Lahn meist erstaunlich zügig dahin. Anschließend müssen wir natürlich zulangen und, soweit wir nicht gerade »Kilometerfresser« sind, mit etwas kürzeren Tagesetappen rechnen.

Lahn - Nebenfluss des Rheins

Etappe: Marburg – Lahnstein 173 km
Tourdauer: 10-12 Tage

Unsere Flusswanderung beginnt im »Tübingen des Nordens«, in der alten Universitätsstadt Marburg, wo wir eine günstige Einbootstelle am Campingplatz hinter dem Städtischen Freibad finden (zu erreichen auf der B3a, Abfahrt Marburg/Mitte). Das Ein- und Aussetzen kann nur nach Anmeldung bei der Rezeption erfolgen, Parken nur für Übernachtungsgäste. Eine Stadtbesichtigung lassen wir uns natürlich nicht entgehen und genießen nach dem Spaziergang durch die engen, steil ansteigenden Gassen vom Schloss hoch über der Stadt einen herrlichen Rundblick. Bald darauf sitzen wir in den Kanus. Die Stadt bleibt zurück, wir unterfahren mehrere Straßenbrücken und finden schnell unseren gewohnten Paddelrhythmus. Links voraus naht die Kuppe des Frauenberges mit der mittelalterlichen Burgruine. Am Wehr der Steinmühle werden die Boote rechts kurz umtragen. Bis Gießen wiederholen wir insgesamt viermal diese Übung. Doch dazwischen gibt es immer wieder schöne Strecken mit zügig dahinziehendem Wasser. Bei niedrigem Wasserstand bilden sich in den Innenkurven Sandbänke, die zum Pausieren einladen. Schon

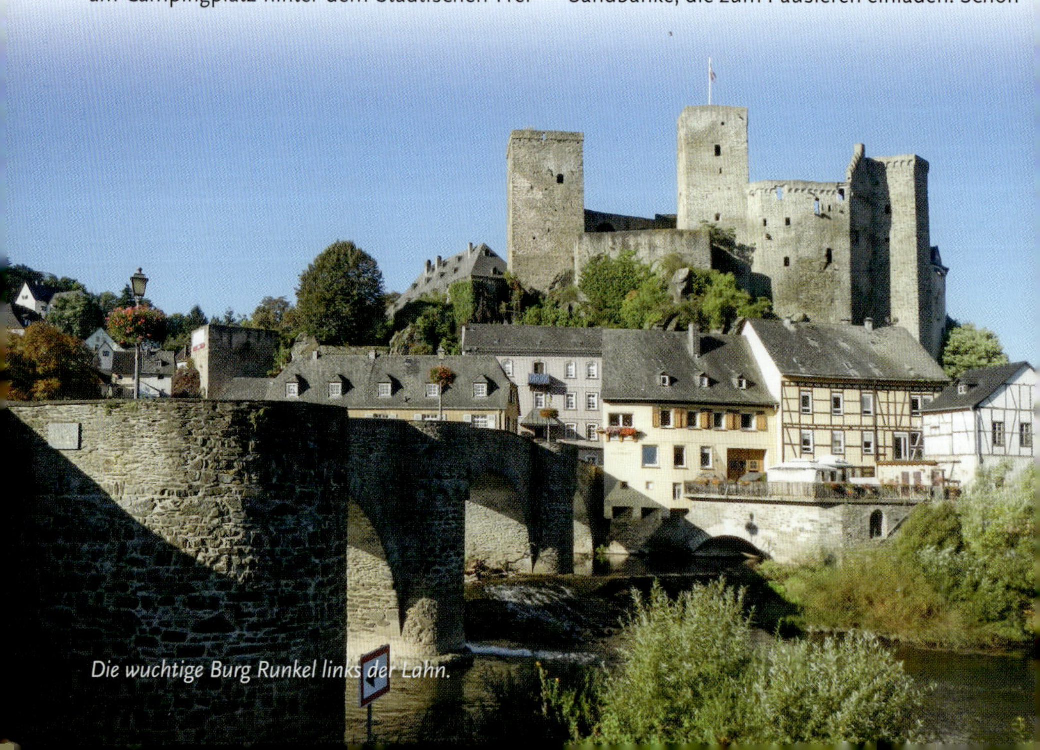

Die wuchtige Burg Runkel links der Lahn.

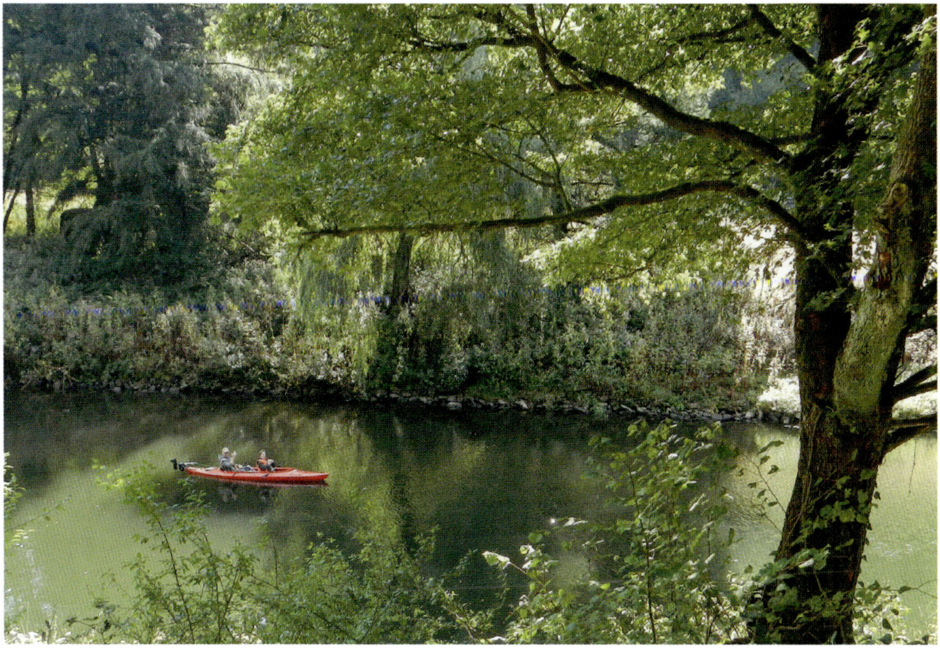

In Marburg ist der Startpunkt unserer Tour auf der Lahn.

entdecken wir etliche Campingplätze, so dass wir bei einer geruhsamen Ferienfahrt auch kurze Tagesstrecken zurücklegen können. Eine weitere Stelle für den Anfang einer Wanderfahrt ist der Zeltplatz des Ski-und Kanuclubs in Gießen, wo wir freundliche Aufnahme finden. In einer Tagesfahrt erreichen wir die ehemalige freie Reichsstadt Wetzlar. Auf dem kleinen, feinen Campingplatz können wir unsere Zelte aufschlagen oder auch in einer Blockhütte übernachten. Für das leibliche Wohl sorgt das griechische Restaurant nebenan und Frühstück wird auf Vorbestellung angeboten. Am nächsten Tag folgt eine reizende Fahrt durch die gepflegte Parkanlage entlang der vorbeiziehenden Kulisse der hügelangebauten alten Häuser und des hochragenden Doms. Nach den Brücken kommen zwei kurz aufeinander folgende Wehre: Eine Bootsrutsche und das zweite Wehr mit einer Rollenanlage zum Übersetzen der Boote. Vorsicht bei Hochwasser: Die Wasserhöhe schließt dann die Nutzung der Rollanlagen aus. Nach einem letzten Blick auf den weithin sichtbaren Dom paddeln wir Altenberg entgegen. Links auf einem sanft gerundeten Bergrücken zeigt sich Schloss Braunfels. Ein Besuch dieses märchenhaft wirkenden Schlosses und des Städtchens am Fuße seiner Mauern lohnt wirklich. Der beste Ausgangspunkt für diese Wanderung (4 km vom Fluss) ist die Anlegestelle am Bahnhof Braunfels.

Anschließend trägt uns die Lahn in weiten Bögen durch das »Leuner Becken«, dessen Mineralquelle Selters weltbekannt ist. Aus dem flachen Becken wird bald ein Tal, bewaldete Hänge ragen hoch über den Fluss auf. Der kleine Ort Löhnberg zeigt uns seine schönen Fachwerkhäuser, und nach der nächsten Schleuse nähern wir uns einem der Höhepunkte unserer Lahnwanderung, dem Residenzstädtchen Weil-

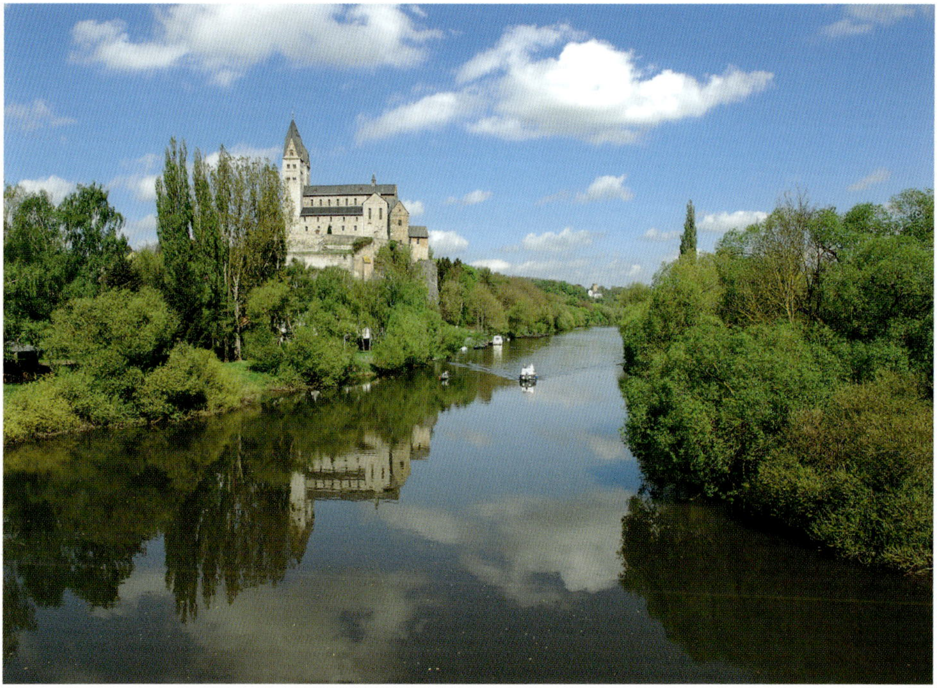

Die altehrwürdige Nikolauskirche in Dehrn grüßt die Paddler.

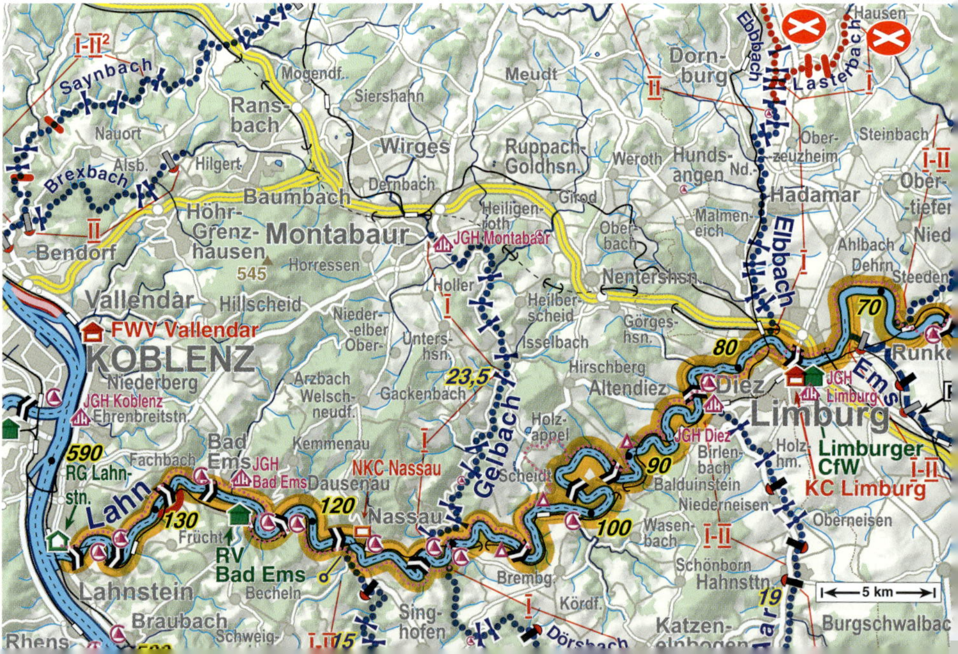

burg, dessen barocke Schlossanlage hoch über einer engen Lahnschleife thront Mit Erlaubnis befestigen wir die Kanus beim Bootshaus des Weilburger Rudervereins, durchstreifen die herrlichen Gartenterrassen des Schlosses, bestaunen den üppig verzierten Neptunbrunnen am großen, streng geometrischen Marktplatz und sind überwältigt von den Ausmaßen der Grafenresidenz. Noch eine Attraktion hat Weilburg uns zu bieten: Deutschlands einzigen Schiffstunnel, ca. 200 m lang mit einer Koppelschleuse am Ende. Es ist schon etwas unheimlich, in dieses dunkle Loch hineinzufahren; jedes Wort, jeder Paddelschlag wird von den Wänden um ein Vielfaches verstärkt. Wir sind froh, wenn sich krächzend das Schleusentor öffnet und der blaue Himmel über uns erscheint. Weiter flussabwärts folgt bis Runkel

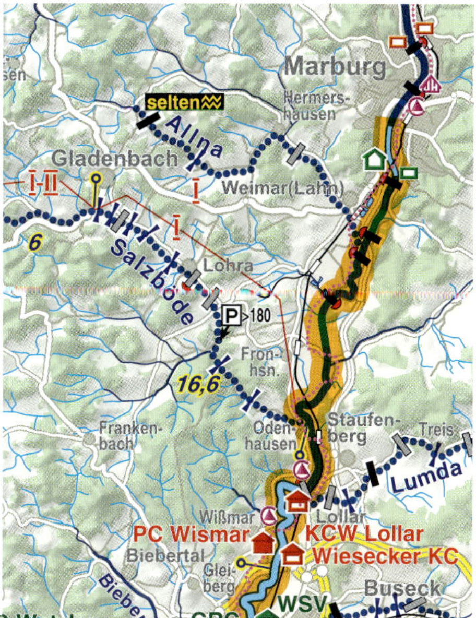

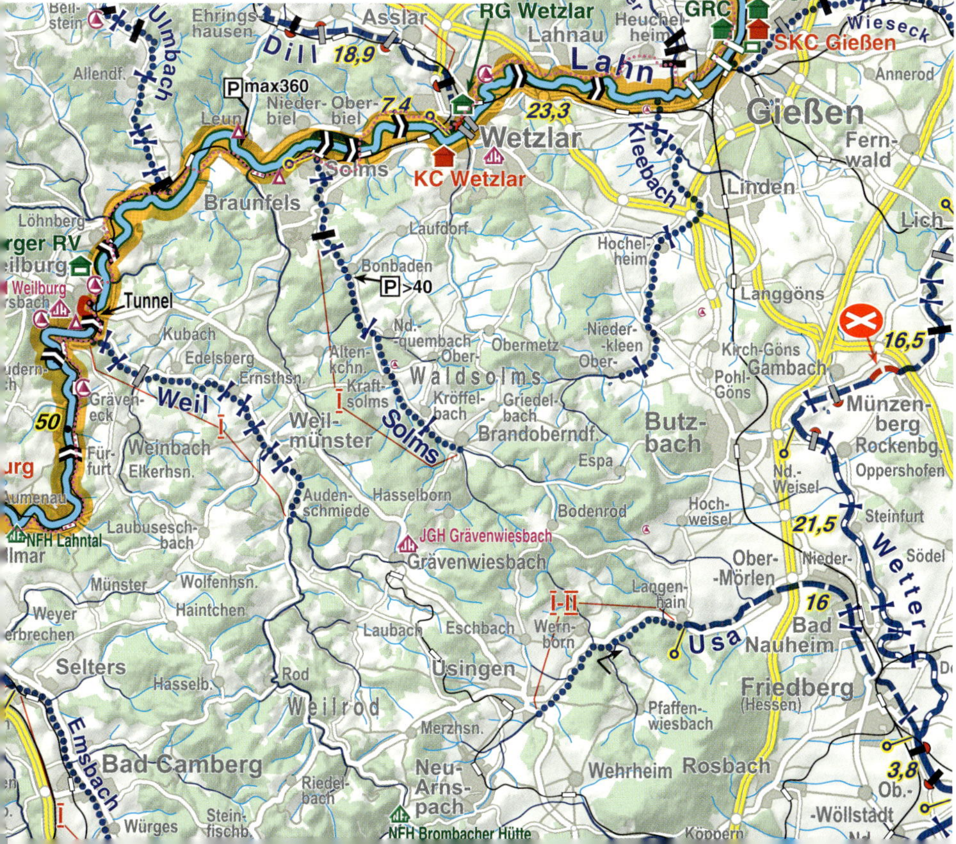

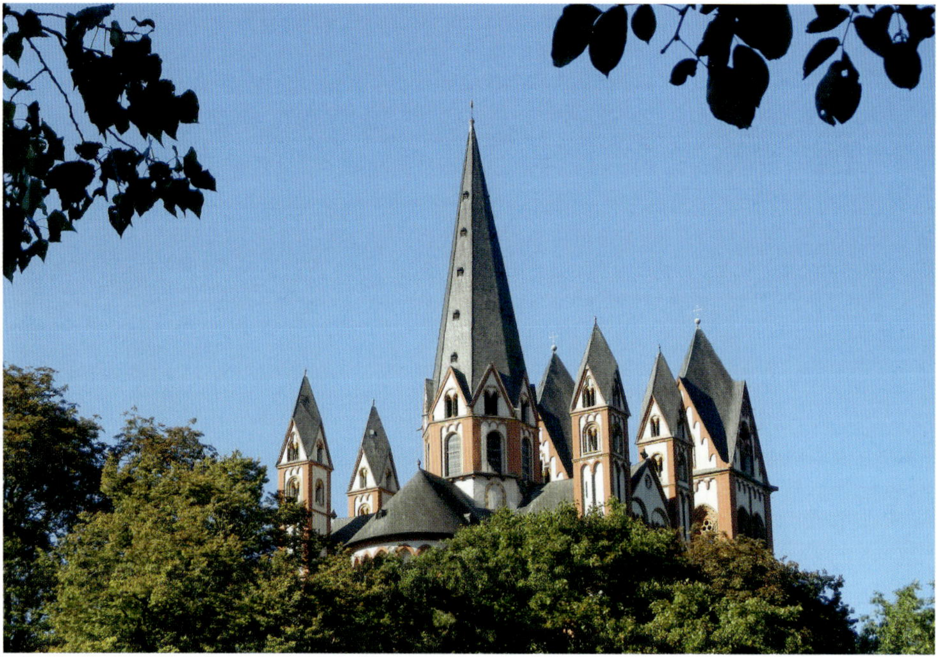

In Limburg sehen wir vom Kanu die Türme des Doms.

eine einsame, romantische Waldstrecke, der Fluss wird kaum von einer Straße berührt, nur die Bahnstrecke liegt irgendwo am Hang. Mehrere Campingplätze unterbrechen als Tupfer das Grün der Ufer, und die Wehre mit ihren Schleusen empfinden wir als willkommene Unterbrechung der Fahrt, um uns die Beine zu vertreten. In Villmar überspannt eine Marmorbrücke den Fluss, und linksufrig ragt unverhofft die hohe Felswand der Bodensteiner Lei. Runkel, eine wuchtige Burg mit zwei dunklen Wehrtürmen über der alten mehrbogigen Steinbrücke, folgt alsbald. Hoch am Bergkamm rechts gegenüber blickt stolz Schloss Schadeck auf den Fluss. Nach der Schleusenkammer nimmt uns eine recht flotte Strecke in Empfang; bei niedrigem Wasserstand müssen wir auf die in den Fluss ragenden Buhnen achten.

In Dehrn begegnen uns die ersten Motorboote; dem kleinen Hafen mit dem Kran am rechten

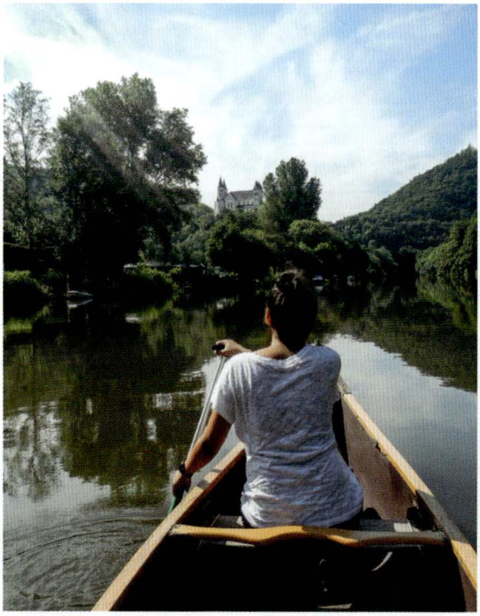

Kloster Arnstein bei Oberhof.

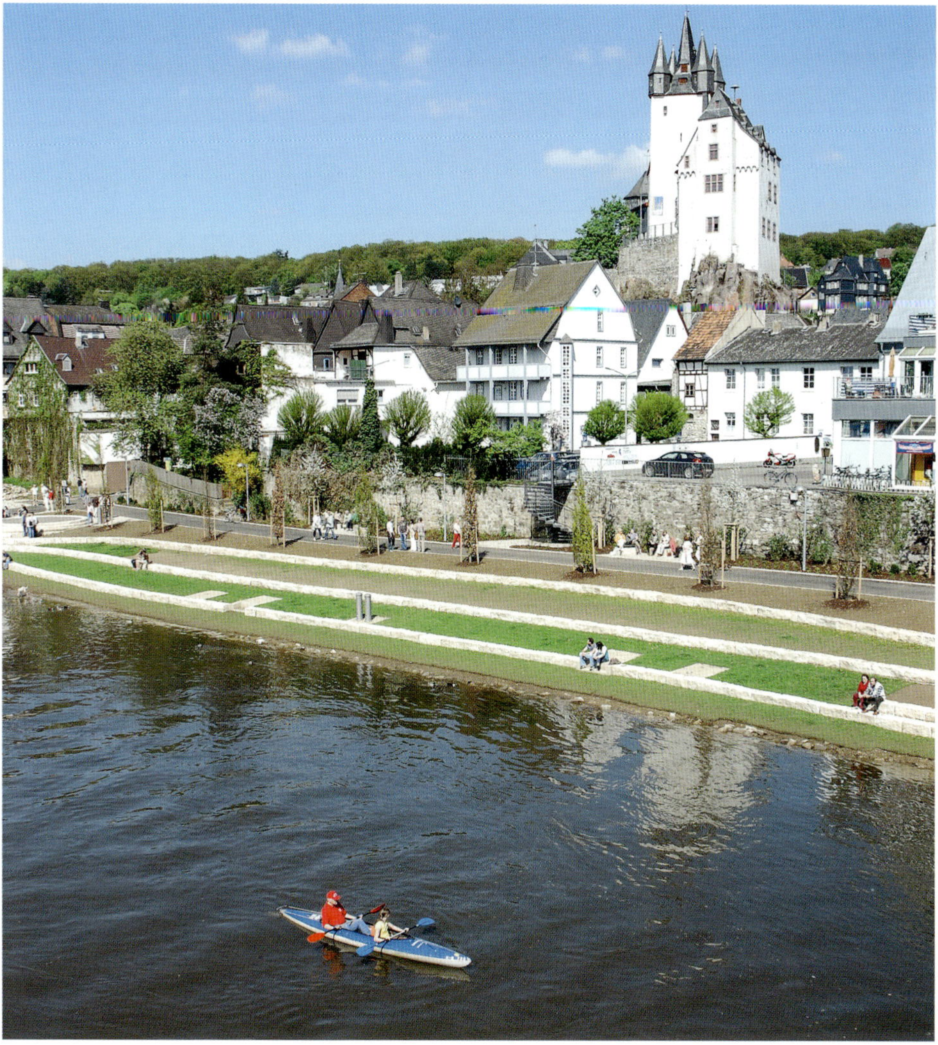

Die fesche Uferpromenade in Diez.

Ufer unterm ehemaligen Schloss folgen ab jetzt bis zur Mündung viele andere. Die Strömung wird deutlich langsamer, und bald blicken wir ehrfürchtig auf die eindrucksvolle Silhouette der Lubentiuskirche, einer Pfeilerbasilika aus dem 9. Jh., die auf einem einsamen Kalkfelsen unmittelbar über der Lahn aufragt. Nach einer Flussbiegung überspannen eine Autobahnbrücke und eine ICE-Brücke vor Limburg das Tal. Gleichzeitig zeigt sich das aus vielen Büchern und dem alten 500-DM-Schein bekannte Bild des siebentürmigen Limburger Doms, hoch auf einem mächtigen Felspfeiler gebaut und vom alten Schloss und von Fachwerkhäusern eng umgeben. Rechtsufrig vor dem Wehr legen wir unsere Boote an und bauen die Zelte

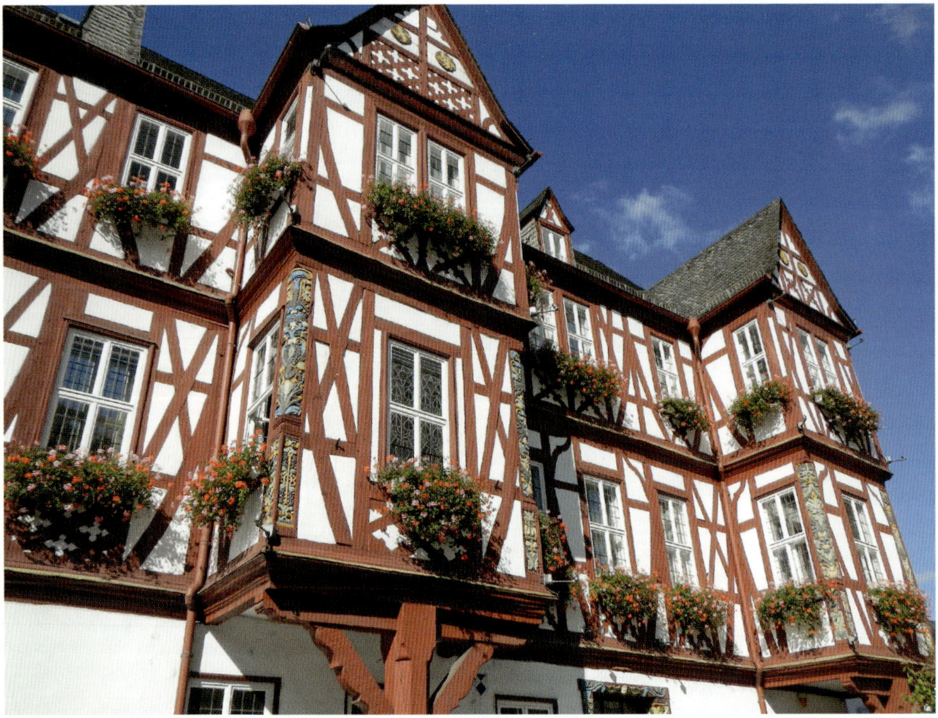

Das herausgeputzte Rathaus von Nassau.

auf dem schön gelegenen Campingplatz auf. Einen gemütlichen Abend in der renovierten, vom Leben pulsierenden Altstadt sollten wir uns nicht entgehen lassen und, falls die Zeit noch reicht, einen halben Tag dranhängen, um den prächtigen Dom, die skandalträchtige neue Residenz des Bischofs, die engen verwinkelten Gassen, alten Marktplätze und Fachwerkhäuser mit ihren reich verzierten Giebeln auch bei Tageslicht zu bewundern. Das Bild des vieltürmigen Doms und der achtbogigen Steinbrücke begleitet uns noch eine Weile nach Verlassen des Schleusenkanals, bis unsere Kanus in der ersten Flussschleife verschwinden.

Nach einer gemütlichen Fahrt durchs Limburger Becken, vorbei am barocken Schloss Oranienstein, zeigt sich links die sehenswerte Stadt Diez mit ihrer weit ins Land blickenden Schlossanlage und der Stiftskirche, allemal einen Landgang wert! Nach einer Linkskurve treten die Waldhänge wieder näher an die Lahn, und wir paddeln fast 20 km einsam durch ein wunderschönes, in mächtigen Schieferschichten tief eingesägtes Flusstal. Auch hier wieder ein kostbares Juwel in der nicht abreißenden Kette der Sehenswürdigkeiten: Balduinstein und das am Horizont hoch aufragende Schloss Schaumburg, dessen Turm uns bei gutem Wetter einen unvergesslichen Ausblick ins Nassauer Land bietet.

Nach der Damberger Schleuse umrundet die Lahn in einer mächtigen Umlaufschleife den gleichnamigen Ort. Nach der nächsten Schleusenkammer folgt ein sehr enger Rechtsbogen. Wir müssen wegen der schmalen Fahrrinne auf den Motorbootverkehr aufpassen und dürfen zusätzlich den von links strömenden Ausfluss

eines Turbinenkanals nicht übersehen. In Laurenburg endet der einsame Flussabschnitt, die B 417 (ab Nassau als B 260) begleitet von jetzt an die Lahn bis zu ihrer Mündung.
Rechts am Hang die großen Abraumhalden der ehemaligen Silberbergwerke, links lugt die Ruine Brunnenburg hervor. Ein paar Kilometer nach dem Wehr in Kalkofen überraschen uns in Obernhof die ersten Weinberge. Es empfiehlt sich, anzulegen, um in einer der gemütlichen Wirtschaften den hiesigen Wein zu probieren und danach noch eine kurze Wanderung zum Kloster Arnstein hoch über dem Fluss zu unternehmen.
Nach der Schleuse Hollerich folgt Nassau mit seinen Burgen und dem Schloss Stein. Das historische Dausenau liegt malerisch am rechten Ufer; die gut erhaltene Ringmauer versteckt den Schiefen Turm und die schönen Fachwerkhäuser. Hier finden wir auch das historische »Wirtshaus an der Lahn«.
Nach der Brücke zieht sich ein riesiges Campinggelände den Fluss entlang, und kurz hinter dem nächsten Wehr paddeln wir ins weltberühmte Bad Ems ein. Auf kilometerlangen Promenaden spazieren die Kurgäste entlang der Lahn. Gepflegte Parkanlagen, Thermen, Kurhäuser und vieles andere reizen uns zum Aufenthalt, der durch zwei Campingplätze und eine städtische Anlegestelle erleichtert wird. Flussabwärts wird es im Tal etwas lebendiger, der Motorbootverkehr nimmt zu. In einer Tagesfahrt erreichen wir bequem von Bad Ems unsere Endstation Lahnstein. An der Schleuse vor der Stadt ragt drohend über uns Burg Lahneck, die den ganzen Talabschluss beherrscht. Rechts an der Mündung finden wir mehrere geeignete Abbauplätze, wo wir im Angesicht des Schlosses Stolzenfels am gegenüberliegenden Ufer des Rheins unsere Boote zur Heimfahrt klar machen.

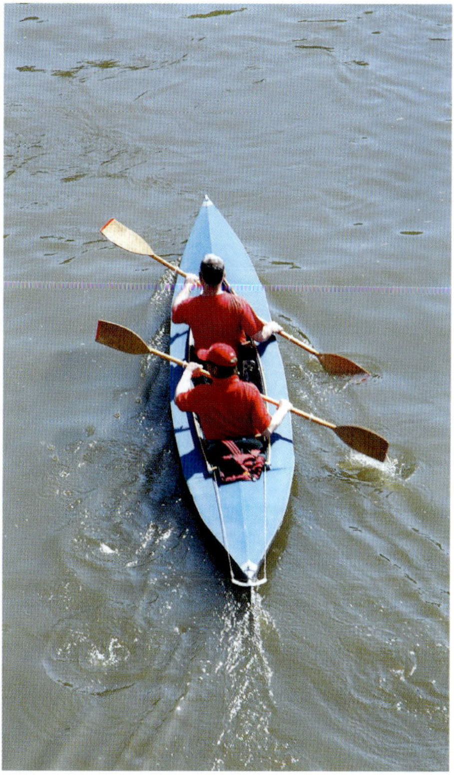

Im Gleichklang auf der Lahn.

KURZ-INFO LAHN

Charakter, Tipps:
In einer ansprechenden, abwechslungsreichen Landschaft beschaulich fließender Ferienwanderfluss mit sehr sauberem Wasser, von Marburg bis zur Mündung auf 180 km ganzjährig mit allen Bootstypen befahrbar.
Der Motorbootverkehr hält sich auf der Lahn in angenehmen Grenzen; erlaubte Bootsgeschwindigkeit höchstens 12 km/h (ausgenommen Wasserskistrecken).

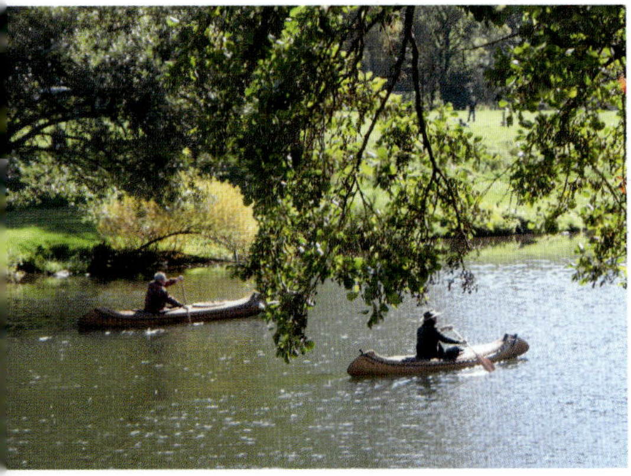

In abwechslungsreicher Flusslandschaft unterwegs.

An Wochentagen kaum Verkehr;
etwas lebhafter wird es im unteren Flussabschnitt an Wochenenden und Feiertagen, hier auch Personenschiffsverkehr.
Fast durchgehende Pkw-Begleitung ist möglich.
Die vielen Campingplätze an den Lahnufern ermöglichen eine problemlose Wanderfahrt mit Boot und Zelt (zwei Wochen sollte man sich Zeit nehmen).

Befahrensregelungen:
Bei Hochwasserlage ab einem Wasserstand 360 cm Pegel Kalkofen für die untere Lahn ist eine Befahrung der Lahn untersagt (Tel. 0 64 39/1 94 29)!
Im NSG Nieverner Wehrt bei Bad Ems besteht Fahrverbot vom 15.10. – 31.1.;
für mehrere ausgewiesene NSG Anlegeverbot.

Zeltmöglichkeiten:
An den Schleusen gibt es keine Zeltmöglichkeiten. Viele Campingplätze entlang der Lahn, hier die wichtigsten:

- Marburg Campingplatz
- Ruttershausen
- Badenburg
- Wiesecker KC
- Paddel-Club Wissmar
- Gießen
- Campingplatz Wetzlar (06441-34103), *www.campingplatz-wetzlar.de*
- Ski- und Kanuclub Wetzlar
- Weilburg beim Ruderverein
- Odersbach
- Campingplatz Gräveneck
  2 Plätze bei km 48,6 und 60,7
- Zeltplatz des Eisenbahner-Sportvereins Limburg
- Runkel
- Limburg
- Diez, bei Balduinstein
- Paddlergilde Rupbach
- Laurenburg
- Obernhof
- Langenau
- Dausenau
- Bad Ems
- Fachbach
- Wolfmühle
- Lahnstein

Sehenswertes:
Marburg: Universitätsstadt (»Tübingen des Nordens«) – erste protestantische Universität, St.-Elisabeth-Kirche, St.-Michael-Kapelle, spätgotisches Rathaus, ehemalige Deutschordenssiedlung Herrenhaus, Komturhaus, Kornhaus, Fachwerkhäuser, Marktbrunnen, Landgrafenschloss mit Rittersaal und Kapelle, Museen u.a.
Bellnhausen: Romanische Kirche Odenhasen, neugotisches Schloss Friedelhausen, Burg Staufenberg

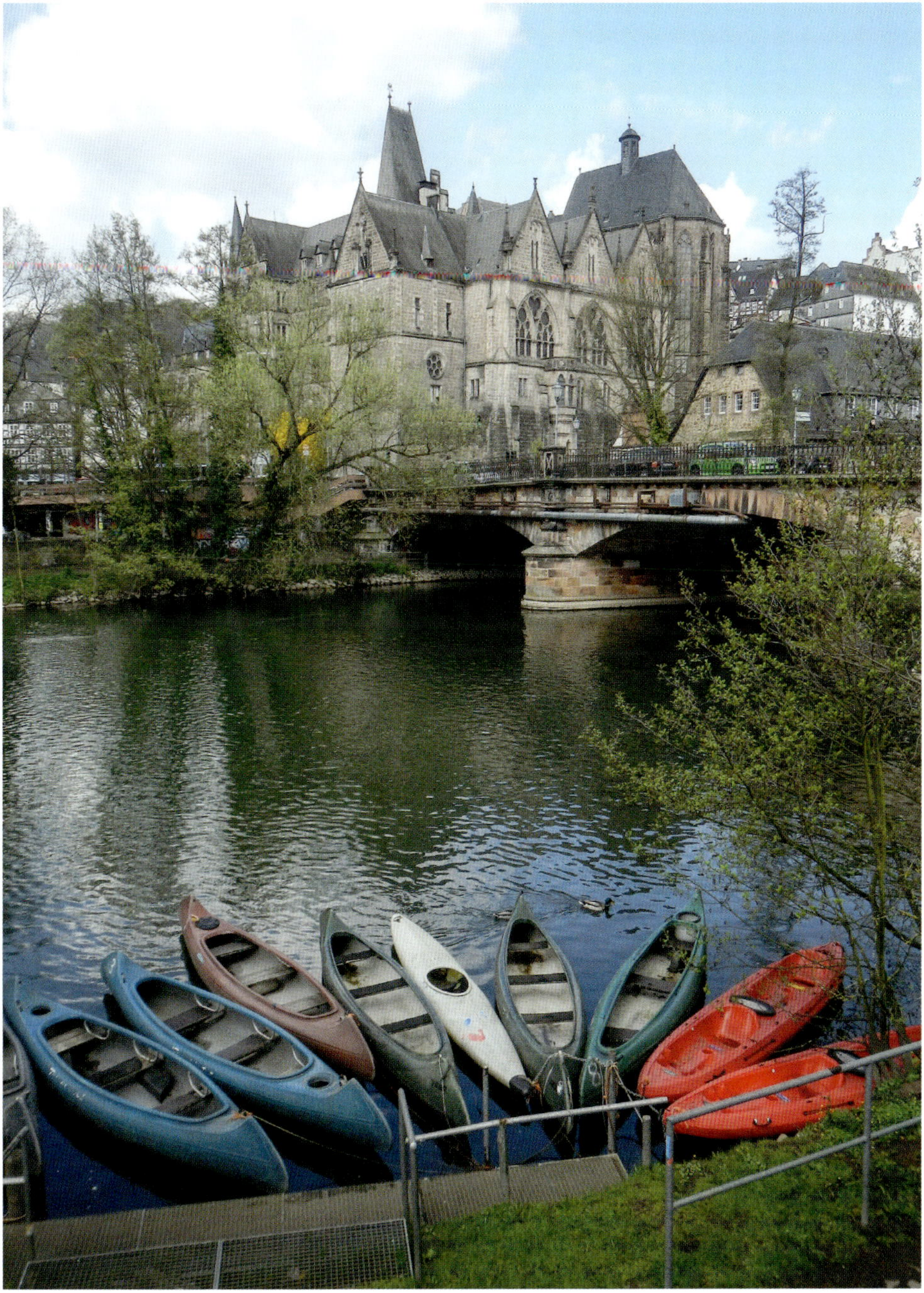

In der Universitätsstadt Marburg gibt es viel zu erkunden.

Gießen: Universitätsstadt, Brandplatz, Altes Schloss, Neues Schloss, Liebig-Museum, botanischer Garten, Stiftskirche in Schiffenberg, Röntgendenkmal u.v.a.
Wetzlar: Dom am Buttermarkt mit Dommuseum, Museum im Lottehaus (Goethe), Brunnen, alte Steinbrücke, Burgruine Hermannstein, Jerusalemhaus u.a.
Altenberg: Gotisches Kloster (Diakonissenheim)
Braunfels: ca. 4 km vom Fluss entfernt, pittoreske alte Bergstadt mit Schloss der Grafen von Solms-Braunfels, NSG – Urwald
Löhnberg: Schöne Fachwerkhäuser, Schlossruine, Seltersprudelquelle
Weilburg: Mächtiges Residenzschloss mit Parkanlage und Orangerie, barocke Stadt, Rathaus, Marktplatz mit Neptunbrunnen, Bergbaumuseum, Wildpark mit Freilichtmuseum, im Sommer Schlosskonzerte, Schiffstunnel
Villmar: Lahnbrücke aus Marmor, Bodensteiner Lei – Denkmal König Konrads I.
Runkel: Wuchtige Burg – Waffenmuseum, Schloss Schadeck
Dietkirchen: Romanische Lubentiuskirche, in Dehrn Schloss
Limburg: Siebentürmiger, spätromanischer Dom (Domschatz), malerische Altstadt mit ältestem Fachwerkhaus Deutschlands, Schloss, Stadtkirche, Bischofssitz, Steinbrücke u.a.
Diez: Schloss Oranienstein, Diezer Grafenschloss mit Museum, Stiftskirche, Stadtmauer, in der Nähe Fachinger Brunnen
Balduinstein: Burgruine, Schloss Schaumburg im englisch-gotischen Stil
Laurenburg: Burg, 2 km zur Klosterruine Brunnenburg
Obernhof: Ausblick »Goethepunkt«, Kloster Arnstein mit romanischer Klosterkirche, Schloss Langenau – ehemalige Wasserburg
Nassau: Burgruine, Denkmal des Freiherrn von Stein, Stammburg Nassau-Oranien, Schloss, Rathaus
Dausenau: 1000-jährige Gerichtseiche, alte Ringmauer mit Toren, Rathaus, St.-Castor-Kirche, der »Schiefe Turm«
Bad Ems: Kurhaus, Parkanlagen, warme Quellen
Lahnstein: Burg Lahneck, romanische Johanniskirche neben römischem Burgus, Rathaus mit Weinbrunnen, Wenzelskapelle, »Wirtshaus an der Lahn«, gegenüber am Rhein Schloss Stolzenfels

Auto nachholen:
Zwischen Marburg und Lahnstein gute Verbindungen durch die Lahntalbahn, gut ausgebauter Lahn-Radweg.

Karten
Generalkarte 1 : 200.000, Blatt 11, 12 und 13

Pegelstand:
Die Lahn ist ganzjährig befahrbar; bei Hochwasser (Wasserstand ab 360 cm Pegel Kalkofen) ist eine Befahrung untersagt!
Untere Lahn: Pegel Kalkofen 06439-19429
Obere Lahn: Pegel Leun, Tel 06473-19429
www.hochwasser-rlp.de/karte/uebersicht

Literaturhinweis:
- Deutsches Flusswanderbuch
- DKV-Gewässerführer Hessen, Rheinland-Pfalz und Saarland

Tour 9: Wied

Irgendwo am Großen Weißenstein bei Linden entspringend, schlängelt sich die Wied zuerst ruhig in nördlicher Richtung durch die hügelige Landschaft der Westerwälder Seenplatte. Saftige Wiesen, Felder und herrliche Laubmischwälder begleiten ihren Lauf. Vor Altenkirchen wird sie durch einen Bergriegel nach Westen abgedrängt, berührt das alte Städtchen, um sich bei Döttesfeld tief in die mächtigen Sedimentschichten des ehemaligen Devonmeeres einzugraben. In weit ausholenden Umlaufschleifen, gesäumt von steilen Erosionshängen und einem urwaldähnlichen Schluchtwald durchquert sie als größter Flusslauf den stillen Naturpark Rhein-Westerwald und erreicht südlich der finster dreinschauenden Burgruine Altwied bei Segendorf das dicht besiedelte Neuwieder Becken, um schließlich im Stadtteil Irlich in Neuwied in den Rhein zu münden.

Wied - Nebenfluss des Rheins

Etappe: Oberlahr – Altwied 46 km
Tourdauer: 2 Tage

Für uns Kanufahrer bietet sich der abwechslungsreiche, 46 km lange Flussabschnitt von Oberlahr bis zur Laubachsmühle (bzw. Altwied) an. Ab hier ist die Wied überwiegend bis Ende Mai und in den Herbstmonaten auch mit wendigen Kunststoff-Zweiern problemlos befahrbar, in regenreichen Sommern auch ganzjährig. Am weitläufigen Parkplatz des Schwimmbades »Lahrer Herrlichkeit« bei Oberlahr können wir die Autos bequem abstellen und finden unterhalb vom Restaurant eine flache Einsatzstelle. Kaum in den Booten sitzend, unterqueren wir die neue Straßenbrücke und gelangen zum ersten Wehr in Oberlahr. Bei gutem Wasserstand ist es leicht befahrbar, bei niedrigem Wasser tragen wir links kurz um. Rechts am Hang liegt

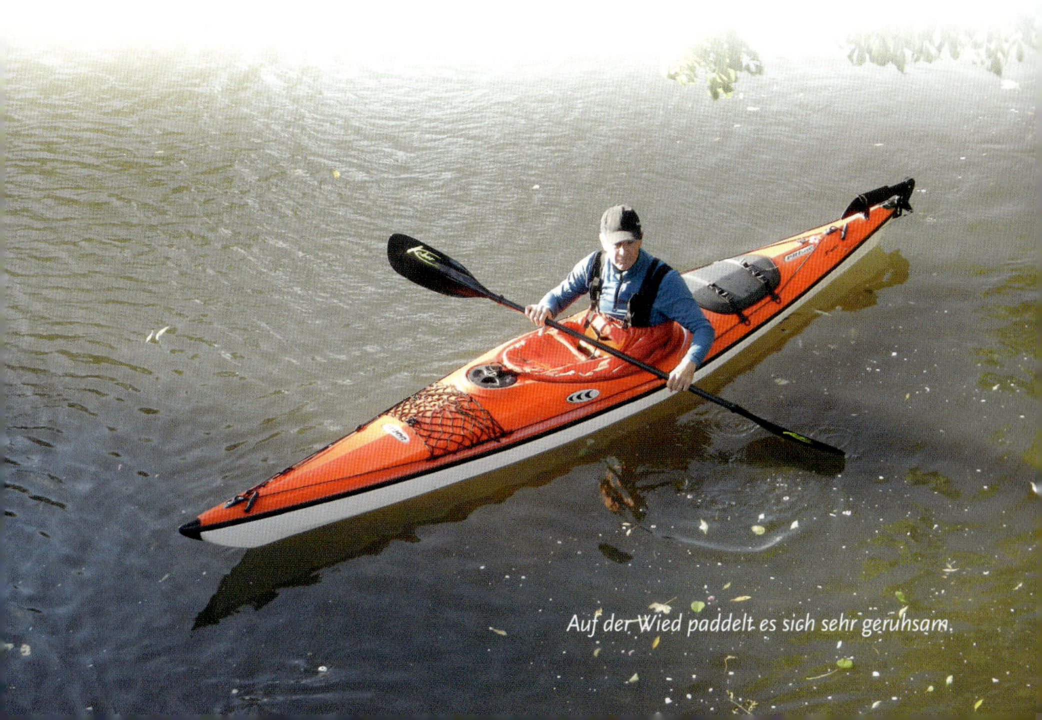

Auf der Wied paddelt es sich sehr geruhsam.

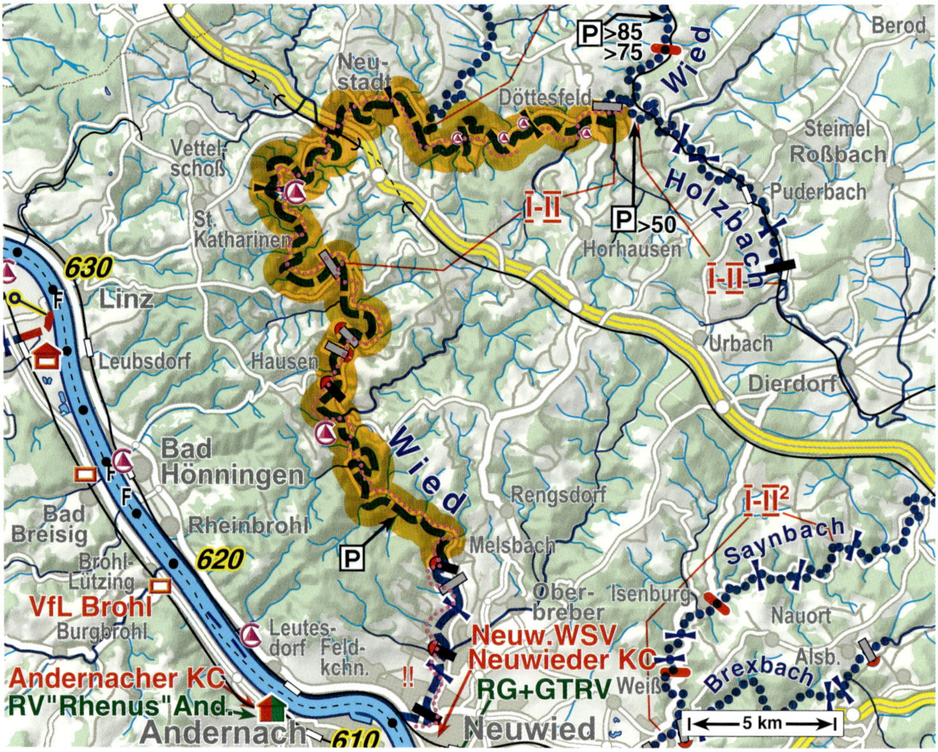

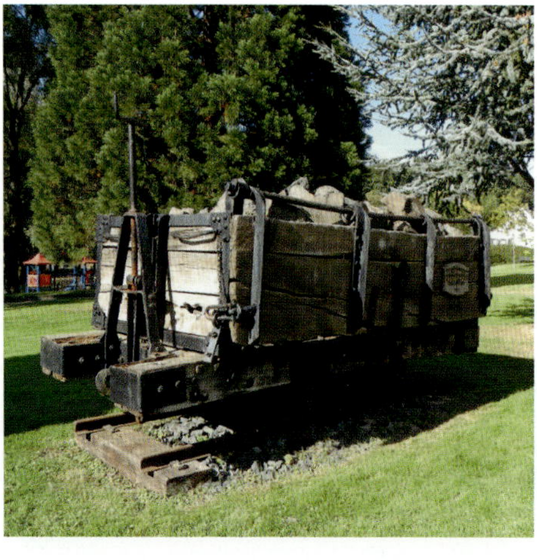
Diese Lore in Neustadt erinnert an den Bergbau in der Region.

der Lusthof, in früheren Zeiten Sitz der Kurkölnischen Verwaltung, die hier ihre Rechte ausübte.

Nach einem weiten Linksbogen nähern wir uns dem Ort Burglahr, der sich im malerischen Halbkreis an einen ehemaligen Umlaufberg der Wied anschmiegt, auf dessen Gipfel die Burg des Grafen von Isenberg aufragt. Eine befahrbare Stufe sorgt für sportliche Abwechslung. Nach der Straßenbrücke, die zum Wallfahrtsort Peterslahr führt, folgt eine einsame Flussschleife. Das Tal wird eng und felsig; wir durchpaddeln die Mettelshahner Schweiz. Riesige Steinblöcke liegen an den Hängen, und ein halb zerfallenes Eisenbahnviadukt der vor Jahrzehnten stillgelegten Bahnstrecke wird vom Wald zurückerobert.

Von rechts mündet der Mehrbach; kurz danach legen wir an und machen einen kleinen Spaziergang zum Schmuckstück des Wiedtales. Unter der Burgruine Ehrenstein, die zusammen mit einem Fachwerkhäuschen am engen Felssporn klebt, stehen das ehrwürdige Klostergebäude und die spätgotische St.-Trinitatis-Kirche, in der wir eine prächtige, aus Eichenholz geschnitzte Barockkanzel entdecken. Hier weht uns der Atem vergangener Jahrhunderte entgegen, und zum Abschied lächelt uns der im Stein gehauene Mönch am Torbogen verschmitzt nach.

Die nachfolgende verblockte Stelle im Fluss ist eigentlich der Rest eines verfallenen Wehrs; bei niedrigem Wasserstand manövrieren wir unsere Boote vorsichtig zwischen den scharfkantigen Steinen hindurch. Nach Neustadt, wo wir am Parkplatz beim Schulzentrum eine geignete Einsatzstelle finden, flitzen wir am großen Campingplatz vorbei, rutschen rechts über ein niedriges Wehr und blicken respektvoll auf die plötzlich auftauchende Autobahnbrücke der A3, die wie ein altes römisches Aquädukt auf wuchtigen Betonpfeilern das grüne Wiedtal überspannt.

Es dauert nicht lange, dann schirmt das Flusstal nach der nächsten Biegung mit seinen Waldhängen die Lärmquelle ab, und wir hören nur noch das anheimelnde Plätschern des freudig springenden Flüsschens. Vielseitig zeigt sich das Tal: steile Prallhänge wechseln mit flachen Auwiesen, ruhig fließende Abschnitte werden von kleinen Naturstufen unterbrochen, leichte Schwallstrecken und ein paar scharfe Kurven sorgen für Sportlichkeit. Das Tal weitet sich, der Klosterhof mit seiner Kapelle ohne Turm schiebt sich links an uns vorbei, und nach der ersten Tagesetappe finden wir im Camping Roßbach freundliche Aufnahme.

Am folgenden Bretterwehr müssen wir die Boote links über die Wiese umtragen. Nach einer großen Schleife, in der die Wied das Schloss Walburg umläuft, liegt der über 1000 Jahre alte Ort Waldbreitbach vor uns. Am Wehr vor dem

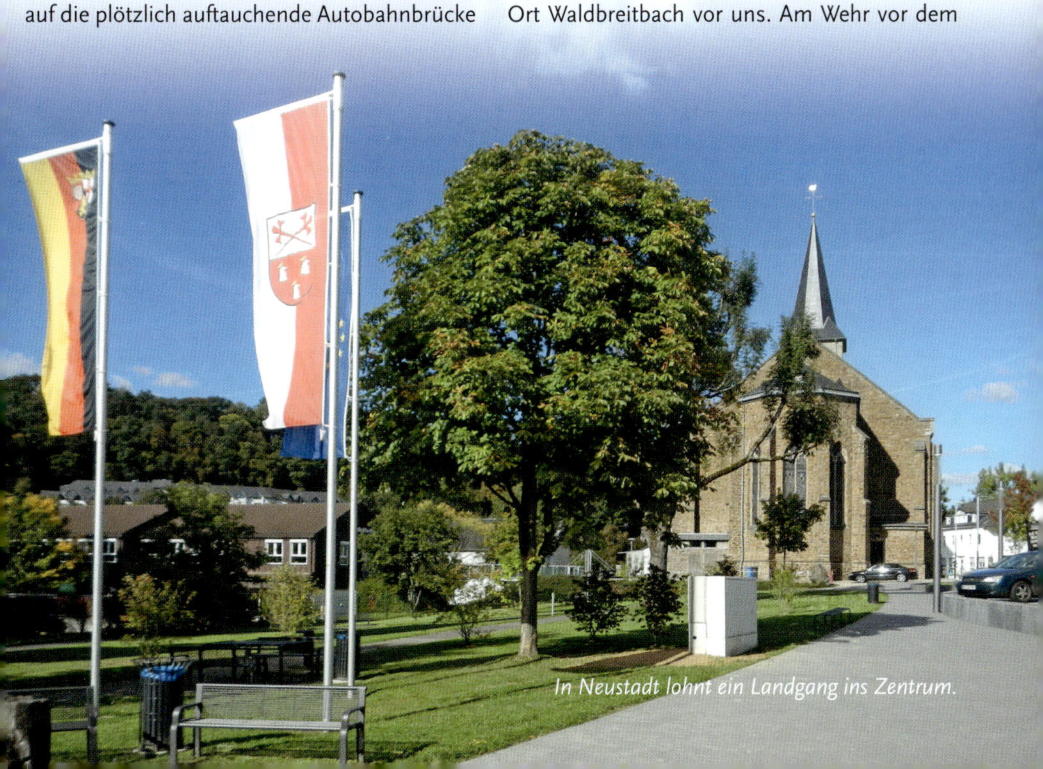

In Neustadt lohnt ein Landgang ins Zentrum.

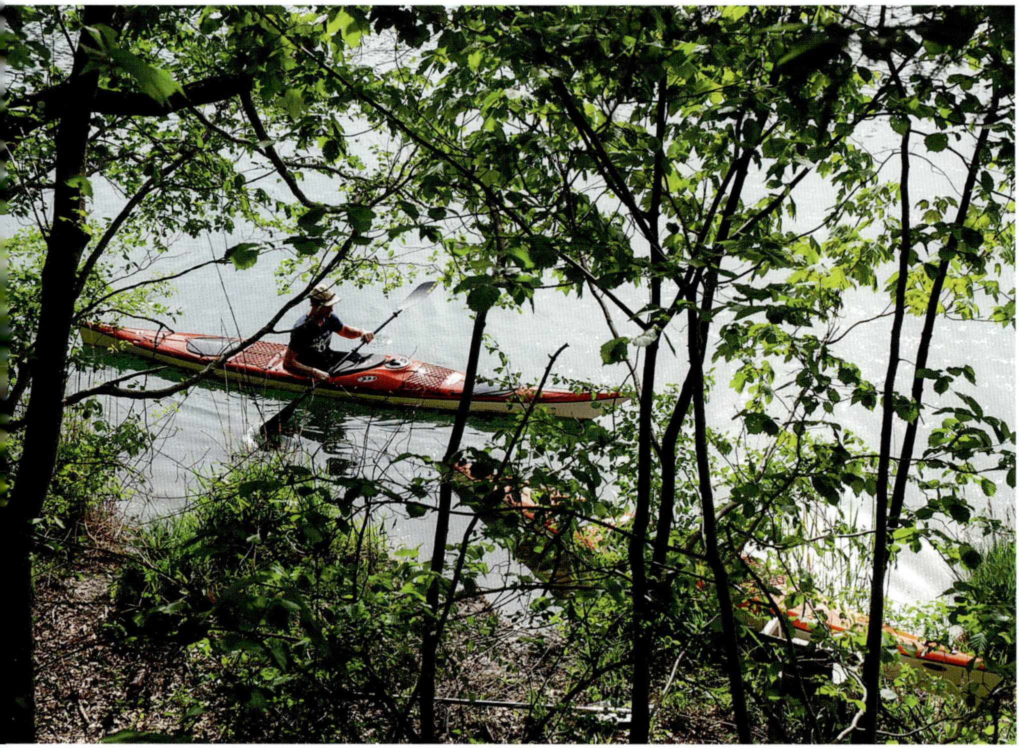

Sehr gemächlich auf der Wied unterwegs.

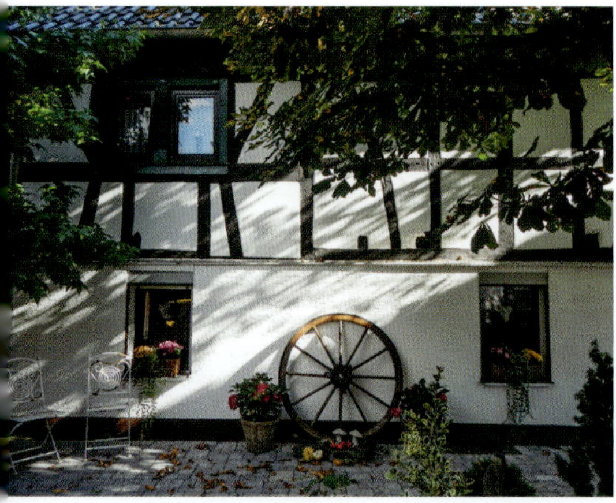

Lichtspiele an einem Fachwerkhaus in Oberlahr.

Ort bildet sich bei höherem Wasserstand ein gefährlicher Rücklauf, deshalb tragen wir unsere Boote um. Bei Niederbreitbach mündet der Fockenbach in die Wied. Sein Tal mit seltener Flora und Fauna steht unter Naturschutz. In ausholenden Schleifen fließt die Wied nun durch das Tal und an mehreren Zeltplätzen vorbei. Dann taucht in einer Rechtskurve die einsame Laubachsmühle auf. Hier können wir unsere Kanus aus dem Wasser ziehen oder noch zwei Kilometer im aufgestauten Fluss bis zur Burganlage Altwied hinunterpaddeln und erst dort unsere Wanderfahrt beenden.

KURZ-INFO WIED

Charakter, Tipps:
Dieses teilweise flott dahinfließende Wanderflüsschen in einem abwechslungsreichen, reizvollen Tal eingebettet, wird meistens bis Ende Mai und dann wieder im Herbst (im Sommer auch nach Regen-perioden) mit Einern befahren; doch bei entsprechendem Wasserstand (Pegel Döttesfeld 75 cm) kommen auch Kunststoff-Zweier, Kajaks oder Kanadier ohne nennens-werte Grundberührungen durch. Faltboote sind nicht zu empfehlen. Anfänger, begleitet von erfahrenen Paddlern, werden sich auf der Wied wohl fühlen, das Wasser ist überwiegend flach, die Strömungsverhältnisse sind berechenbar. Alle Wehre und Stufen, außer dem nicht immer eingesetzten Bretterwehr in Rosbach und dem Hausener Wehr, sind befahrbar, wir können aber die Boote auch kurz umtragen.
Trotz mehrerer Campingplätze und mancher Wochenendhäuschen ist es im Tal sehr ruhig, das Wasser sauber. Der Fischreichtum lockt Angler an, auf die wir Rücksicht nehmen. Pkw-Begleitung ist auf der gesamten Wanderstrecke möglich.

Befahrensregelung:
Derzeit sind keine Beschränkungen bekannt

Zeltmöglichkeiten:
Camping Oberlahr, Burglahr, Neustadt, Koden, Anxbach, Rosbach, Niederbreitbach, Clemenshütte, Datzeroth, bei Laubachsmühle

Sehenswertes:
Oberlahr:
Neugotische Pfarrkirche St. Antonius mit Taufstein (13. Jh.), Lusthof
Burglahr:
Ehemalige Burg des Grafen v. Isenburg (13. Jh.), Reitermühle, Kapelle (17. Jh.)
Peterslahr:
Wallfahrtsort mit romanischer Kirche St. Peter (12. Jh.) mit Holzplastiken
Asbach-Ehrenstein:
Mittelalterliche Bauten, Burgruine (14. Jh.), spätgotische Dreifaltigkeitskirche mit prächtiger Barockkanzel, Kreuzherrenkloster
Neustadt:
Schöne Kirche, Ruine Altenwied
Waldbreitbach:
Luftkurort, Kirche, Schloss Walburg, Kapelle, Ölmühle mit Museum, Luftkurort Hausen – Franziskanerkloster
Niederbreitbach:
Luftkurort, alte Pfarrkirche, Ruine Neuenburg (12. Jh.)
Altwied:
Spätgotische Pfarrkirche (13. Jh.), Burgruine Altwied (12. Jh.), zweibogige Steinbrücke

Auto nachholen:
Zwischen Oberlahr und Altwied regelmäßige Busverbindungen.
Gut ausgebauter Wiedtal-Radweg

Karte:
Generalkarte 1 : 200 000, Blatt 12

Pegelstand:
Die Wied ist vorzugsweise im Frühjahr und Herbst gut zu befahren.
Aktueller Pegel: *www.kanu-nrw.de*

Literaturhinweis:
- DKV-Gewässerführer Hessen, Rheinland-Pfalz und Saarland
- Gewässerführer für Nordrhein-Westfalen

Tour 10: Ahr

Zu Füßen der mächtigen Grafenburg im Eifelstädtchen Blankenheim erblickt in einem kleinen Fachwerkhaus die Ahr als kräftige Brunnenquelle das Licht der Welt. Zuerst in vielen Mäandern pendelnd, durchfließt sie in südöstlicher Richtung ein breitsohliges Eifeltal. Bei Ahrdorf zwingt das harte Gestein des Mordhügels der jungen Ahr in einer großen Umlaufschleife eine Richtungsänderung auf. Ab hier springt sie quirlig mit beachtlichem Gefälle und vielen Windungen nach Nordosten, um beim Ort Schuld einen breiten Felsriegel der nördlichen Eifel zu durchstoßen. Die folgende etwas ruhigere Strecke im lieblichen Obstbaum- und Wiesental dauert nicht lange; schon bei Altenahr sägt sich das Flüsschen tief in die dunklen Tonschieferschichten zwischen Ahrgebirge und Eifel ein und lässt dabei ein eng gewundenes, von steilen Felswänden und Weinbergen umrahmtes Tal entstehen, das sich erst bei Walporzheim wieder öffnet, um der Ahr den Weg zur Mündung endgültig freizugeben. Eilig läuft der noch immer saubere Fluss am mittelalterlichen Stadtmauerring von Ahrweiler vorbei, bereichert Bad Neuenahr um eine Flusspromenade, berührt den mächtigen Basaltkegel der Landskrone, um sich in der Sinziger Bucht bei Bad Kripp südlich von Remagen nach einer abwechslungsreichen, 90 km langen Reise vom Rhein aufnehmen zu lassen.

Ahr - Nebenfluss des Rheins

Etappe: Schuld oder Müsch – Ahrweiler
39 bzw. 50 km
Tourdauer: 3 Tage

Wanderfahrer mit etwas Wildwassererfahrung setzen bei entsprechendem Wasserstand (Pegel an der Brücke Müsch 60 cm)

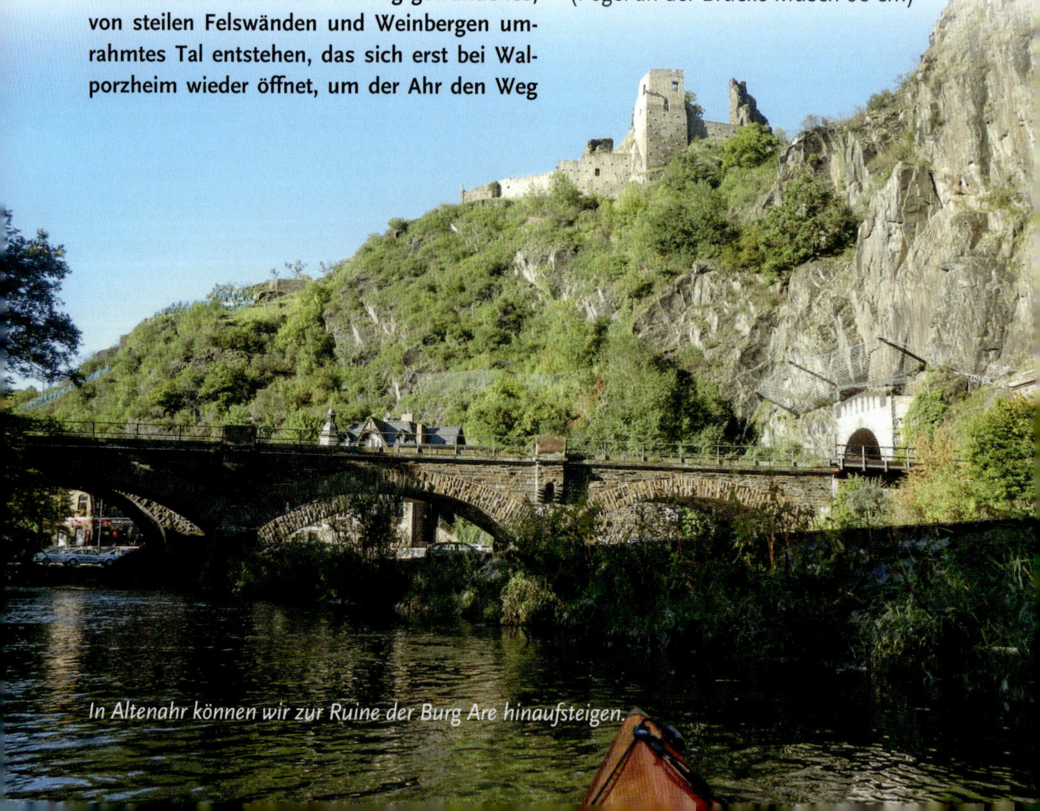

In Altenahr können wir zur Ruine der Burg Are hinaufsteigen.

ihre Boote in Müsch unterhalb der Trierbachmündung ein (Parkplatz gegenüber »Gasthaus zur Post«). In diesem Flussabschnitt müssen wir wegen der flinken Strömung nicht viel paddeln. Das folgende halb zerstörte und ein schräges Wehr sind bei diesem Wasserstand gut befahrbar.

Bald flitzen die Boote unter der Dorfbrücke von Antweiler durch, wo sich ein paar Meter flussabwärts eine noch günstigere Einsatzstelle, sogar mit Grill und genügend Parkmöglichkeiten, anbietet. Zwei weitere Wehre, die sich durch Rauschen von weitem melden, sind für sportliche Paddler kein Hindernis. Das Tal verengt sich nun, Felsen blicken von den steilen, bewaldeten Hängen. Es folgen kleine Schwalle, Stufen und ein Schrägwehr. Rechtsufrig zieht sich unter einer Felswand das lang gestreckte Fuchshofen hin. Nach der Straßenbrücke beim Laufenbacher Hof bekommt das Ahrwasser Verstärkung durch den linksufrig mündenden Dreisbach. Der schön in einer Linksschleife liegende Campingplatz ca. 1 km vor Schuld ist ein idealer Ausgangspunkt für Wanderfahrten im Kajak bis in den Frühsommer oder nach ein paar Regentagen auch für sportliche Fahrer im Kanadier.
Tel: 02695 1534 (50.4413, 6.8720) - (50.4432, 6.8765)
www.campingplatz-schuld.de

Der alte Ort Schuld liegt eng eingebettet unter einem Umlaufsporn, umgeben von steilen Schiefer- und Trachytfelswänden; fast schluchtartig wirkt hier das enge Tal. Schnell zieht das klare Wasser der Ahr unsere Boote an der Freilichtbühne unter dem Schuldhardt vorbei. Das Tal wird heller; auf einer breiten, lieblichen Talaue liegt Insul, wo an warmen Wochenenden mit guter Thermik Drachenflieger vom nah gelegenen Fluggelände zu ihren waghalsigen Flügen über dem Ahrtal starten.

Am zweistufigen Wehr unterhalb der Brücke ist bei höherem Wasserstand Vorsicht geboten. Bald sehen wir vor uns Dümpelfeld, das mit seiner beherrschenden Kirche den Eingang

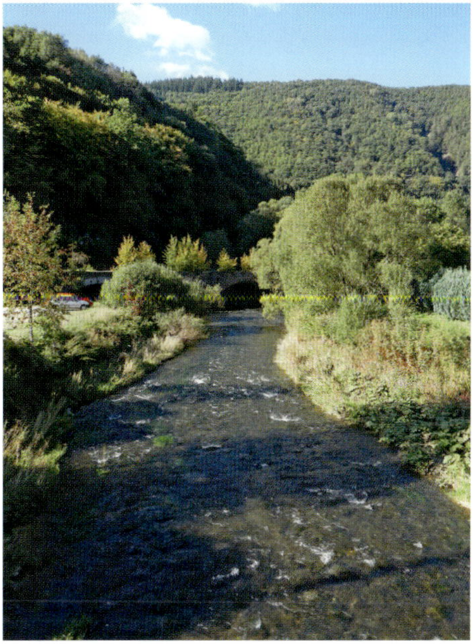

Munter und zügig fließt die Ahr bei Müsch.

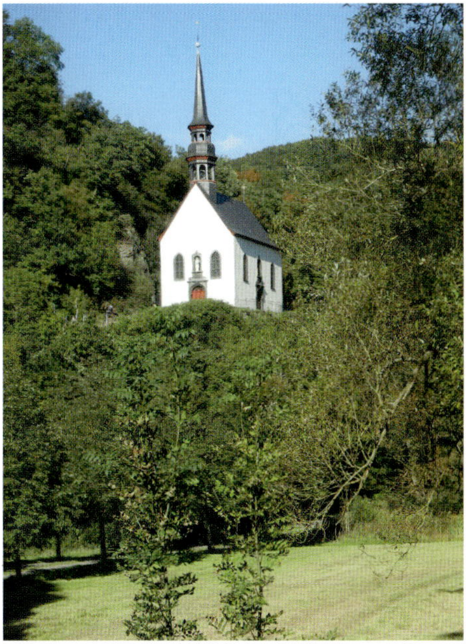

Die Kapelle bei Pützfeld.

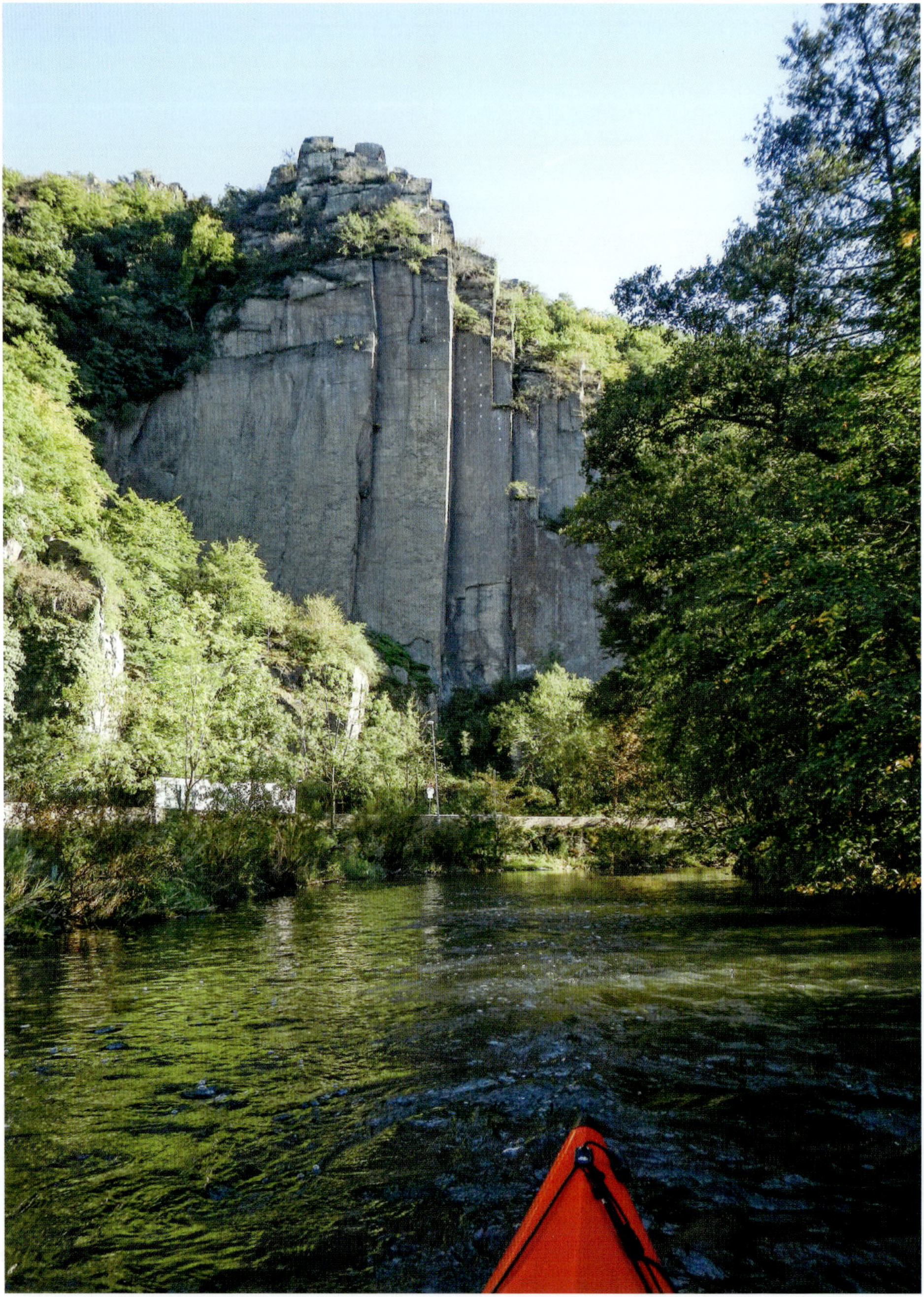

Steile Schiefer- und Trachytwände säumen den Fluss bei Altenahr.

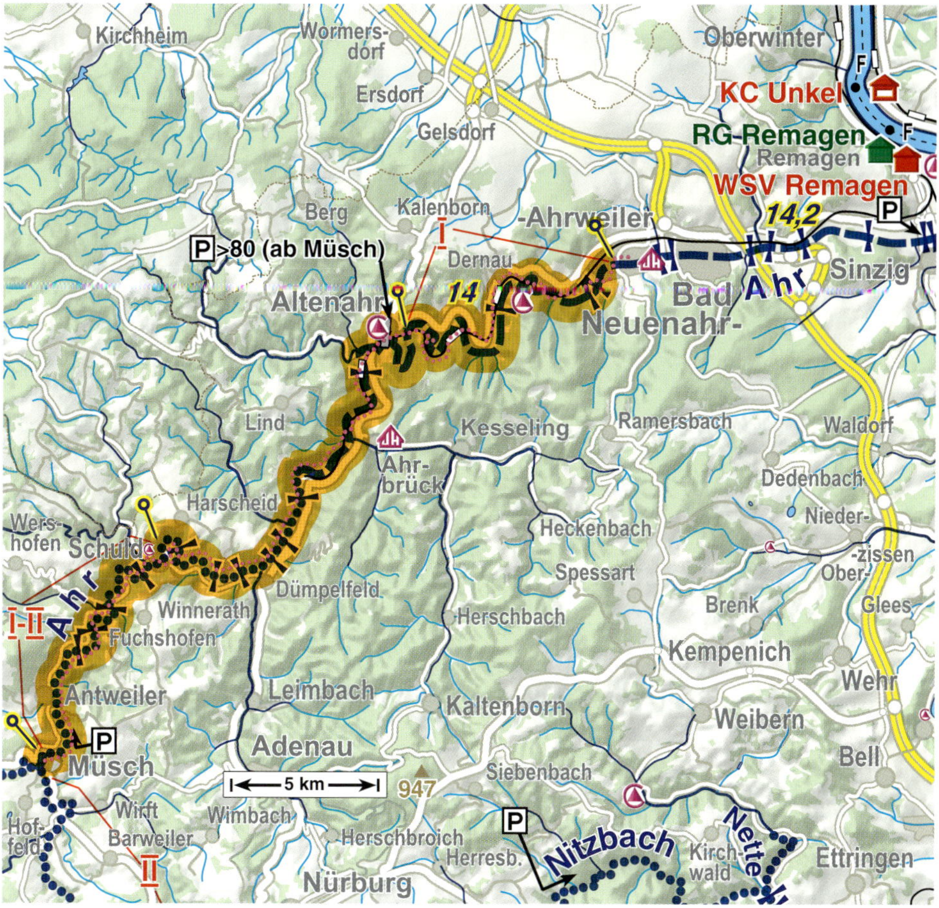

zum Adenauer Tal bewacht. Unterhalb der Eisenbahnbrücke gesellt sich der wasserreiche Adenauer Bach zu uns; es folgt eine schnelle, regulierte Strecke. Die Stufe am Ortseingang von Hönningen ist glatt befahrbar. Nach dem Pützfelder Campingplatz zeigt sich rechts oben der steil aufragende Felsberg Ursling, um als Vorbote die tief eingesägten Flussschleifen zwischen Altenahr und Walporzheim anzukündigen. Links zieht langsam die schlossartige Kreuzberger Burg vorbei, und die ersten Weinberge an den steilen Felshängen prägen ab jetzt das Talbild.

In Altenahr, dem Mittelpunkt des Tals, lohnt es sich, die Boote aus dem Wasser zu ziehen, eine Pause einzulegen und zur Ruine der Burg Are hinaufzusteigen, um den phantastischen Blick auf die Flussschleifen zu genießen. Am Schrägwehr unterhalb Altenahr riskieren wir bei Mindestwasser keine Bootsschäden, deshalb tragen wir unsere Kajaks rechts um. Etwa einen Kilometer später müssen wir gut aufpassen. Die Zuwegung zur Jugendherberge ist als Furt ausgelegt; die schmalen Röhren lassen zwar das Wasser, aber keine Kanus durch. Wir landen frühzeitig links an und umtragen kurz. Auf einer

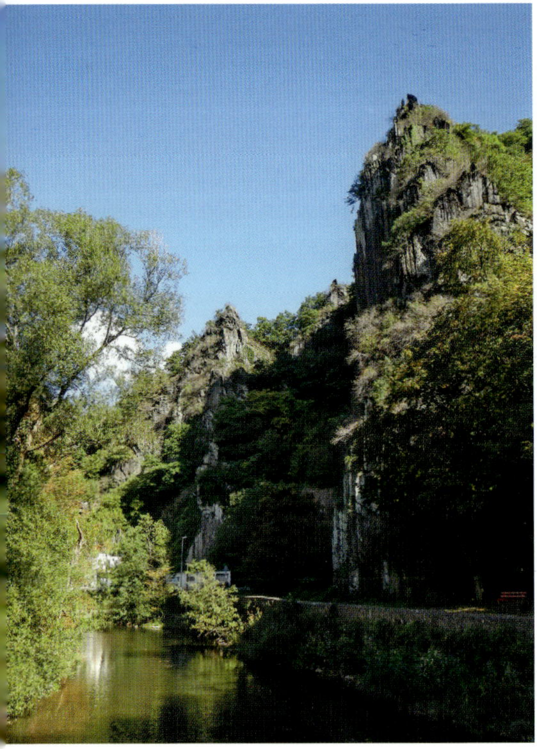

Bald fahren wir in das einsame Flusstal hinter Altenahr ein.

Länge von 7 km reiht sich nun im Flüsschen Schwall an Schwall; auch landschaftlich folgt ein Höhepunkt nach dem anderen: Lochmühlerley, Guckley, Saffenburg, um nur einige zu nennen.
Am nächsten Wehr tragen wir um oder paddeln in Kurzbooten rechts die Fischtreppe hinunter. In flotter Fahrt erreichen wir die alte steinerne St.-Nepomuk-Brücke in Rech, bewundern danach das in einem Weinbergkessel liegende Dorf Dernau. Bei Walporzheim sehen wir links das Felsgebilde »Bunte Kuh«; vielleicht legen wir unterhalb der Straßenbrücke bei »Onkel Jupp« an, um die Ahrfahrt mit einem zünftigen Forellenessen zu feiern. Es folgen zwei Naturstufen, dann leuchtet rechts am Hang der große Klosterkomplex Calvarienberg. Hier überwinden wir kurz nacheinander zwei befahrbare Schrägwehre und mehrere niedrige Grundschwellen.
Am großen Parkplatz bei der Stadtmauer in Ahrweiler, Ramersbacher Straße, geht die schöne, sportliche Fahrt zu Ende. Auf dem kanufreundlichen Campingplatz gegenüber können wir übernachten und im mittelalterlichen Städtchen einen netten Abend verbringen oder auch Bad Neuenahr einen Besuch abstatten.

KURZ-INFO AHR

Charakter, Tipps:
Schnell fließendes Wanderflüsschen der nördlichen Eifel mit gutem Gefälle, sauberem Wasser, sportlich geprägt durch etliche spritzige Schwalle und befahrbare Wehre, geeignet für erfahrene Wanderfahrer.
Im Frühling während der Schneeschmelze führt die Ahr oft starkes Hochwasser, im Hochsommer ist sie als typischer Mittelgebirgsfluss eher wasserarm. In der übrigen Jahreszeit bei gutem Mittelwasser ab Müsch, besser ab Antweiler mit Einer-Kajaks gut befahrbar, bei Pegelstand Müsch 60 cm ab Schuld sogar mit wendigen Kanadier-Zweiern.
Für Faltboote nicht zu empfehlen.

Befahrensregelung:
Im hier beschriebenen Abschnitt ist derzeit keine Einschränkung bekannt.

Zeltmöglichkeiten:
Viele Campingplätze, überwiegend direkt an der Ahr, z. B.: Blankenheim, Ahrdorf-Jakobsmühle, Dorsel, Schuld, Arbrück, Kreuzberg, Gut Pützfeld – Europa Camping, Camping zur alten Mühle, Alte

nahr, Mayschloss – Zur Bergwiese, Rech, Ahrweiler.

Sehenswertes:
Blankenheim: Burg, Stadttore, Fachwerkhäuser (16. Jh.), Pfarrkirche mit Kirchenschatz, Ahrquelle
Schuld: Romanische Pfarrkirche, schöne Eifelhäuser
Dümpelfeld: Zweischiffige Hallenkirche St. Cyriak
Ahrbrück: Kesselinger Tal, Wacholderschutzgebiet
Altenahr: Burgmannenhaus, romanische Basilika, Burgruine Are, im Kreuzberg Burg, Ringmauer, Kapelle
Mayschoß: Ruine Saffenburg, Pfarrkirche mit Marmorgrabmal der Gräfin Katharina, Weingut Lochmühle, Weinkeller
Rech: Steinerne Nepomukbrücke
Dernau: Saalkirche mit schöner Innenausstattung, ehemaliges Kloster Marienthal
Bad Neuenahr-Ahrweiler:
Ahrweiler: Stadtmauerring mit mächtigen Toren, St.-Laurentius-Kirche, Rokoko-Pfarrhaus, Rathaus, viele Fachwerkhäuser, Kloster Calvarienberg u.v.a., Weinberge
Bad Neuenahr: Willibrorduskirche, Beethovenhaus, Spielkasino, Kurhaus, Kurpark, Ruine Neuenahr, Landskrone mit herrlicher Aussicht u.a.

Auto nachholen:
Zwischen Brück und Ahrweiler gute Bahnverbindung. Ansonsten einige akzeptable Busverbindungen, gut ausgebauter Ahrtal-Radweg.

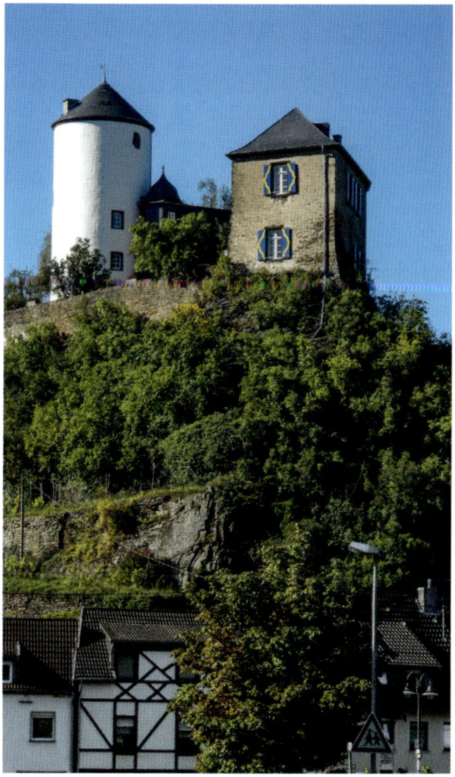

Die beiden stolzen Türme von Brück.

Karte:
Generalkarte 1 : 200 000, Blatt 12

Pegelstand:
Die Ahr ist vorzugsweise im Frühjahr und Herbst für erfahrene Kanuten gut zu befahren. Vorsicht bei Hochwasser!
Aktueller Pegel: *www.kanu-nrw.de*

Literaturhinweis:
- DKV-Gewässerführer Hessen, Rheinland-Pfalz und Saarland
- Gewässerführer für Nordrhein-Westfalen

Tour 11: Nahe

Die Nahe ist ein etwa 125 km langer Nebenfluss des Rheins im Saarland und in Rheinland-Pfalz. Die Kelten nannten ihn Nava, wilder Fluss. Sie trennt mit ihrem Lauf die Mittelgebirge Nordpfälzer Bergland und Hunsrück. Der Fluss entspringt im Saarland auf dem Südhang des Eckersbergs. Die gefasste Quelle liegt nordwestlich von Selbach an einem Waldrand. Nach Durchfließen von Nohfelden verlässt sie das Saarland, windet sich munter durch idyllische Wiesentäler in nordöstlicher Richtung und überquert die Grenze zu Rheinland-Pfalz. Weiter springt der bei hohem Wasserstand ab Türkismühle befahrbare spritzige Fluss für geübte Einerfahrer in Sportbooten nach Idar-Oberstein. Hier ist die Nahe vor über 30 Jahren auf fast zwei Kilometer Länge für die B 41 mit der Nahehochstraße überbaut worden. Mit dieser umstrittenen Maßnahme wurde zwar die Altstadt vom Durchgangsverkehr entlastet, zugleich aber das Erscheinungsbild der Stadt völlig verändert, die Nahe zum lichtlosen Kanal und somit zur Flussleiche degradiert - der Flusslauf ist für Kanuten unbefahrbar. Daher – und wegen Wasserentzugs im folgenden Teil unterhalb von Idar-Oberstein - beginnt erst dann klassischerweise die Befahrung der Nahe in Wanderbooten. Flussabwärts folgen dann bald die landschaftlichen Highlights und die berühmten Weinanbaugebiete der Nahe mit ihren Rieslinglagen. Schließlich gelangt die Nahe nach dem Passieren von Bad Kreuznach an den Rochusberg bei Bingen, wo sie am Rheinknie unweit des Binger Lochs von Süden her beim Rheinkilometer 529 in den Rhein mündet.

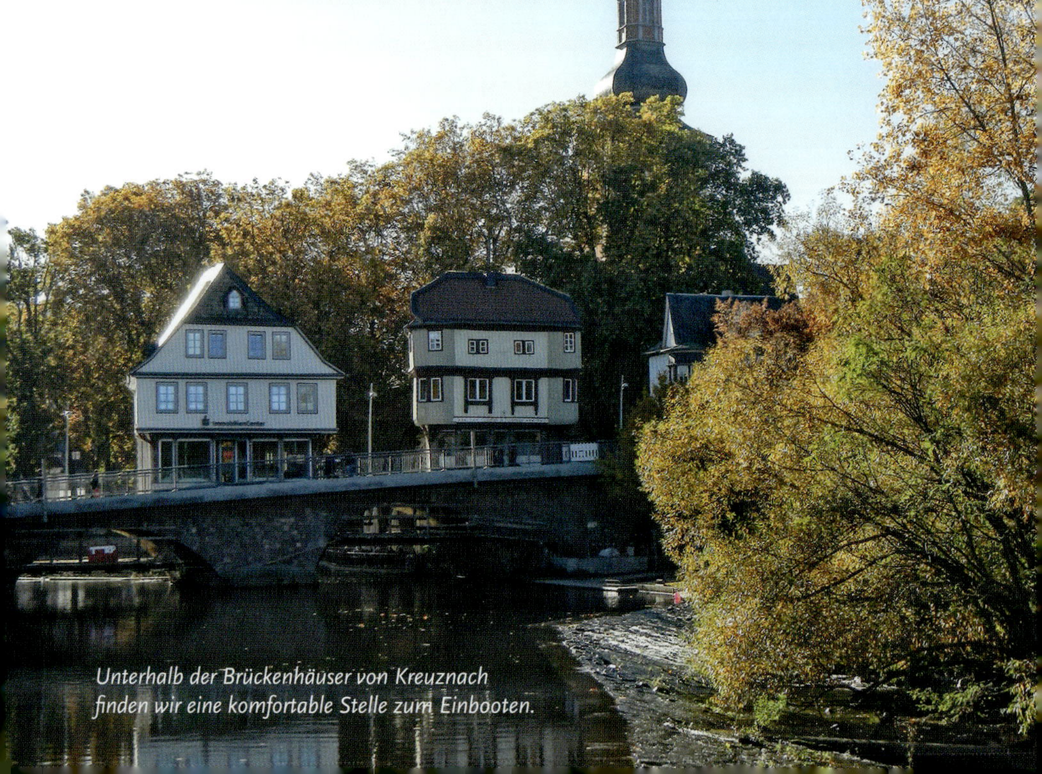

Unterhalb der Brückenhäuser von Kreuznach finden wir eine komfortable Stelle zum Einbooten.

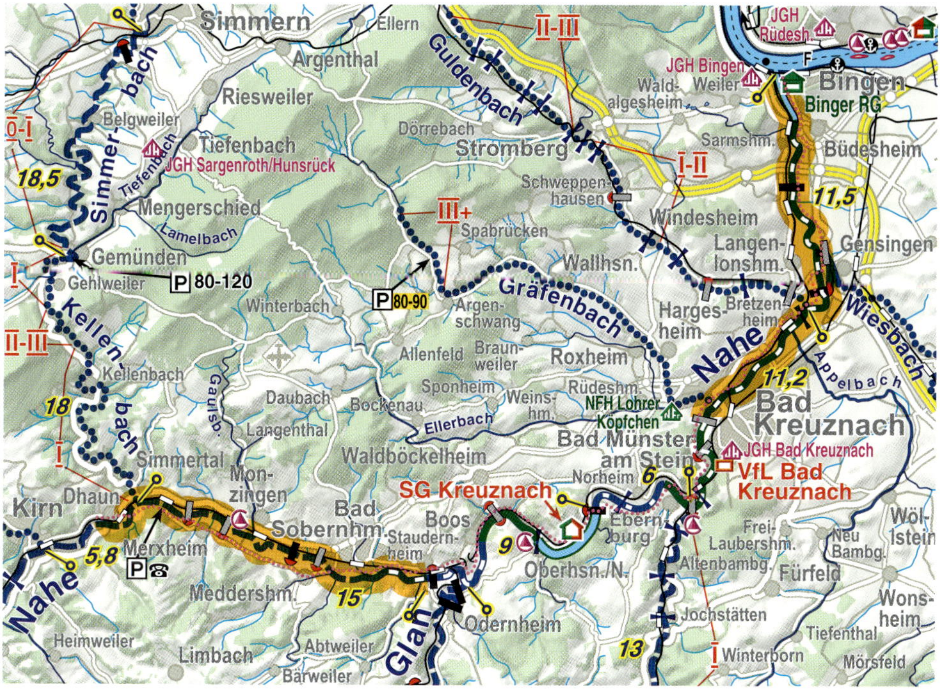

Nahe - Nebenfluss des Rheins

Etappe: Dhaun – Staudernheim 15 km;
Bad Kreuznach – Bingen 18 km,
Tourdauer: 2 Tage

An der Straßenbrücke zwischen Dhaun und Hochstätten, etwa sechs Flusskilometer unterhalb von Kirn gelegen, finden wir bei gutem Wasserstand eine günstige Einbootstelle für unseren Fahrtbeginn. Bald mündet von links der Kellenbach und unsere Boote hüpfen auf kleinen Wellen einigen Wehren entgegen, die leicht umtragen werden. Bald erreichen wir Monzingen, die Talaue weitet sich und gibt auf Hunsrück und Nordpfalz schöne Ausblicke frei. Das hohe Betonwehr vor Sobernheim umtragen wir rechts, dann erscheint bald nach einer Brücke linksufrig der Campingplatz und das Freibad von Bad Sobernheim. Ab hier dürfte die Nahe – ausgenommen sind sehr trockene Sommer – ganzjährig befahrbar sein. Eine Seilfähre markiert den Beginn des beliebten „Barfußpfads", etwa einen Kilometer weiter queren dann möglicherweise an einer Furt die Besucher dieser Attraktion an einem Seil die Nahe. An der alten Brücke von Staudernheim beenden wir am rechten Ufer unsere Fahrt, heben die Boote aus dem Wasser und stärken uns im Ort mit einem typisch rheinhessischen Gericht und einem guten Glas Riesling. Danach können wir noch die unweit gelegene Ruine des Klosters Disibodenberg besichtigen, dort lebte und wirkte im zwölften Jahrhundert auch die heiliggesprochene Hildegard von Bingen.

Während eines Pausentags bietet sich die Besichtigung zahlreicher Sehenswürdigkeiten des Nahetals an. Vor Ebernburg lockt der Rotenfels, die höchste außeralpine Felswands Deutschlands mit schönen Wanderungen und herrlichen

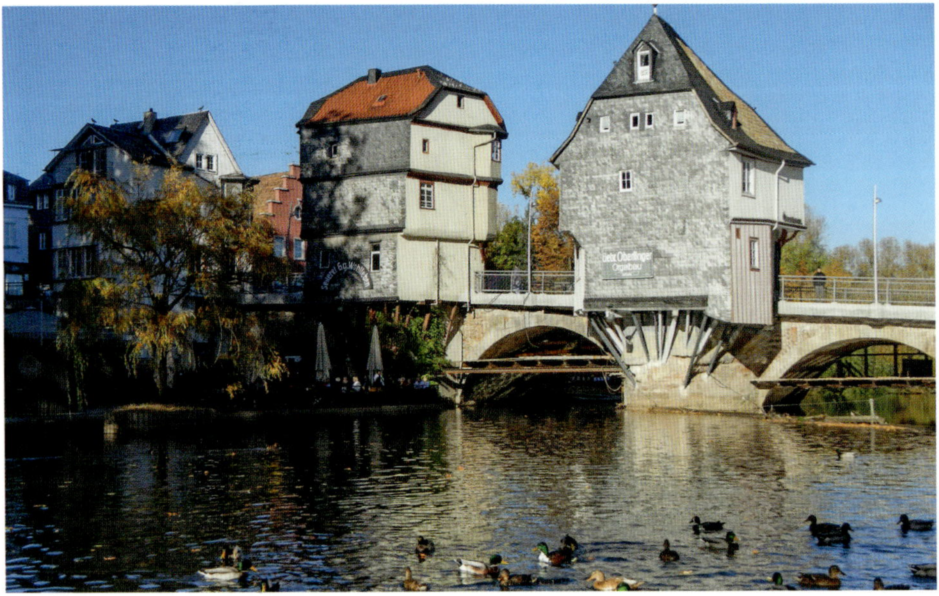

Die Brückenhäuser von Bad Kreuznach wurden erstmals 1495 urkundlich erwähnt.

Ausblicken. Die Ebernburg, die Ruine Rheingrafenstein und Bad Münster am Stein stellen weitere Highlights dar. Bad Kreuznach mit seiner hübschen Innenstadt und den weitläufigen Kuranlagen ist Zentrum des größten Weinbaukreises von Deutschland und allemal einen Abstecher mit ausgedehnter Bummelei wert.

Unterhalb der pittoresken Brückenhäuser Kreuznachs, an der Wilhelmbrücke, beginnt die zweite Etappe unserer Wanderfahrt auf der Nahe. Bei gutem Wasserstand erreichen wir schnell die Rotlay, einen Sandsteinfelsen, und die Lindenmühle. Wir unterqueren die Brücke der B41, lassen Bretzenheim links liegen, befahren das Wehr links oder treideln, und erreichen dann das hohe Betonwehr der Mühle Rumpf, das auf jeden Fall umtragen werden muss. Weiter geht es mit lustigen kleinen Schwallen an Langenlonsheim und Gensingen vorbei. Am Segelflugplatz bei der Katharinenmühle achten wir darauf, dass uns kein Schleppseil erwischt und treiben an Grolsheim und Laubenheim vorbei. Danach umheben wir das Wehr der Mühle Pfeiffer, passieren die Brücke der A61, manövrieren dann über ein zerfallenes Wehr mit folgender Naturstufe und kleinen Inselchen. Der Wasserstand ist hier manchmal so, dass wir unser Boot ein wenig treideln müssen. Linksufrig liegt der Weinbauort Münster-Sarmsheim, rechts ist schon lange der Binger Rochusberg mit seinen Steillagen in Sicht. Wenn wir die alte Drususbrücke passiert haben, können wir ab hier schon rechtsufrig ausbooten und unseren bereitstehenden Pkw beladen, oder zum nahegelegenen Bahnhof spazieren, um das Auto nachzuholen. Bingen bietet auf jeden Fall neben der Burg Klopp mit tollen Ausblicken auch eine weitläufige und lohnende Promenade auf dem Gelände der Landesgartenschau am Rheinufer. Inclusive und kostenlos der Blick auf den Mäuseturm, die Burgruine Ehrenfels und das imposante Niederwald-Denkmal oberhalb von Rüdesheim mit seiner berühmten Drosselgasse.

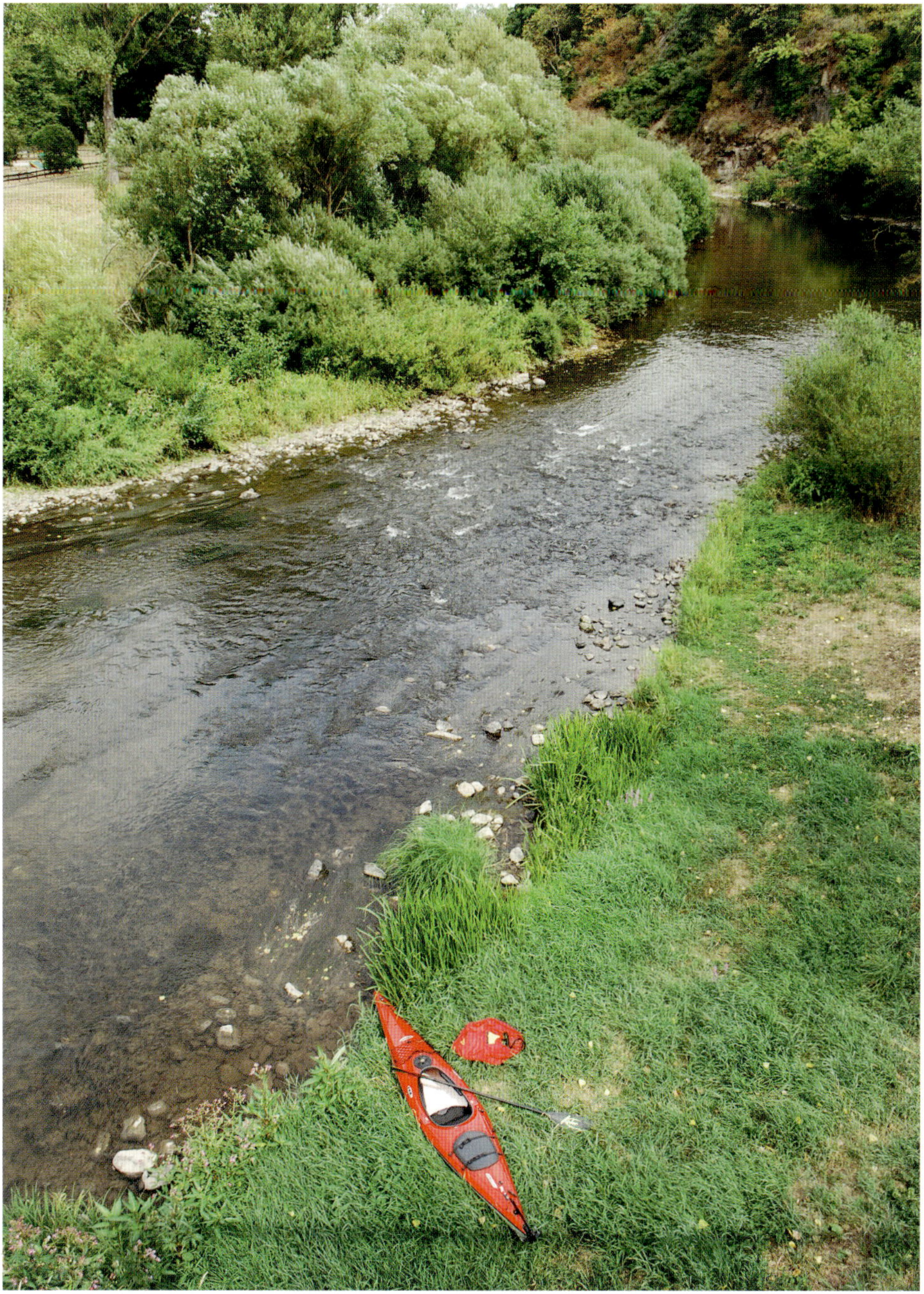

Die Nahe bei Bad Sobernheim.

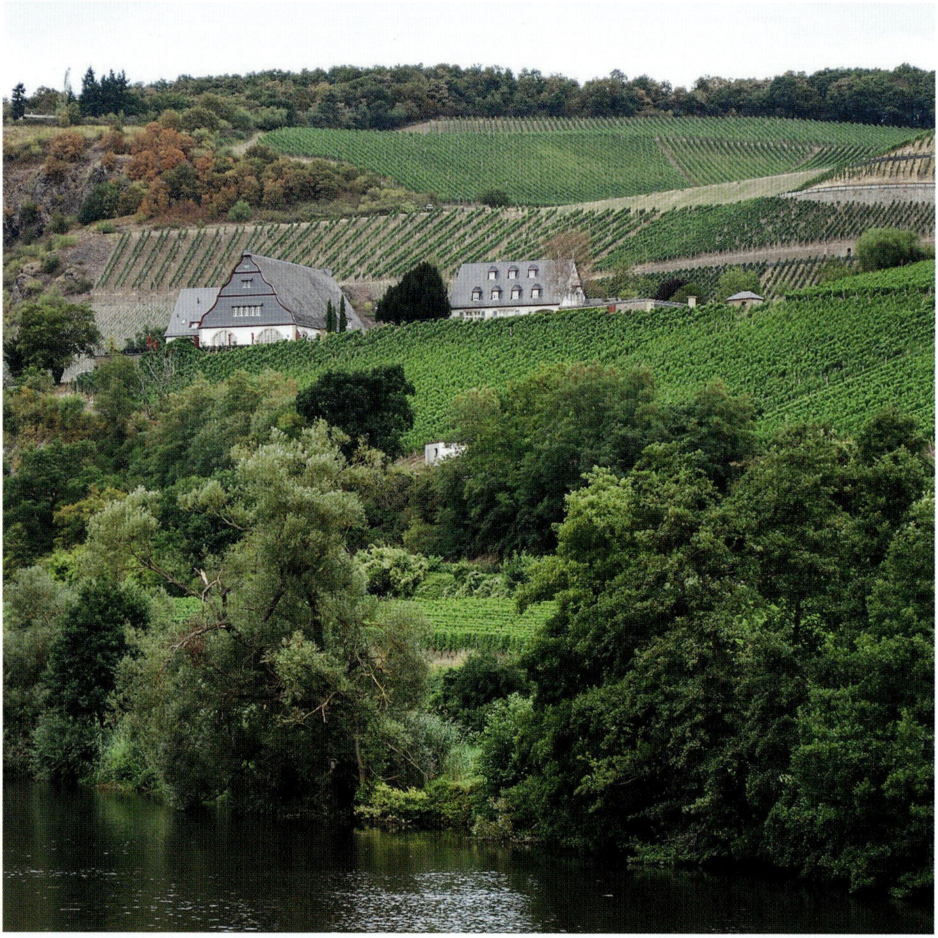

Weinberge säumen die Nahe und laden zum Landgang ein.

KURZ-INFO NAHE

Charakter, Tipps:
Die Nahe ist insbesondere oberhalb von Bad Kreuznach ein landschaftlich sehr schöner Wanderfluss zwischen dem Hunsrück im Norden und dem Pfälzer Bergland im Süden, eingerahmt von den bekannten Weinbergslagen und idyllischen Dörfern. Unterhalb von Bad Kreuznach weitet sich das Tal; die Nahe bietet dann keine nennenswerten wassertechnischen Schwierigkeiten mehr. Der Wasserstand der Nahe ändert sich schnell, daher ist vor einer Befahrung der aktuelle Pegelstand zu prüfen. Bei Hochwasser kann im Frühjahr ab Türkismühle in wendigen Einern eine Befahrung erfolgen; bei Mittelwasser ist

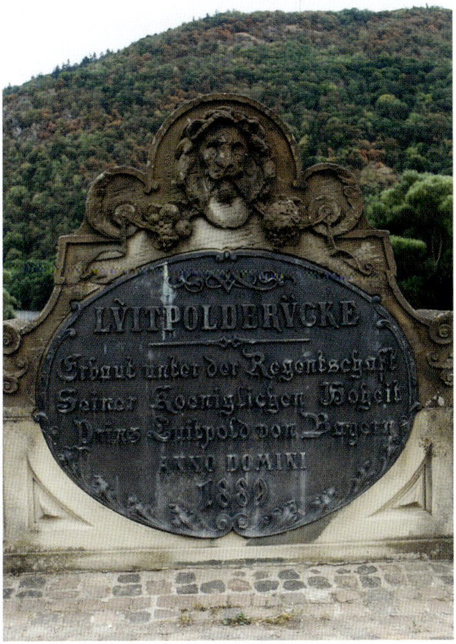

Alte Brücken, gebaut aus Sandsteinquadern, führen über die Nahe.

die hier beschriebene Strecke unterhalb von Idar-Oberstein in Einern und Zweiern unschwer zu befahren. Die zahlreichen Wehre, die teils verfallen und teils unbefahrbar sind, können meist leicht umtragen werden. Ab Bad Sobernheim ist die Nahe (ausgenommen sehr trockene Perioden) ganzjährig befahrbar.

Befahrensregelung:

- vom 1.4.-31.10. Befahrungsverbot und Uferbetretungsverboot von Boos bis Wehr Niederhausen, ausgenommen Verbands- und Vereinsfahrten;
- von Rotenfels bis Straßenbrücke B48 UV der Nahewehre sowie der Ufer 100 m unterhalb der Wehre sowie der Inseln;
- von Str.Br. B48 bis Str.Br. B9 ganzjährig UV außer an erkennbaren Benutzerstellen innerhalb der Ortsbereiche.

Zeltmöglichkeiten:
Campingplätze Papiermühle Kirn, Nahemühle Monzingen, Nahetal Oberhausen, Nahe-Alsenz-Eck Bad Münster am Stein

Sehenswertes:
Idar-Oberstein:
Deutsches Edelsteinmuseum,
Felsenkirche, Schloss Oberstein,
Burg Bosselstein
Bad Sobernheim:
Freilichtmuseum, Barfußpfad,
Heimatmuseum
Bad Münster am Stein:
Rotenfels, Rheingrafenstein, Ebernburg
Bad Kreuznach:
Gradierwerke, Altstadt,
Römerhalle und Römische Villa,
Heilig-Kreuz-Kirche u.v.a.

Auto nachholen:
Sehr gut ausgebauter ÖPNV, Nahe-Radwanderweg

Karten:
Generalkarte 1 : 200.000, Blatt 15

Pegelstand:
Telefonpegel Martinstein / Nahe 06754/314

- Minimum für Befahrung ab Dhaun = 110 cm
- Minimum für Befahrung ab Kreuznach = 100 cm

Literaturhinweis:

- DKV-Gewässerführer Hessen, Rheinland-Pfalz und Saarland

Stromgebiet Mittelrhein

Tour 12: Glan

Der Glan, ein typischer Wiesenfluss der Nordpfalz, entspringt am Osthang des Höcherberges im Saarland. Dann fließt er als Rinnsal, völlig uninteressant für uns Kanuten, durch Waldmohr in die Moorniederung durch den Landstuhler Bruch. Dort nimmt er nun langsam Fahrt auf, einige Nebenbäche spenden ihm ihr Wasser, er lebt dann weiter auf, durchfließt mehrere Naturschutzgebiete um Glan-Münchweiler zu erreichen. Hier beginnt bei entsprechendem Wasserstand unsere Fahrt.

Glas - Nebenfluss der Nahe

Etappe: Münchweiler – Odernheim 55 km
Tourdauer: 2 Tage

Eine brauchbare Einbootstelle finden wir in Glan-Münchweiler in der Nähe des Bahnhofs an der Brücke der Mühlstraße. Schon bald erreichen wir Rehweiler und das erste kleine befahrbare Wehr. Im Verlauf unserer Befahrung erreichen wir Godelhausen, hier mündet der Mühlkanal mit einem flotten Schwall in einer Rechtskurve. Bitte vorsichtig anfahren; eventuell befinden sich Baumhindernisse im Schwall. Klemmgefahr bei Kenterung! Der Glan trägt uns dann weiter durch eine landschaftlich reizvolle Talaue, immer wieder kleine Wehre und Sohlschwellen als sportliche Schmankerl eingestreut. Nie wird es langweilig, Eisvögel beäugen uns, aber immer müssen wir entscheiden, ob wir nicht doch auf die Befahrung eines Wehres vorsichtshalber verzichten und lieber umtragen. Bald erreichen wir Altenglan, gleiten über zwei Sohlschwellen, der Kuselbach bringt nach der Eisenbahnbrücke zusätzliches Wasser. An der Straßenbrücke zwischen Patersbach und Bedesbach befindet sich rechts eine gute Ein- und Ausbootstelle mit Parkplatz, wir können uns die Füße vertreten und eine Erfrischung zu uns nehmen. In Erdesbach erreichen wir das Wehr, möglicherweise in der Mitte zu befahren,

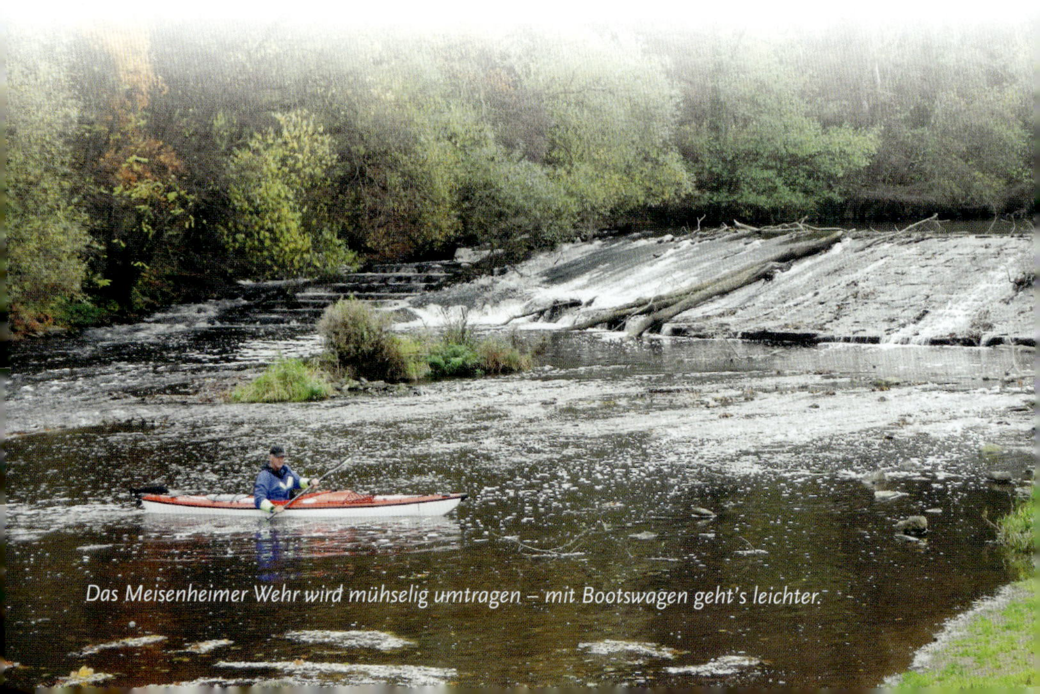

Das Meisenheimer Wehr wird mühselig umtragen – mit Bootswagen geht's leichter.

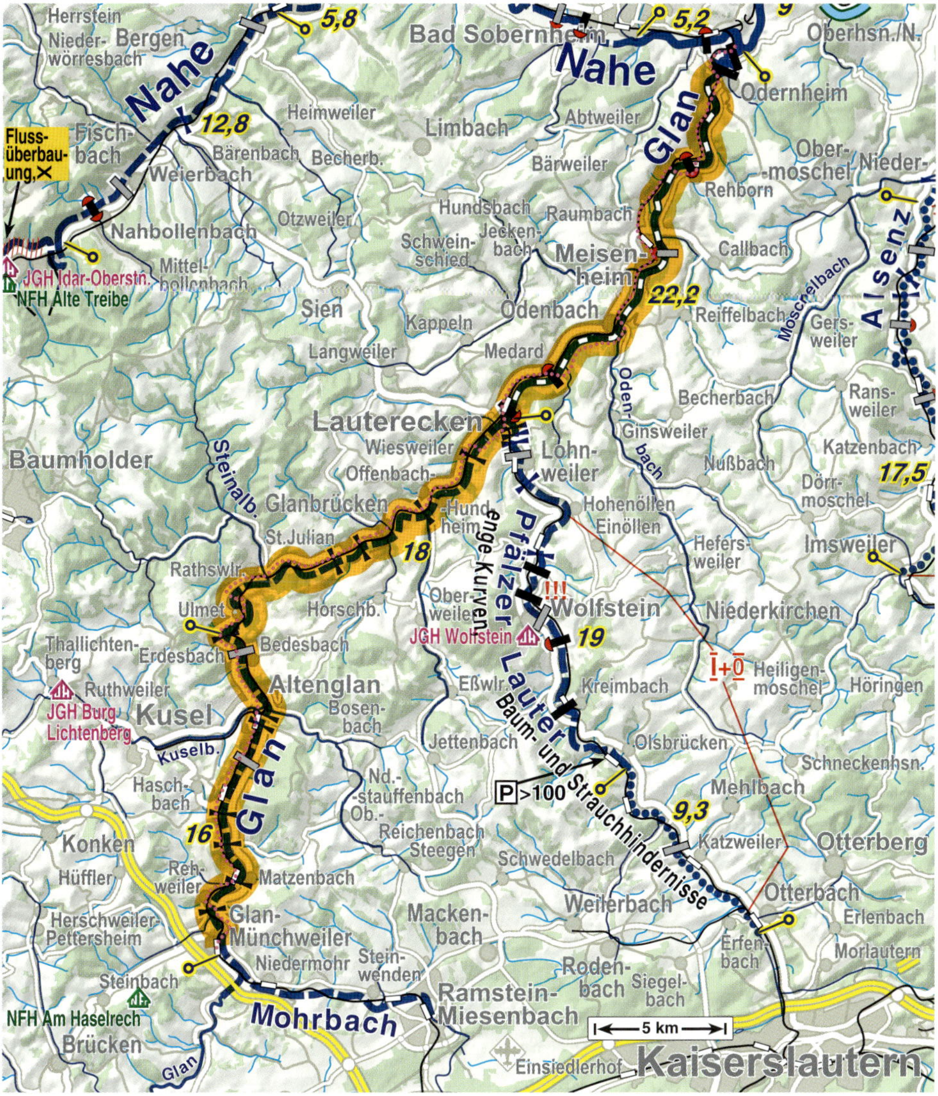

ansonsten links zu umtragen. Nach Ulmet erreichen wir das ausgewiesene Naturschutzgebiet, ab hier wollen wir auf etwa zwei Kilometer die Ufer nicht betreten. Über das Wehr der Mühle rutschen wir nach Gumbsweiler, hier können wir unsere erste Etappe auf dem Glan an der Brücke der K26 beenden.

Weiter geht es auf dem durchweg idyllischen Glan auf der zweiten Etappe zwischen Gumbsweiler und Odernheim. An der Straßenbrücke in Gumbsweiler finden wir eine praktische Stelle zum Einbooten. Wir geben uns dem Rhyth-

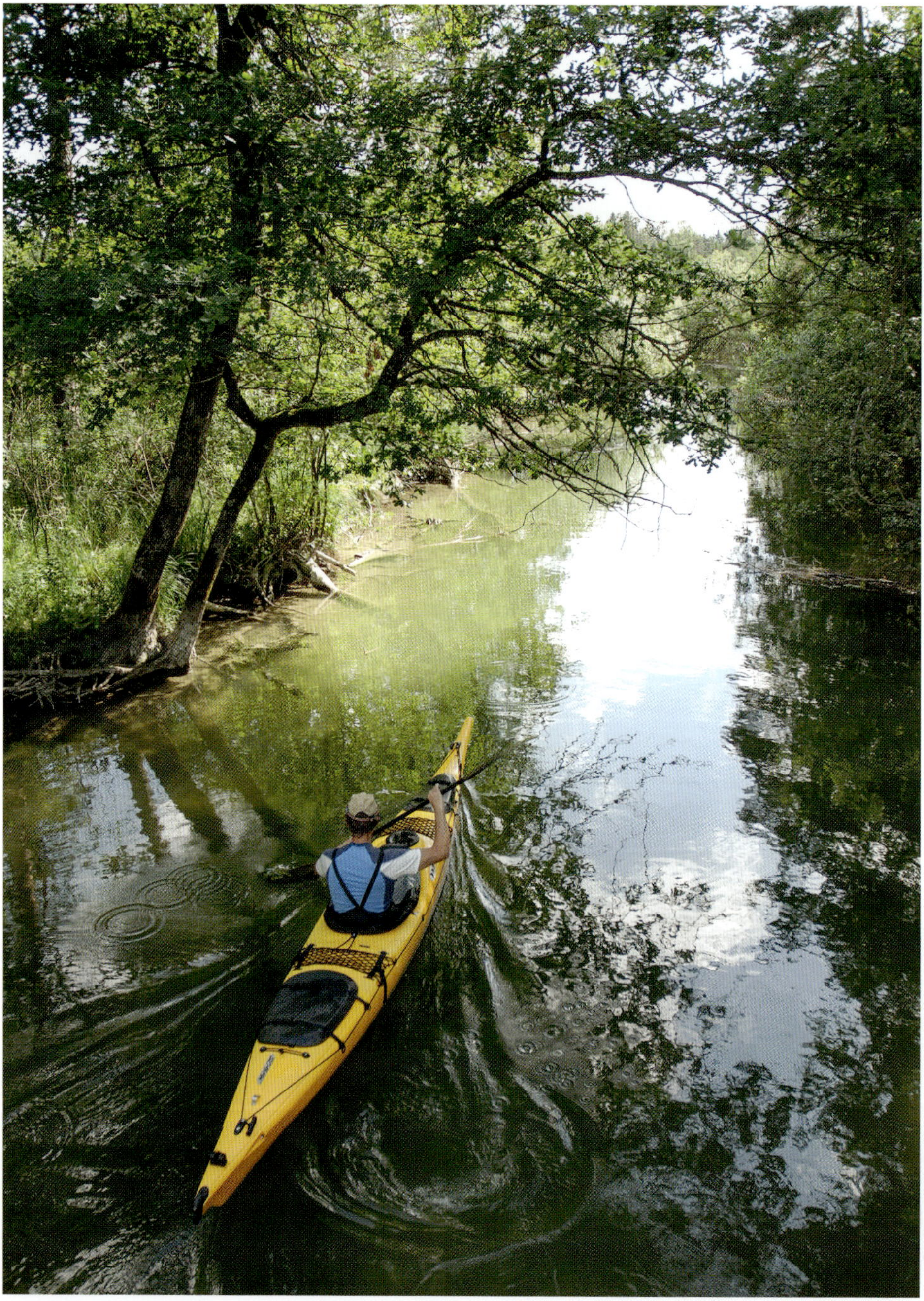

Der Glan ist ein vergleichsweise naturbelassener Fluss.

mus des Flusses hin, über Offenbach und Wiesweiler erreichen wir Lauterecken, umtragen das unbefahrbare Wehr mit Fischtreppe auf der rechten Seite. Es folgen zur Abwechslung mehrere Sohlschwellen, die alle befahrbar sind, jede für sich ein kleines Abenteuer. In Medard umtragen wir das Wehr linksufrig, gleiten weiter über den Fluss, genießen die stets wechselnden und anregenden Perspektiven des Flusswanderers. Manchmal fühlen wir uns ganz weit weg von der Zivilisation. Das Wehr in Meisenheim ist dann bei gutem Wasserstand eventuell befahrbar, ansonsten nur über die Wehrkrone zu umheben. Auf jeden Fall ist Meisenheim ein sehenswertes Städtchen, fein herausgeputzt mit allerlei fotogenen Motiven und einem empfehlenswerten Eiscafé. Nach dieser Erfrischung fällt uns das unverständlich lange Umtragen nach dem Wehr nicht so schwer, wir setzen die Boote rechtsufrig wieder ein und erreichen nach wenigen Kilometern das nicht befahrbare Wehr von Rehborn. Weiter geht es in vielen kleinen Kurven und Windungen nach Odernheim, wo wir kurz vor dem Wehr rechtsufrig gut ausbooten und die Fahrt beenden können. Die mögliche Weiterfahrt bis in die Nahe ist wegen des folgenden Wasserentzugs durch die Mühle zu mühsam.

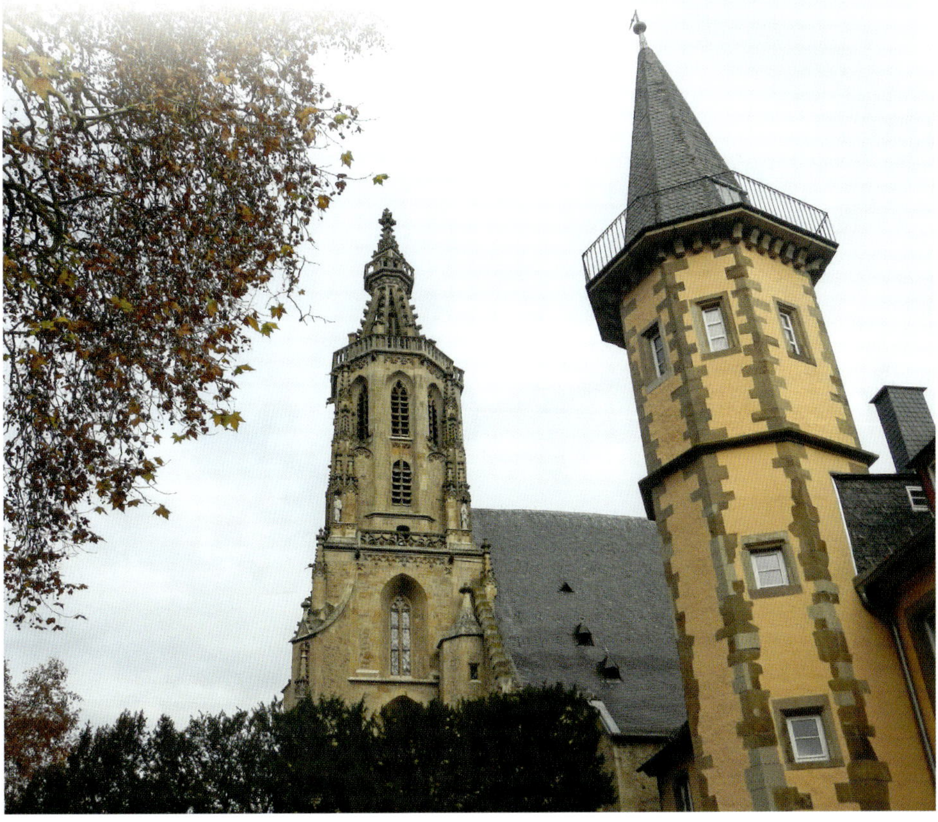

Meisenheims Schlosskirche und Rathaus.

KURZ-INFO GLAN

Charakter, Tipps:
Der Glan ist vergleichsweise naturbelassen mit guter Strömung, vielen Kurven und kleinen Schwallen ohne besondere Schwierigkeiten.
In wendigen Einern und Zweiern mit ein wenig grundlegender Paddeltechnik kommen auch Kanunovizen auf ihre Kosten. Die Wehre des Glan sind meist als Schrägwehre gebaut und fast alle befahrbar, sofern der Wasserstand stimmt. Diesen unbedingt vor Fahrtantritt prüfen. Auf keinen Fall in die Mühlkanäle einfahren; es gibt dort keine Umtragemöglichkeiten!

Befahrensregelung:
Zwischen Lauterecken und Odernheim Befahrungsverbot bei Pegel Odenbach unter 108 und zwischen 18 und 09 Uhr. Kontingentierung; daher vorherige Anmeldung bei der Gemeinde Meisenheim:
info@meisenheim.de
weitere Infos unter: *www.meisenheim.de*

Zeltmöglichkeiten:
Camping am Königsberg, Wolfstein, (südlich Lauterecken)

Sehenswertes:
Lauterecken:
Alte Brücke über die Lauter, Schlossturm
Meisenheim:
Historische Altstadt, Evangelische Schlosskirche, Rathaus, Gelbes Haus u.v.a.

Auto nachholen:
Glan-Blies-Radweg, ÖPNV

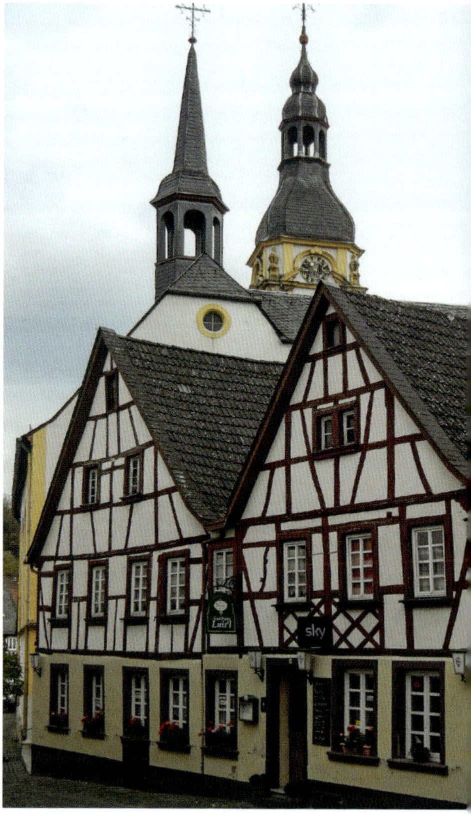

Meisenheim lockt mit der historischen Altstadt.

Karte:
Deutsche Generalkarte 1 : 200.000, Blatt 15

Pegelstand:
Telefonpegel Odenbach / Glan 06753/2740 = ca. 110 cm optimal

Literaturhinweis:
- DKV-Gewässerführer Hessen, Rheinland-Pfalz und Saarland

Tour 13: Mittelrhein

Aus dem landschaftlich vielleicht schönsten Teil des Rheins, dem Durchbruch durch das Rheinische Schiefergebirge, wählen wir für unsere Fahrt den knapp 100 km langen Abschnitt von Mainz bis Koblenz. Aus der oberrheinischen Tiefebene kommend, erreicht hier der Rhein bei Bingen ein tief eingeschnittenes, romantisches Tal, umsäumt von bewaldeten oder felsigen Hängen sowie lieblichen, uralten Weinbergen. Sein schneller Lauf wird von unzähligen Burgen und Ruinen begleitet, und an seinen Ufern liegen Städte mit malerischen Fachwerkhäusern, Wehrmauern, Türmen und alten Klöstern. Einladende Weinstuben und Wirtshäuser locken zum gemütlichen Verweilen. So wie schon in den vorigen Jahrhunderten Marktschiffe den Rhein zwischen Mainz und Koblenz regelmäßig befuhren, so beleben ihn heute viele Frachtschiffe, Kreuzfahrtschiffe und Sportboote.

Unsere Wanderfahrt beginnen wir in Mainz, durch dessen Altstadt wir vor dem Ablegen ausgiebig spazieren. An der Treppe beim Campingplatz Maarauen, gegenüber den Türmen des Mainzer Doms, setzen wir die Boote ins Wasser. *Maaraue 48, 55246 Mainz-Kostheim, www.krkg.de.*

Die überraschend gute Strömung schiebt uns bald unter der Theodor-Heuss-Brücke hindurch, und die in der Ferne liegenden Industrieanlagen kommen rasch näher. An der Insel Petersaue vorbei erreichen wir schnell die Autobahnbrücke nach Wiesbaden, zurück bleibt der Campingplatz Mombach.

Rechtsufrig zeigt sich das älteste Städtchen des Rheingaus – Eltville. Die sich vorbeischiebenden Inseln dürfen wir nicht betreten, es sind Naturschutzgebiete. Bei Rüdesheim nähern sich die Weinhänge dem Fluss, und ein Spaziergang zum imposanten Niederwalddenkmal (Germania) belohnt uns mit einer

Mittelrhein - Nordseestrom

Etappe: Mainz – Koblenz 95 km
Tourdauer: 4-5 Tage

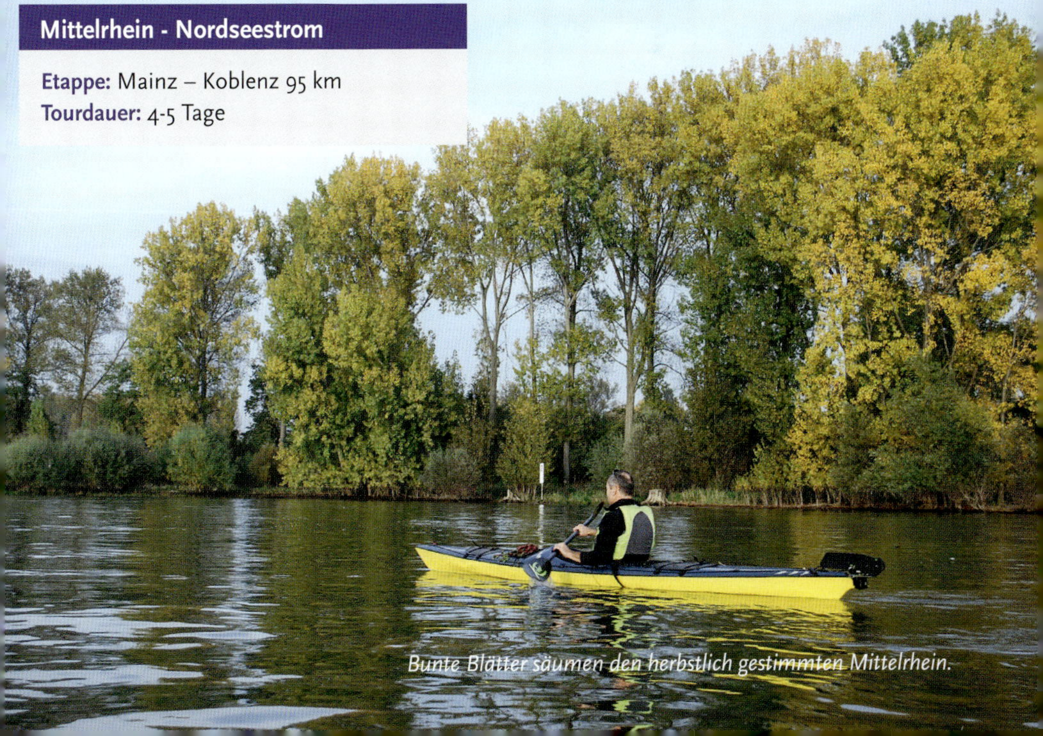

Bunte Blätter säumen den herbstlich gestimmten Mittelrhein.

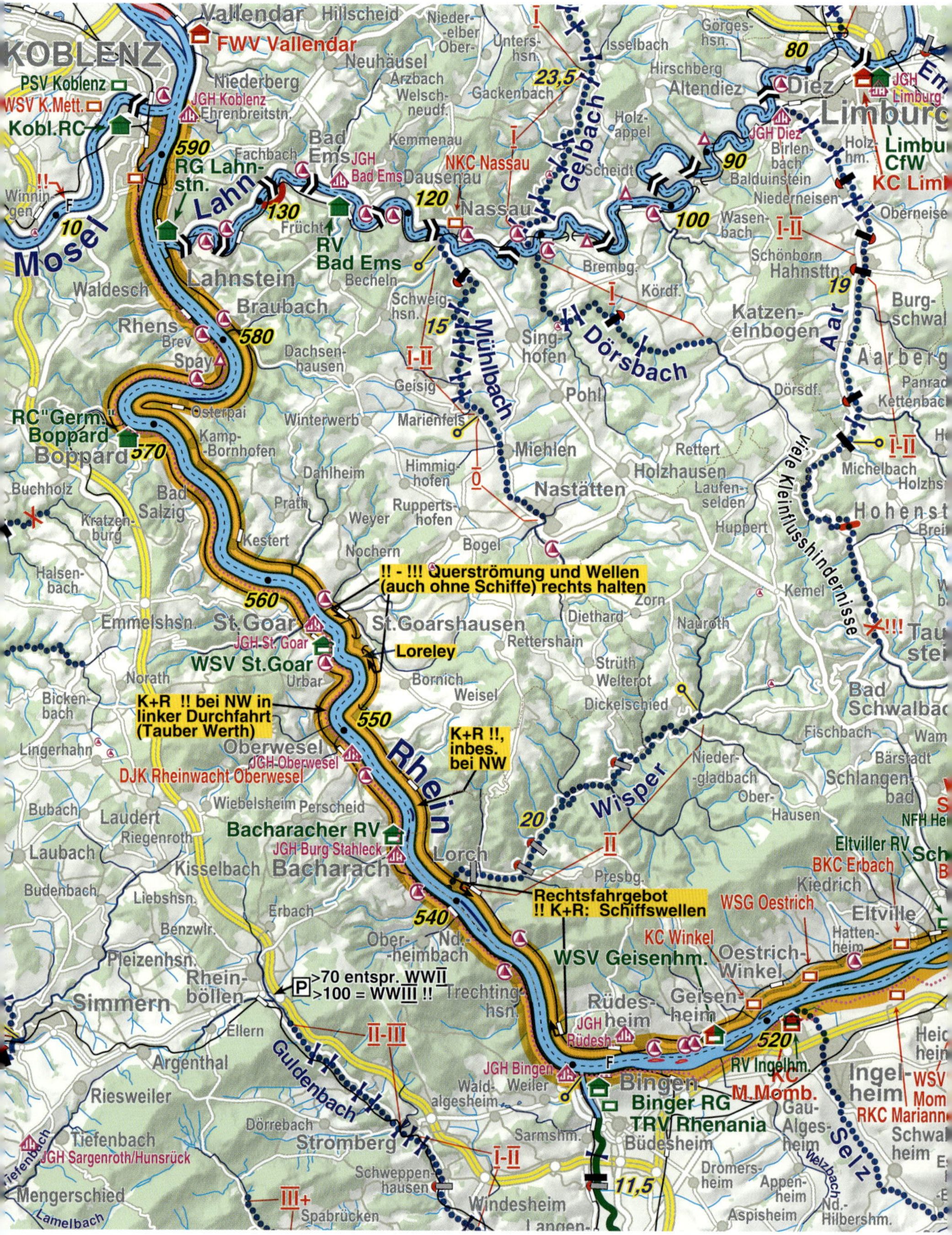
KOBLENZ
FWV Vallendar
PSV Koblenz
WSV K.Mett.
Kobl.RC
JGH Koblenz
Ehrenbreitstn.
590
RG Lahn-stn.
Lahn
130
120
Bad Ems
JGH Bad Ems
RV Bad Ems
NKC Nassau
Nassau
Dausenau
Gelbach
23,5
100
90
80
Diez
JGH Diez
Limburg
JGH Limburg
Limburg CfW
KC Limburg
Aar
19
Mosel
10
Lahnstein
Braubach
Rhens
Spay
580
Mühlbach
15
Dörsbach
Katzen-elnbogen
RC"Germ." Boppard
Boppard
570
Bad Salzig
Kamp-Bornhofen
Nastätten
Holzhausen
Michelbach
viele Kleinflusshindernisse
!! - !!! Querströmung und Wellen (auch ohne Schiffe) rechts halten
560
St.Goar
JGH St. Goar
WSV St.Goar
St.Goarshausen
Loreley
K+R !! bei NW in linker Durchfahrt (Tauber Werth)
550
Oberwesel
JGH-Oberwesel
DJK Rheinwacht Oberwesel
K+R !!, inbes. bei NW
Rhein
Wisper
20
Bacharacher RV
JGH Burg Stahleck
Bacharach
Lorch
Rechtsfahrgebot
!! K+R: Schiffswellen
540
Bad Schwalbach
Eltviller RV
BKC Erbach
WSG Oestrich
KC Winkel
Eltville
Oestrich-Winkel
WSV Geisenhm.
Geisenheim
Rüdesheim
JGH Rüdesh.
520
RV Ingelhm.
KC M.Momb.
Ingelheim
WSV Momb.
RKC Mariann.
JGH Bingen
Bingen
Binger RG
TRV Rhenania
>70 entspr. WWII
>100 = WWIII !!
Rheinböllen
Simmern
Guldenbach
Stromberg
JGH Sargenroth/Hunsrück
11,5
Selz
Windesheim

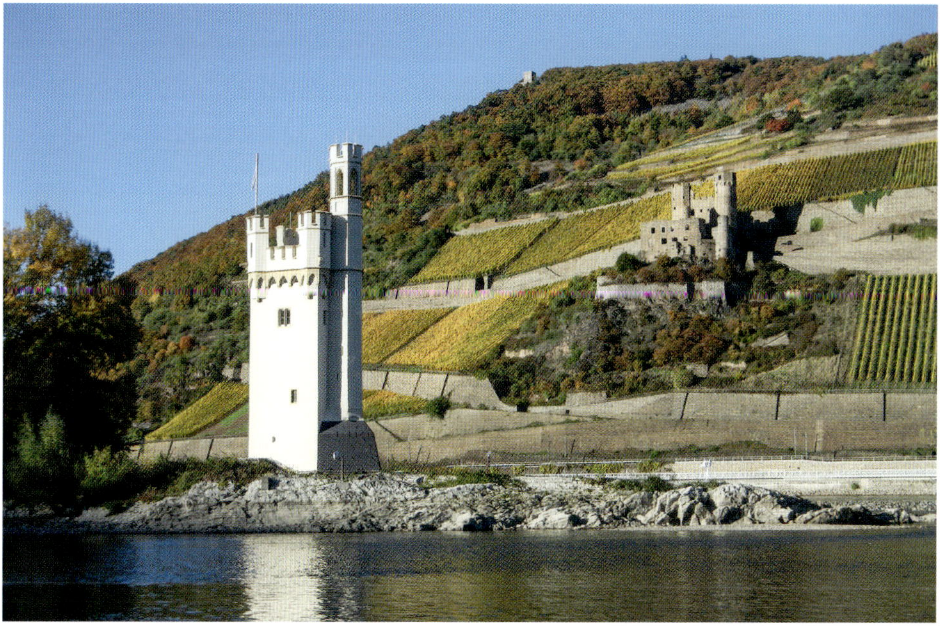

Mäuseturm und Burg Ehrenfels bei Bingen.

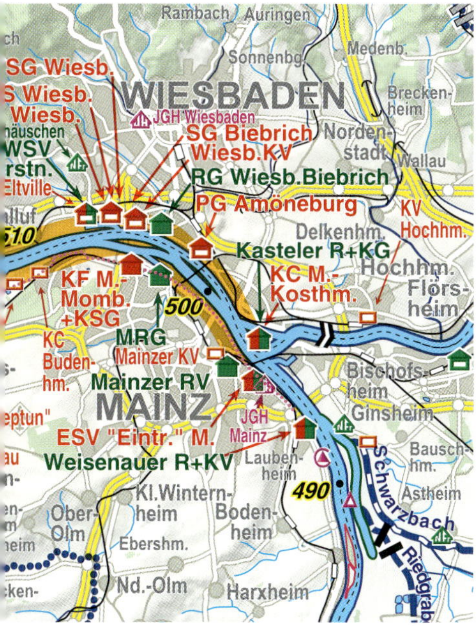

schönen Aussicht ins Rheintal. Nachher können wir uns in der berühmten Drosselgasse an einem guten Schoppen erfreuen.

Linksufrig mündet in Bingen die Nahe, der Rhein knickt hier scharf nach Nordwesten ab und drängt in das dunkle Schiefergestein. Inmitten des Flusses steht auf einer Insel der Mäuseturm, der einst als Signalstation der Schifffahrt diente. Das rechte Ufer des früher bei den Rheinschiffern so gefürchtete Binger Loch, eine felsige Enge, bewacht die hochragende Ruine der Burg Ehrenfels. Wir bleiben außerhalb der Schifffahrtsrinne, mit etwas Vorsicht meistern wir die Flussstrecke an dieser engen Stelle und lassen die Boote weiter durch das märchenhafte Rheintal schaukeln. Der rege Berufs- und Sportschiffsverkehr verlangt von uns dauernde Aufmerksamkeit. Links schieben sich die Burgen Rheinstein und Sooneck vorbei, und rechts, wo die klare, forellenrei-

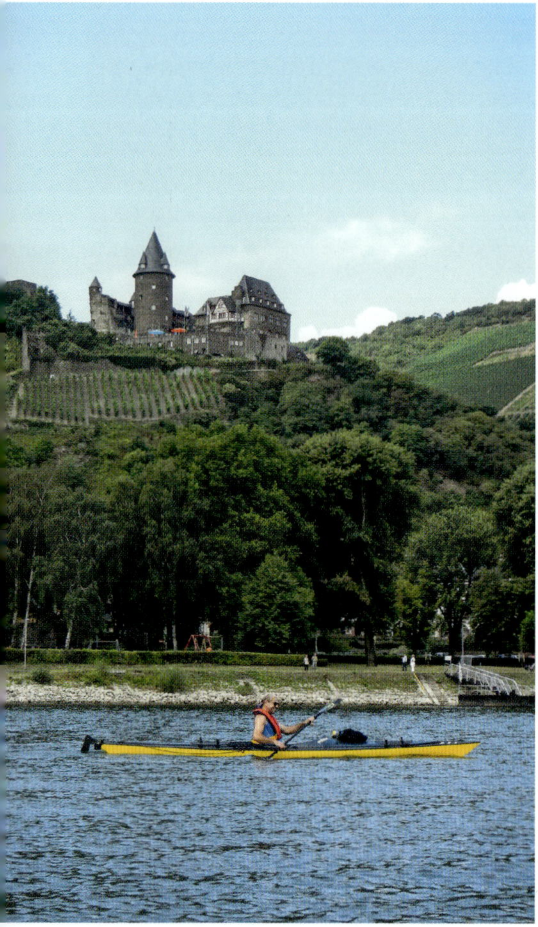

Die Burg Stahleck oberhalb Bacharach, eine romantische Jugendherberge.

che Wisper ihre Wasser in den Rhein ergießt, liegt Lorch. An der größeren der zwei Lorcher Werthe (Inseln) dürfen wir im Sommer an der Nordspitze Rast machen. Von hier ist es nicht weit nach Bacharach, einer romantischen Kleinstadt am Mittelrhein, die von der Staufenfeste Stahleck beherrscht wird.

Nach einem leichten Linksbogen sehen wir bald einen der Höhepunkte unserer Wanderung, die Insel Pfalzgrafenstein, die wir links oder auch rechts umfahren können. Links müssen wir bei Niedrigwasser mit steilen Wellen am »Wilden Gefähr« rechnen; auch ist die Fahrrinne hier sehr eng. Rechts der Insel ist das Fahrwasser ruhiger. Zum Picknicken und zur Besichtigung können wir anlanden. Nach Oberwesel verengt sich wieder einmal das Flussbett; die Felsengruppe »Die sieben Jungfrauen« (oder auch »Hungersteine« genannt) sorgt hier für gute Wellenbildung.

Wir halten uns rechts bis nach St. Goarshausen. Dazwischen fällt der steile, sagenumwobene Loreleyfelsen in den Fluss, und unsere kleinen Kanus hüpfen ganz schön in den steilen Wellen der Querströmung. Nach der Burg Katz folgt in Wellmich die Burg Maus, und die Fahrt geht weiter an den »Feindlichen Brüdern«, zwei eng zusammenstehenden Raubritterburgen, vorbei. Nach Kamp-Bornhofen sehen wir schon die gepflegte, mit Bäumen begrünte Uferpromenade von Boppard. Nach der Stadt schwingt der Rhein in eine enge Schleife, die von Weinbergen umrahmt wird. Rechts begleitet uns die Längskribbe »Auf der Schottel«, die einen Schutzhafen einschließt. Hier liegen oft Sportboote, deren Besatzungen an heißen Sommertagen im ruhigen Wasser der Lagune baden oder auf den Sandbänken ein Sonnenbad genießen.

Am Ausgang der engen Rheinschleife bewundern wir die Fassaden der alten Fachwerkhäuser der lang gezogenen Ortschaft Spay. Über dem Bergkamm ragen drei Schornsteine der Blei- und Silberhütte Braubach auf (man sagt, hier werden die Weinberge beheizt). Rechts nähert sich der steile Felskegel mit der nie eingenommenen Marksburg.

An der Rheinpromenade von Braubach vorbei paddelnd (bei Niedrigwasser ragen hier ein paar Kribben in den Fluss), erreichen wir Lahnstein. Links leuchtet das ockerfarbene, neugotische Schloss Stolzenfels vom bewaldeten Hang, von rechts mündet die Lahn in den Rhein. Am paddlerfreundlichen Campingplatz

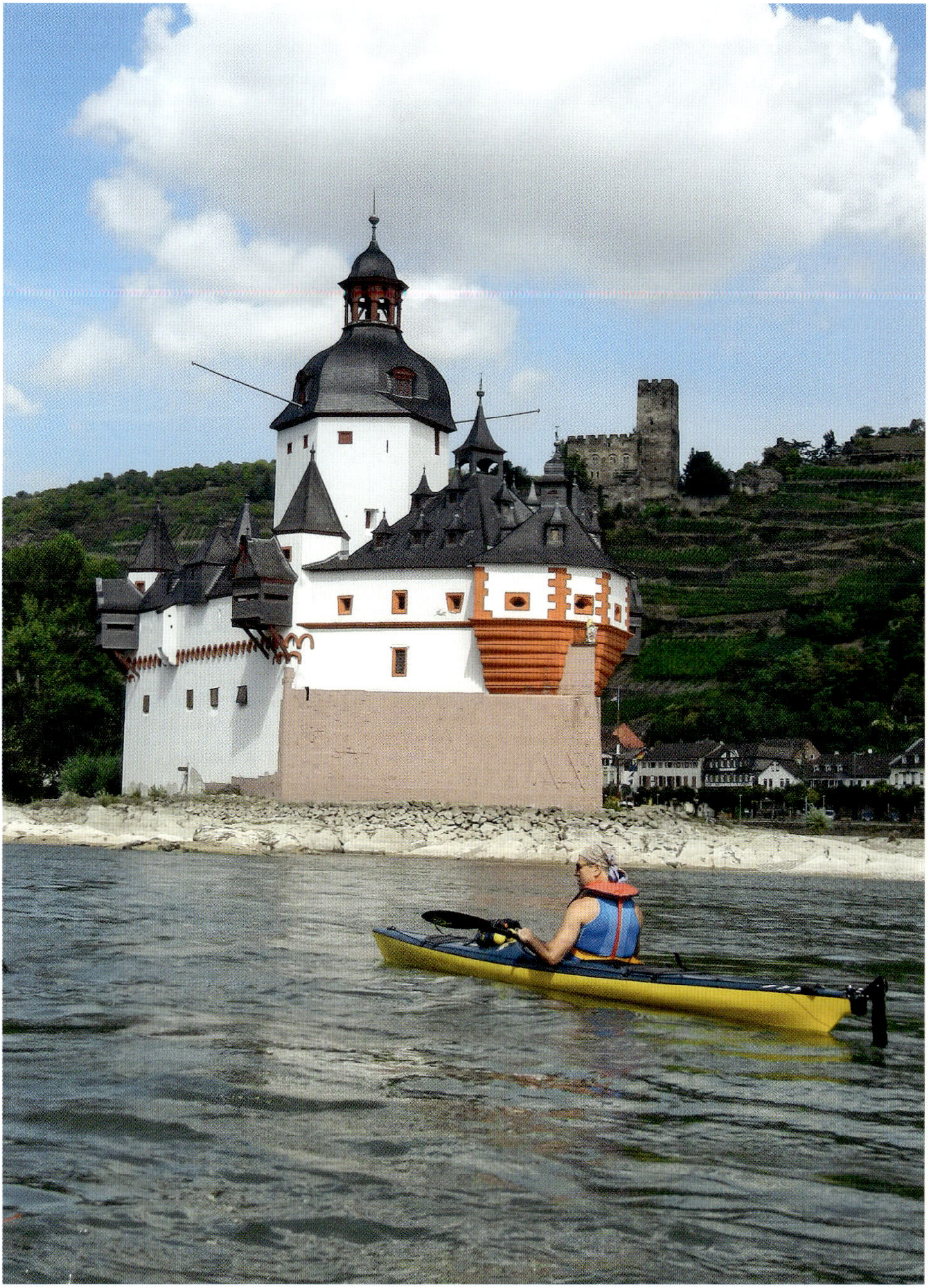

Die Insel Pfalzgrafenstein bei Kaub.

»An der Lahnspitze« beenden viele Kanufahrer ihre Wanderung; zum Bahnhof sind es von hier aus knapp 10 Minuten. Wir paddeln aber noch weiter nach Koblenz, um dort am städtischen Campingplatz gegenüber vom Deutschen Eck an der Moselmündung unsere Kanuwanderung durch das romantische Rheintal zu beenden.
Rechtsufrig zeigt sich das älteste Städtchen des Rheingaus – Eltville. Die sich vorbeischiebenden Inseln dürfen wir nicht betreten, es sind Naturschutzgebiete. Bei Rüdesheim nähern sich die Weinhänge dem Fluss, und ein Spaziergang zum imposanten Niederwalddenkmal (Germania) belohnt uns mit einer schönen Aussicht ins Rheintal. Nachher können wir uns in der berühmten Drosselgasse an einem guten Schoppen erfreuen.
Linksufrig mündet in Bingen die Nahe, der Rhein knickt hier scharf nach Nordwesten ab und drängt in das dunkle Schiefergestein. Inmitten des Flusses steht auf einer Insel der Mäuseturm, der einst als Signalstation der Schifffahrt diente. Das rechte Ufer des früher bei den Rheinschiffern so gefürchtete Binger Loch, eine felsige Enge, bewacht die hochragende Ruine der Burg Ehrenfels. Wir bleiben außerhalb der Schifffahrtsrinne, mit etwas Vorsicht meistern wir die Flussstrecke an·dieser engen Stelle und lassen die Boote weiter durch das märchenhafte Rheintal schaukeln. Der rege Berufs- und Sportschiffsverkehr verlangt von uns dauernde Aufmerksamkeit. Links schieben sich die Burgen Rheinstein und Sooneck vorbei, und rechts, wo die klare, forellenreiche Wisper ihre Wasser in den Rhein ergießt, liegt Lorch. An der größeren der zwei Lorcher Werthe (Inseln) dürfen wir im Sommer an der Nordspitze Rast machen. Von hier ist es nicht weit nach Bacharach, einer romantischen Kleinstadt am Mittelrhein, die von der Staufenfeste Stahleck beherrscht wird.
Nach einem leichten Linksbogen sehen wir bald einen der Höhepunkte unserer Wanderung, die Insel Pfalzgrafenstein, die wir links oder auch rechts umfahren können. Links müssen wir bei Niedrigwasser mit steilen Wellen am »Wilden Gefähr« rechnen; auch ist die Fahrrinne hier sehr eng. Rechts ist der Insel ist das Fahrwasser ruhiger. Zum Picknicken und zur Besichtigung können wir anlanden. Nach Oberwesel verengt sich wieder einmal das Flussbett; die Felsengruppe »Die sieben Jungfrauen« (oder auch »Hungersteine« genannt) sorgt hier für gute Wellenbildung.
Wir halten uns rechts bis nach St. Goarshausen. Dazwischen fällt der steile, sagenumwobene Loreleyfelsen in den Fluss, und unsere kleinen Kanus hüpfen ganz schön in den steilen Wellen der Querströmung. Nach der Burg Katz folgt in Wellmich die Burg Maus, und die Fahrt geht weiter an den »Feindlichen Brüdern«, zwei eng zusammenstehenden Raubritterburgen, vorbei. Nach Kamp-Bornhofen sehen wir schon die gepflegte, mit Bäumen begrünte Uferpromenade von Boppard. Nach der Stadt schwingt der Rhein in eine enge Schleife, die von Weinbergen umrahmt wird. Rechts begleitet uns die Längskribbe »Auf der Schottel«, die einen Schutzhafen einschließt. Hier liegen oft Sportboote, deren Besatzungen an heißen Sommertagen im ruhigen Wasser der Lagune baden oder auf den Sandbänken ein Sonnenbad genießen.
Am Ausgang der engen Rheinschleife bewundern wir die Fassaden der alten Fachwerkhäuser der lang gezogenen Ortschaft Spay. Über dem Bergkamm ragen drei Schornsteine der Blei- und Silberhütte Braubach auf (man sagt, hier werden die Weinberge beheizt). Rechts nähert sich der steile Felskegel mit der nie eingenommenen Marksburg.
An der Rheinpromenade von Braubach vorbei paddelnd (bei Niedrigwasser ragen hier ein paar Kribben in den Fluss), erreichen wir Lahnstein. Links leuchtet das ockerfarbene, neugotische Schloss Stolzenfels vom bewaldeten Hang, von rechts mündet die Lahn in den

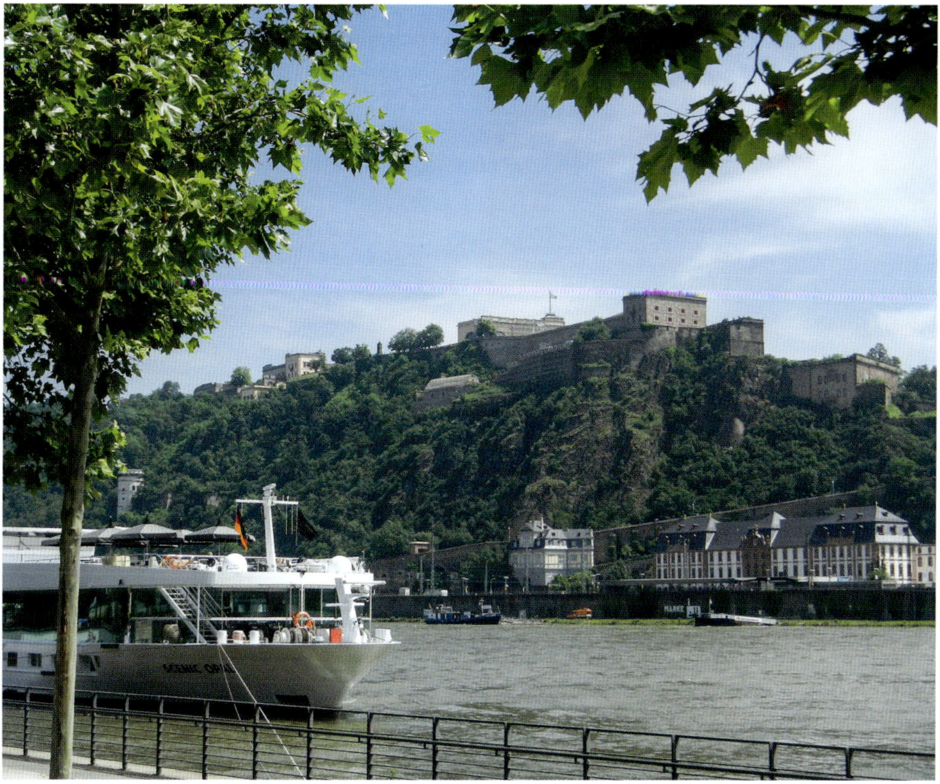

Majestätisch schaut die Festung Ehrenbreitstein auf Koblenz hinunter.

Rhein. Am paddlerfreundlichen Campingplatz »An der Lahnspitze« beenden viele Kanufahrer ihre Wanderung; zum Bahnhof sind es von hier aus knapp 10 Minuten. Wir paddeln aber noch weiter nach Koblenz, um dort am städtischen Campingplatz gegenüber vom Deutschen Eck an der Moselmündung unsere Kanuwanderung durch das romantische Rheintal zu beenden.
Schartwiesenweg 6, 56070 Koblenz,
Tel: 0261 82719, (50.3662,7.6058)
www.knauscamp.de/rhein-mosel-koblenz
koblenz@knauscamp.de

KURZ-INFO MITTELRHEIN

Charakter, Tipps:
Landschaftlich äußerst reizvolles Flusstal. Die überraschend schnelle Strömung, teils hohe Wellen, Wirbel, einfallende Windböen sowie der dichte Schiffsverkehr, Untiefen und Fähren verlangen vom Kanuwanderer Erfahrung und gute Bootsbeherrschung – riskieren Sie keine Befahrung bei Hochwasser! Anfänger sollten nur bei günstigen Wetter- und

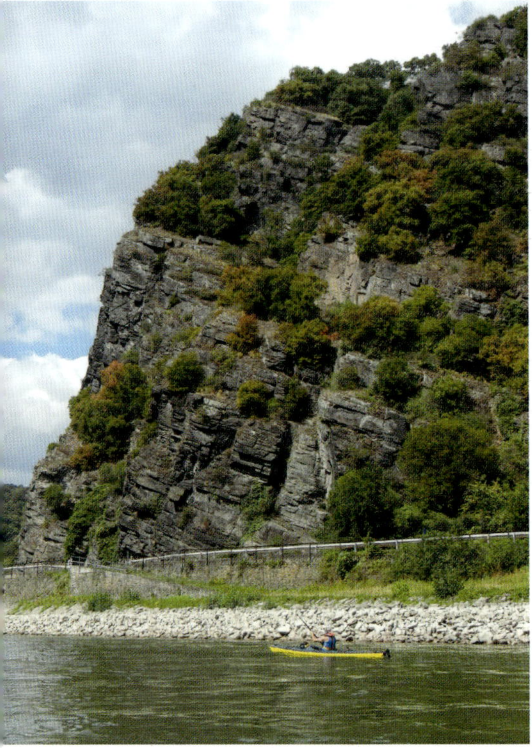

Der Loreleyfels ragt rechtsufrig steil auf.

Wasserverhältnissen unter Führung von Fortgeschrittenen paddeln. Das Tragen einer Schwimmweste ist zu empfehlen. Das Zelten auf manchen der verlockenden Inseln ist untersagt (NSG); es gibt aber genügend paddlerfreudliche Zelt- und Campingplätze. Das Rheinwasser ist zwar noch immer belastet, doch wird im Fluss wieder gebadet. Am Mittelrhein gilt für Wanderboote eine Kennzeichnungspflicht nach der Rheinschifffahrtspolizeiverordnung. Die Schifffahrtsrinne darf nur zur Querung an das gegenüberliegende Ufer befahren werden.

Befahrensregelung:
Die Rettbergsaue gegenüber dem Wiesbadener Biebricher Schloss darf nur im Bereich des Zeltplatzes betreten werden. Die Wasserflächen der Mariannenaue und der Fulder Aue / Ilmen Aue dürfen vom 15.10. - 31.03. nicht befahren werden.

Zeltmöglichkeiten:
Mainz: Camping Maaraue, Mombach, Wiesbaden, Ingelheim-Nord, Geisenheim, Rüdesheim, Trechtingshausen, Oberwesel, St. Goar, St. Goarshausen, Boppard, Braubach
Lahnstein: Lahnspitze
Koblenz: Moselmündung u. a.

Sehenswertes:
Mainz: St.-Martins-Dom, Christuskirche, Kirche St. Stephan (Chagall-Fenster), St.-Peters-Kirche, Deutschhaus, Kurfürstliches Schloss (Museum), Rathaus, Marktbrunnen, Eisenturm, Holzturm, Altstadtbild, Zitadelle u.v.a.
Wiesbaden: Kurzhaus, Stadtschloss, Altes Rathaus, Schloss Biebrich, Griechische Kapelle u.a.
Eltville: Pfarrkirche St. Peter u. Paul, Bürgerhäuser, Burgruine, Gutenberg-Gedenkstätte
Geisenheim: Adelssitze: Schloss Schönborn, Ley'scher Hof, Schloss Johannisberg, Kloster Eberbach u.a.
Rüdesheim: Bröserburg (Museum), Marktplatz, St.-Jakobus-Kirche, Drosselgasse, Niederwalddenkmal (Germania)
Bingen: Burg Klopp (Museum), Stiftskirche St. Martin, Mäuseturm
Bingerbrück: Burg Rheinstein
Lorch: Stadtbefestigung, Ruine Nollig, Wispertal

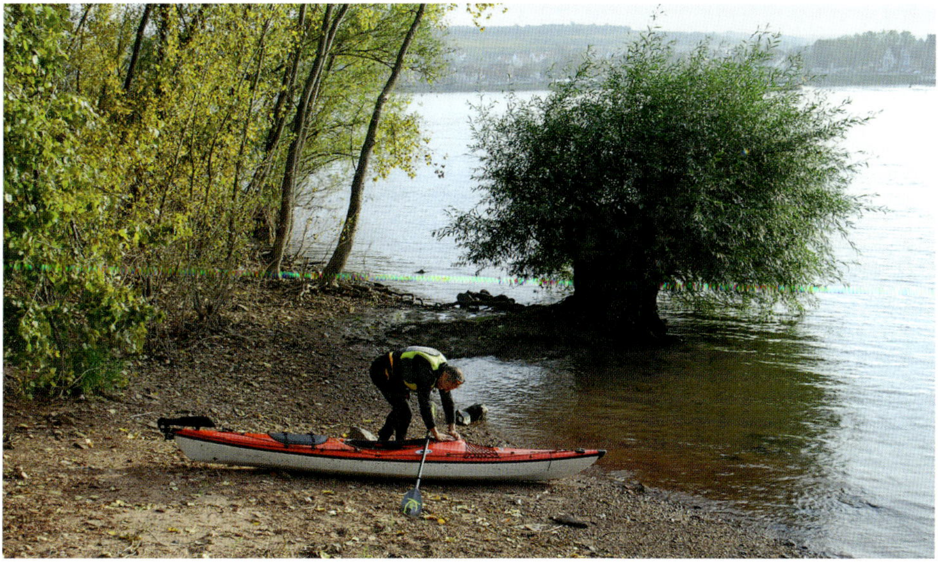

Hübsche Picknickplätze für Kanuten überall am großen Strom.

Bacharach: Altstadt mit Resten der Stadtbefestigung, Türme, Peterskirche, Staufenfeste Stahleck
Oberwesel: Ruine Schönburg, St.-Martins-Kirche, Liebfrauenkirche
Kaub: Burg Gutenfels; Inselpfalz: Pfalzgrafenstein, Blücherdenkmal
St. Goarshausen: Burg Katz, Burg Maus, Loreleyfelsen, Klosterschenke
St. Goar: Ruine Rheinfels
Kamp-Bornhofen: Kloster, Burg Steffenberg, Burg Liebenstein
Boppard: Uferpromenade, Kurtrierische Burg, Severuskirche, Kloster Marienburg u.a.
Braubach: Marksburg, Philipsburg, Blei- und Silberhütte
Lahnstein: Burg Lahneck (Festspiele), Foltertum, Kuranlage, St. Johannis-Kirche, Schloss Stolzenfels (überm Rhein)
Koblenz: Alte Burg, Kurfürstliches Schloss, Deutsches Eck, Festung Ehrenbreitstein, Rathaus, Deutschherrenhaus, Liebfrauenkirche, Mittelrheinmuseum, Schängelbrunnen, Balduinsbrücke u.a.

Auto nachholen:
Regelmäßiger Nahverkehr mit Bus und Bahn an beiden Rheinufern. Gut ausgebauter Rhein-Radweg linksufrig.

Karte:
Generalkarte 1 : 200.000, Blatt 12

Pegelstand:
Der Mittelrhein ist ganzjährig befahrbar.

Literaturhinweis:
- Deutsches Flusswanderbuch
- DKV-Gewässerführer Hessen, Rheinland-Pfalz und Saarland

STROMGEBIET MOSEL
Tour 14: Kyll

Von ihrer Quelle im Losheimer Wald an der belgischen Grenze durchfließt die Kyll, durch ihren Fischreichtum schon den Römern bekannt, in einer Nord-Süd-Senke fast die ganze Eifel, um nach mehr als 140 km Flusslänge nicht weit von Trier bei Ehrang die Mosel zu erreichen. Der landschaftlich schönste und für uns Kanufahrer auch lohnendste Teil ist der wildromantische Flussabschnitt zwischen Gerolstein und Kordel. Hier gräbt sich die Kyll abwechselnd tief in die Buntsandstein- und Muschelkalkschichten ein. Sie sucht in vielen Schleifen, immer wieder auf steile Wald- und Felshänge prallend, unbeirrt ihren Weg zur Mosel.

Kyll - Nebenfluss der Mosel

Etappe: Gerolstein – Kordel 74 km
Tourdauer: 3 Tage

Bei gutem Wasserstand setzen Wildwasserfahrer schon in Jünkerath ihre wendigen Einer ein. Für Wanderfahrer ist der Fluss ab Gerolstein zu empfehlen, wo wir an der Stadtbrücke der B410 eine schöne Einbootstelle finden (50.2233,6.6596); ein großer Parkplatz ermöglicht das Abstellen der Fahrzeuge. Das talbeherrschende, in Dolomitfels umgewandelte Korallenriff bleibt rechts hoch über uns zurück, wenn die flotte Strömung die Boote mitnimmt. Dann ein paar hundert Meter regulierter Fluss, ein sanfter Linksbogen, und wir peilen die südliche Richtung an, der Sonne und den glitzernden Wellen

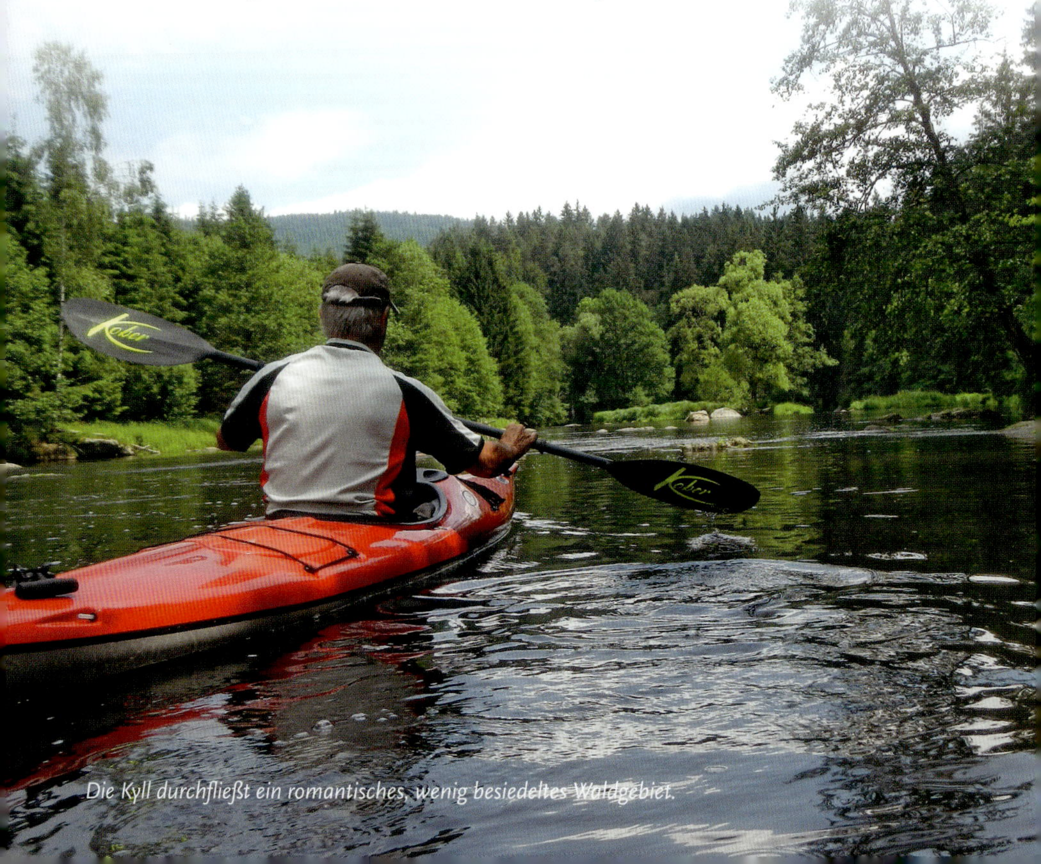

Die Kyll durchfließt ein romantisches, wenig besiedeltes Waldgebiet.

entgegen. Vor Lissingen, wo es ein malerisches Doppelschloss zu bewundern gibt, taucht das erste der vielen Wehre auf. Wie die anderen ist es bei mittlerem Wasserstand mit Vorsicht rechts zu befahren. Die Talsohle ist jetzt noch breit und flach; unsere Boote werden in vielen Bögen zwischen dicht bewachsenen Ufern davongetragen. In einer Schleife nehmen wir von links den Michelbach auf, und bevor wir in Birresborn das nächste Wehr erreichen, schiebt sich der erloschene Vulkan Kalem vorbei.

In Mürlenbach lohnt es sich, anzuhalten; hier steht eine der ältesten Burgen des Rheinlands. Danach läuft die Kyll fast geradeaus, die schnelle Strömung wird am Steilwehr unterhalb von Densborn unterbrochen. Wir tragen um und erreichen spätnachmittags den kleinen Ort St. Thomas, wo sich nach der Eisenbahnbrücke rechtsufrig neben dem Kinderspielplatz eine günstige Anlegestelle befindet. Zwischen Wald und Auwiesen geht es weiter, kurze und längere Schwalle wechseln mit ruhigen Abschnitten, bis vor Kyllburg der Fluss in eine enge Fels- und Waldschlucht eingezwängt wird. Die leicht verblockte, sehr sportliche Strecke endet aber ruhig auslaufend unter zwei Brücken in Kyllburg, dem reizenden Luftkurort, der sich auf einer schmalen, an drei Seiten von der Kyll umflossenen Bergzunge angesiedelt hat. Linksufrig nach dem Wehr liegt direkt am Fluss ein Campingplatz, der einen lohnenden Aufenthalt ermöglicht. Viele schöne Baulichkeiten aus dem Mittelalter sind im Ort erhalten geblieben.

Am nächsten Morgen hüpfen unsere Boote über mehrere kleine Stufen, die wahrscheinlich von Badegästen errichtet wurden. Rechts nach der Schleife zeigt sich noch einmal die kleine Bergstadt, und vor uns taucht unverhofft und hell leuchtend das im 18. Jh. umgebaute Schloss Malberg auf. Unter dem Schloss bewältigen wir noch ein Schrägwehr; am besten legen wir links nach der Brücke an, denn hier bietet sich eine »Kulturwanderung« an. Das

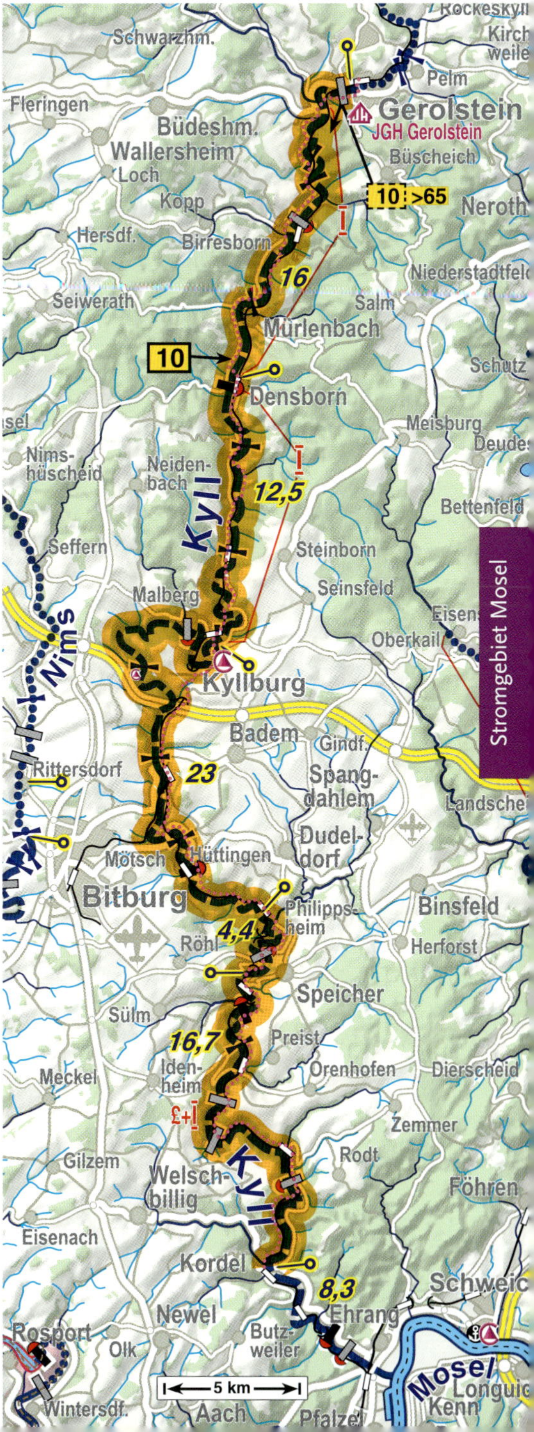

italienisch anmutende Schloss mit seiner barocken Gartenterrasse ist auch als Hotel eine Sehenswürdigkeit.

Anschließend zieht uns die Kyll in eine einsame Waldschlucht. In mehreren Schleifen umrundet der Fluss den Höhenzug des Taubenbergs. In diesem engen Tal hat nicht einmal eine Straße Platz gefunden, nur die Fließemermühle unterbricht die Einsamkeit. Vor Erdorf befahren wir noch ein Wehr, und nach der Straßenbrücke links finden wir eine schöne Raststelle mit einer einladenden Holzbank unter drei Birken.

Felsufer begleiten uns auf der folgenden Strecke, der Fluss bricht wieder tief in den Muschelkalk ein; rechts der Metthericher Mühle rieselt ein Schleierfall herunter, ein paar Felsblöcke liegen im Flussbett, doch zum Ausweichen gibt es genug Platz. Nach Hüttingen dreht die Kyll ein paar Kilometer nach Osten, eine breitere Talaue öffnet sich, der Fluss beruhigt sich kurz. Der Wald verschlingt uns, und mehrere Schwalle erfordern unsere Aufmerksamkeit.

Bewaldete Bergrücken ziehen vorüber, hoch oben zeigt sich die Stadt Speicher. Es folgen längere ruhige Abschnitte vor Wehren; bei niedrigem Wasserstand ziehen wir bei den Mühlen die Boote kurz über bemooste Steine. Nach Daufenbach, unterhalb der Deimlinger Mühle, überrascht uns die Landschaft noch einmal mit einer bunten, rot-weiß gestreiften Sandsteinwand, die den Fluss in eine scharfe Linkskehre mit Schwallen zwingt. Danach begrüßt uns die gotische Kirche von Kordel. Wir finden links vor der Brücke die abgestellten Autos und beenden die reizvolle Fahrt. Einen Abstecher zur Burgruine Ramstein sollten wir aber doch noch unternehmen.

KURZ-INFO KYLL

Charakter, Tipps:

Wanderflüsschen mit sportlichem Charakter, für dessen Befahrung wir eine Portion Bootsbeherrschung und Erfahrung brauchen. Die schnelle Strömung, der Wechsel von ruhigen Passagen mit sportlich anspruchsvollen Abschnitten, mehrere Naturstufen, das saubere Wasser und die

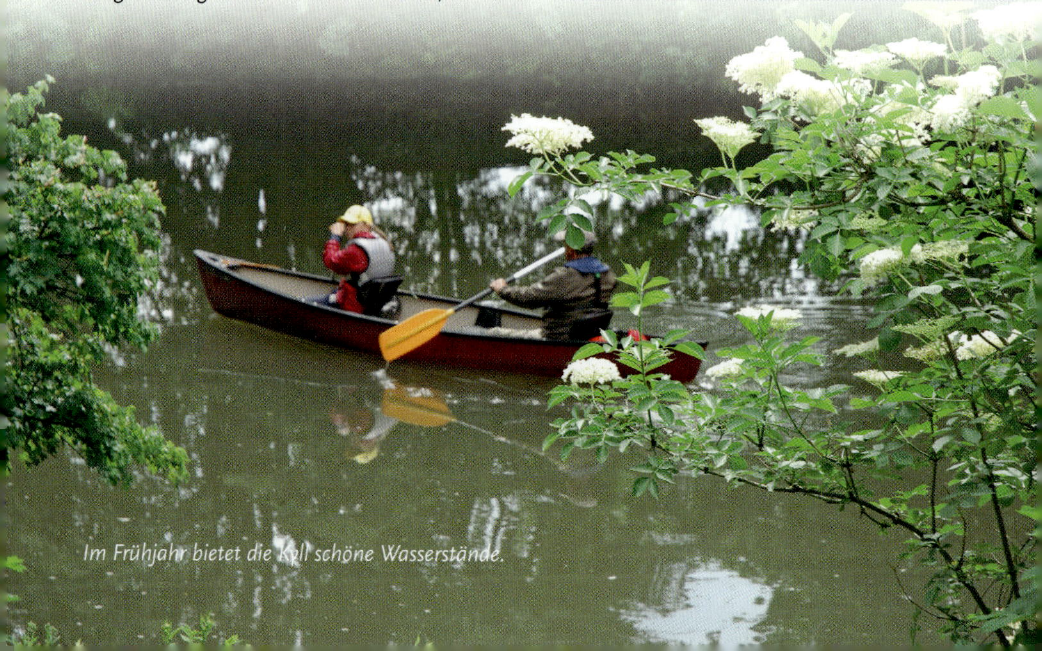

Im Frühjahr bietet die Kyll schöne Wasserstände.

landschaftlichen Reize eines tief eingeschnittenen, einsamen Tales machen aus einer Kyllbefahrung ein Erlebnis.
Bei nicht zu langen Trockenperioden bis weit in den Frühsommer, nach Regentagen auch später gut befahrbar. Bei Pegelstand in Densborn ab 80 cm setzen wir auch die Kunststoff-Zweier in Gerolstein ins Wasser, ansonsten sind die leichten und wendigen Einer vorzuziehen. Wegen des steinigen Grundes und der Wehre für Faltboote nicht zu empfehlen. Viele Wehre sind bei mittlerem Wasserstand für Kunststoffboote befahrbar; am Steilwehr unterhalb Densborn müssen wir immer umtragen.
In den letzten Jahren ist es auf der Kyll zu einer Häufung von Baumhindernissen gekommen. Vorsicht bei Wasserständen über 100 cm am Pegel Densborn.

Befahrensregelung:
Im hier beschriebenen Abschnitt ist derzeit keine Einschränkung bekannt.

Zeltmöglichkeiten:
Camping Kyllburg und Kordel

Sehenswertes:
Gerolstein:
Altertumsmuseum, Ruine Löwenburg, Dolomitenfelstürme, Höhle Buchenloch, Ruine Gerhardstein, Erlöserkirche, Kasselburg bei Pelm mit Adler- und Wolfspark.
Lissingen:
Malerische Doppelburg
Mürlenbach:
Bertradaburg, eine der ältesten Burgen im Rheinland
St. Thomas:
Zisterzienserkirche, Abtei
Kyllburg:
Stiftskirche, Mariensäule, Burgruine, Schloss Malberg u.a.
Bitburg:
Schloss, Liebfrauenkirche, Bierbrunnen, im Juli Folkloretreffen, Museum
Auw:
Kirche mit Holzschnitzereien
Kordel:
Gotische Kirche, Burgruine Ramstein
Ehrang:
Stadtmauer, römische Göttersteine
Trier:
Älteste Stadt Deutschlands, Porta Nigra, Dom Basilika, u.v.a. Kirchen, Amphitheater, Römerbrücke, Ruine der Kaiserthermen, ehemaliges kurfürstliches Schloss, Hauptmarkt mit Brunnen, Museen, Theater u.v.a.

Auto nachholen:
Die Bahn begleitet die Kyll zwischen Gerolstein und Kordel mit stündlichen Verbindungen und zahlreichen Bahnhöfen. Gut ausgebauter Kylltal-Radweg.

Karte:
Generalkarte 1 : 200 000, Blatt 12 und 15

Pegelstand:
Die Kyll ist vorzugsweise im Frühjahr und nach Regenfällen für erfahrene Kanuten gut zu befahren.
Aktueller Pegel: *www.kanu-nrw.de*

Literaturhinweis:
- DKV-Gewässerführer Hessen, Rheinland-Pfalz und Saarland
- Gewässerführer für Nordrhein-Westfalen.

Tour 15: Sauer

Als Dreiländerfluss fließt die Sauer von ihrer Quelle in den belgischen Ardennen durch einsame, reizvolle Wald- und Wiesentäler über Luxemburg zur bundesdeutschen Grenze. Von links nimmt sie hier die saubere Our auf und windet sich in weit ausholenden Schleifen durch den herrlichen Deutsch-Luxemburgischen Naturpark. An der mächtigen romanischen Klosteranlage von Echternach vorbeifließend, nun gestärkt durch die links einmündende Prüm, bricht die Sauer in südlicher Richtung durch den letzten Bergriegel der Eifel und erreicht westlich von Konz die Mosel.

Sauer - Nebenfluss der Mosel

Etappe: Wallendorf – Wasserbilligerbrück
44 km
Tourdauer: 2 Tage

Wenn wir nicht schon mit dem Kanu von der Our angepaddelt kommen oder die Sauer bereits ab Ettelbruck im Luxemburgischen befahren, beginnen wir unsere Grenzflusstour in Wallendorf, etwa am Campinggelände, wo die Our in die Sauer mündet, oder an der Grenzbrücke. Nach wenigen hundert Metern erwartet uns ein Wehr, das wir problemlos rechts durch die Floßgasse befahren; ein spritziger, langer Schwall lässt die Boote auf hohen Wellen schaukeln. Danach beruhigt sich der Fluss, doch die zügige Strömung zieht uns rasch durch die großen Schleifen zwischen bewaldeten Bergrücken.
Beidseitig begleiten Straßen den Fluss, auch der Sauertal-Radwanderweg schlängelt sich entlang. Unten am Wasser hört man fast nichts vom hektischen Wochenend-Autoverkehr. An der fünfbogigen Steinbrücke in Dillingerbrück steigen wir aus den Booten, um die nur wenigen Schritte vom Fluss entfernte Tränenley anzuschauen: ein Fels mit einer kleinen Höhle, über die ein feiner Schleierwasserfall herunter-

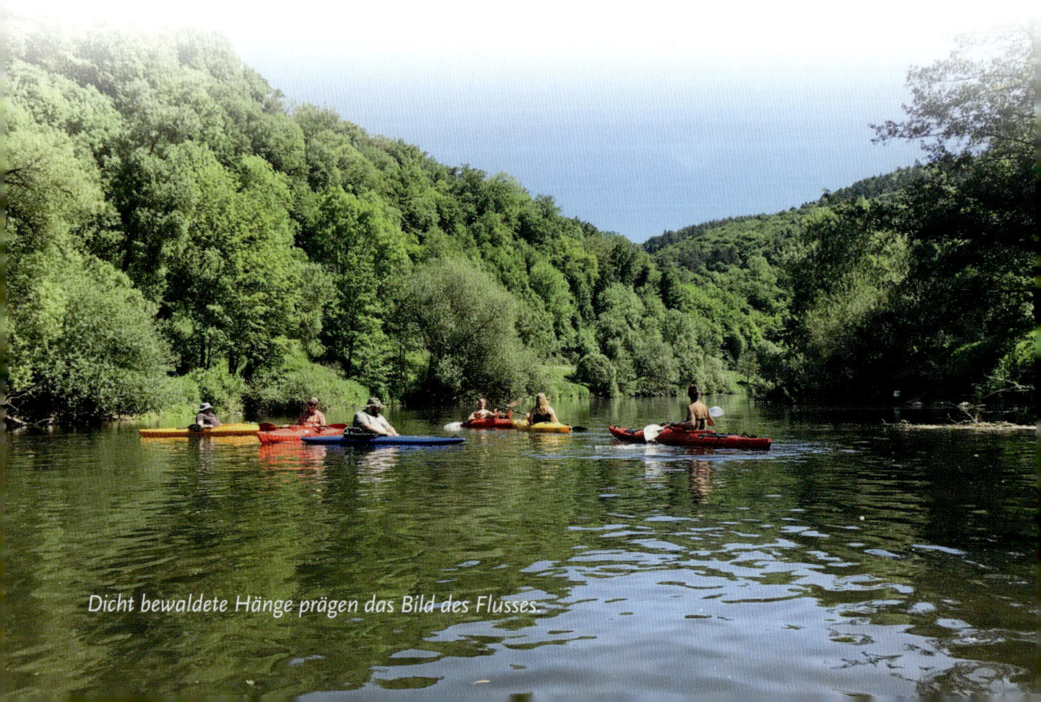

Dicht bewaldete Hänge prägen das Bild des Flusses.

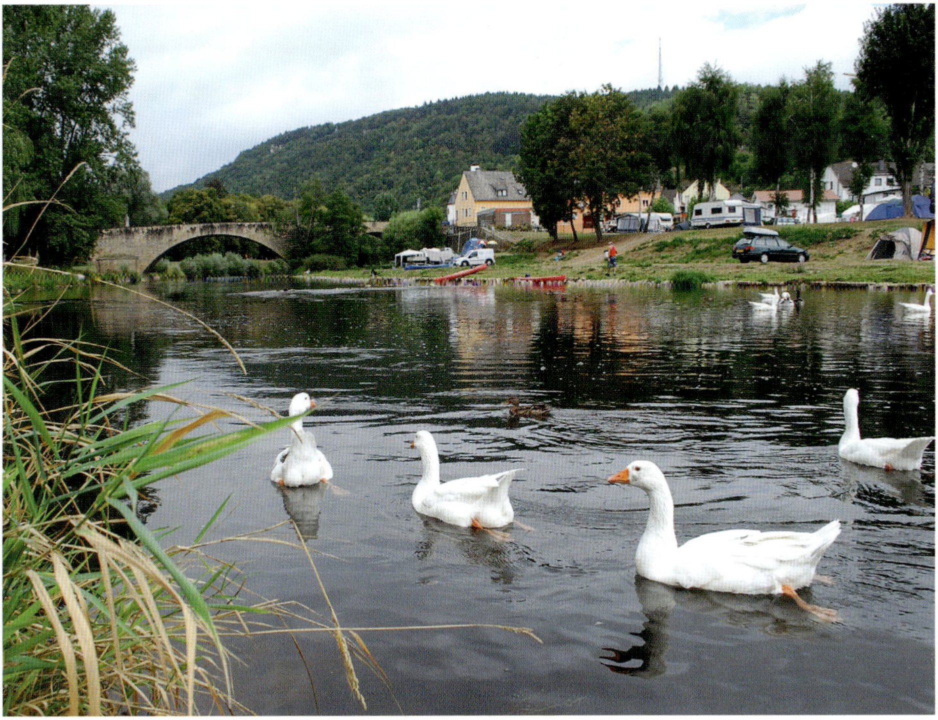

Gänse begleiten uns auf der Sauer unterhalb Echternach.

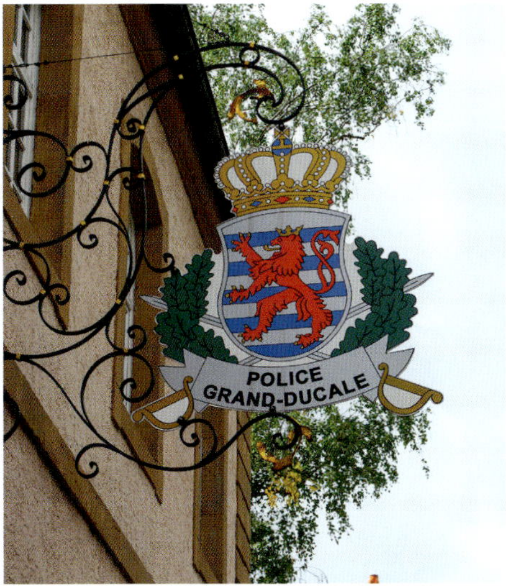

Stilvolles Emblem der Luxemburger Polizei.

rieselt. Auch hier finden wir, wie in Wallendorf, einen großen Campingplatz. Wegen Zeltmöglichkeiten brauchen wir uns im Sauertal keine Sorgen zu machen; so viele schöne Plätze findet man selten.

In der großen Südschleife unterm felsigen Kasselt verengen Steilwände das Flussbett; mancher Felsblock stürzte hier vor vielen Jahren ins Wasser. Links grüßt uns die Burg von Bollendorf. Der Burgherr hat seine Greifvogelzuchtstation der Öffentlichkeit zugänglich gemacht. Manchmal sitzt auf der Stützmauer ein paar Meter über dem Fluss ein junger Adler, der mit Neugier das Treiben am Wasser verfolgt.

Das Laufenwehr umpaddeln wir rechts, und bald sehen wir vor uns die Türme des Echternacher Klosters. Die Parkpromenade mit dem schönen Pavillon zieht vorbei. In der späten

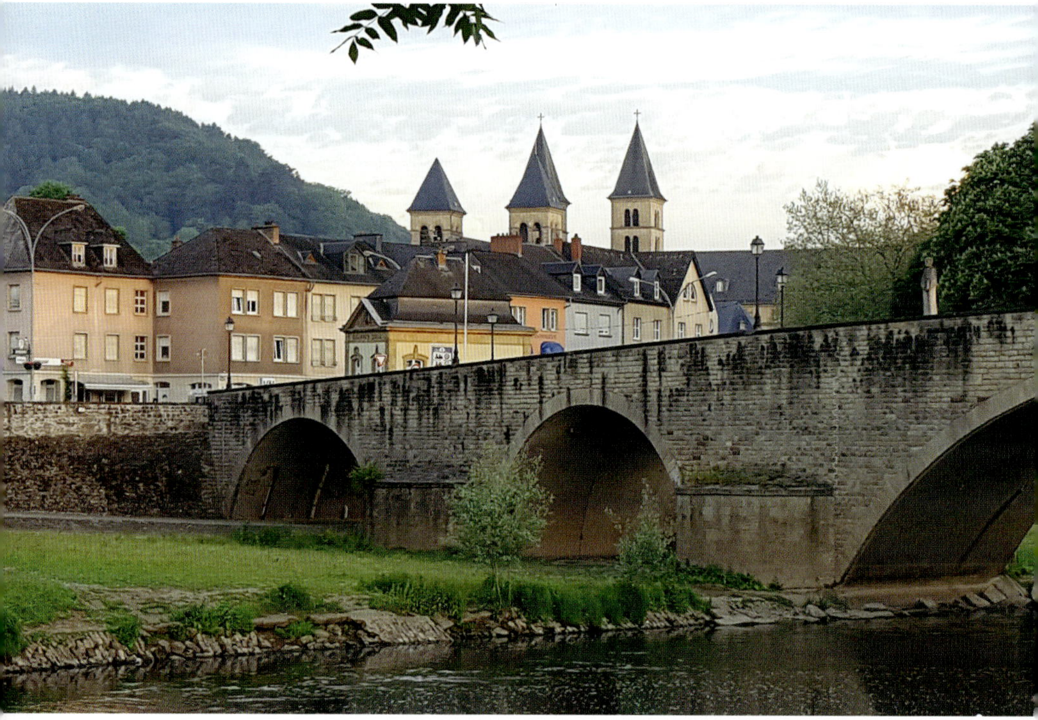

Die Echternacher Basilika ist einen Besuch wert.

Nachmittagssonne leuchtet uns nach einer scharfen Rechtskurve die alte Sandsteinbrücke entgegen. Flussabwärts liegt linksufrig in Echternacherbrück der weitläufige Campingplatz, wo wir unsere Zelte aufschlagen. Abends spazieren wir über die schmucke Zollbrücke in das reizvolle Echternach. Die engen, gepflasterten Gassen, die eindrucksvoll beleuchtete romanische Basilika, das alte Rathaus und der ausgedehnte Klosterkomplex vermitteln uns einen Stimmungshauch aus vergangenen Jahrhunderten.

Mit guter Strömung geht es am nächsten Morgen weiter flussabwärts. Lange begleiten uns noch die Klostertürme, obgleich auch die Bergkuppen an Höhe gewinnen. In Minden nehmen wir die klare Prüm auf. An der »blauen Brücke« liegt der nächste Campingplatz. Vorbei an der schönen Kirche von Steinheim nähern wir uns dem Stausee Rosport bei Ralingen. Um Kollisionen mit den oft rücksichtslos fahrenden Motorbooten zu vermeiden, wurde hier eine Befahrungsregelung vereinbart. Der Stau ist nur kurz; nach 1 km legen wir in Ralingen links an der Bootsrampe der ca. 6 m hohen Staumauer an, um die Kanus wieder auf unseren Autos zu verzurren.

Die Weiterfahrt durch die Ralinger Schleife wäre zwar durchaus möglich, durch die Wasserableitung hat der Fluss aber an Schwung verloren. Später kehrt von rechts das vom Kraftwerk abgeleitete Wasser wieder zurück, die Sauer gewinnt erneut an Strömung. Über kleine Schwalle, an verstreuten Bauernhöfen und Dörfern

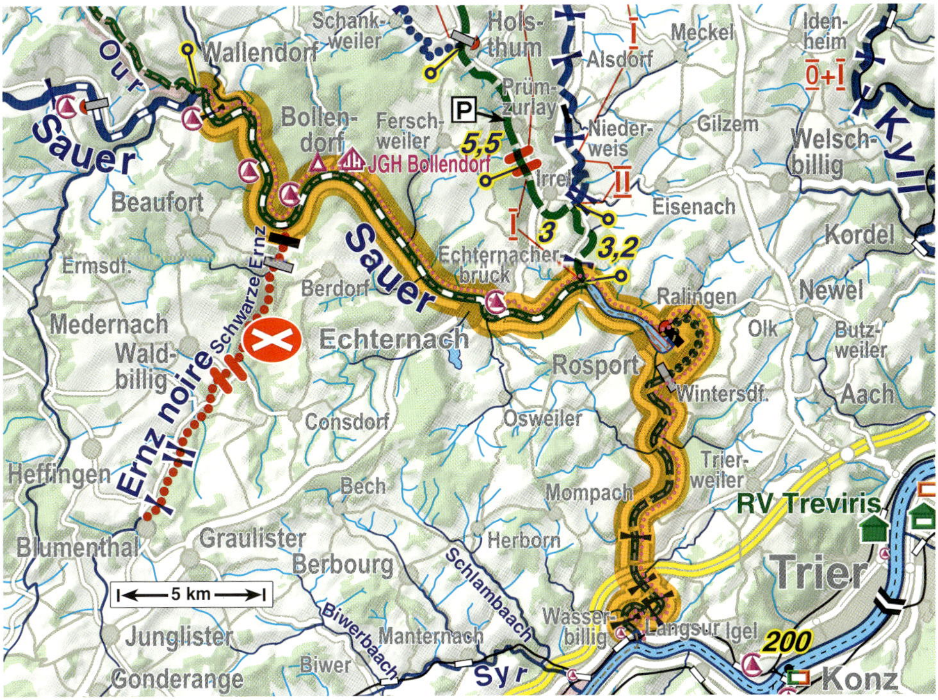

vorbei, durchpaddeln wir die weit ausholenden Schleifen des Flusses, der sich hier tief in das Gebirge eingesägt hat. Nach der Holzbogenbrücke in Metzdorf sorgt ein langer, hüpfender Schwall in der rechten Hälfte des aufgelassenen Moersdorfer Wehrs für eine sportliche Note. In schwindelnder Höhe überspannt die Autobahnbrücke das Sauertal. Es folgt noch die wunderschöne, doppelte Schleife von Langsur; hier springen die Kanus über mehrere zerfallene Stufen und geschleifte Wehre. Dann beenden wir in Wasserbillig, rechtsufrig vor der Brücke, unsere Wanderung auf der Sauer. Natürlich ist eine Weiterfahrt auf der Mosel bis zur 2000 Jahre alten, sehenswerten Stadt Trier möglich.

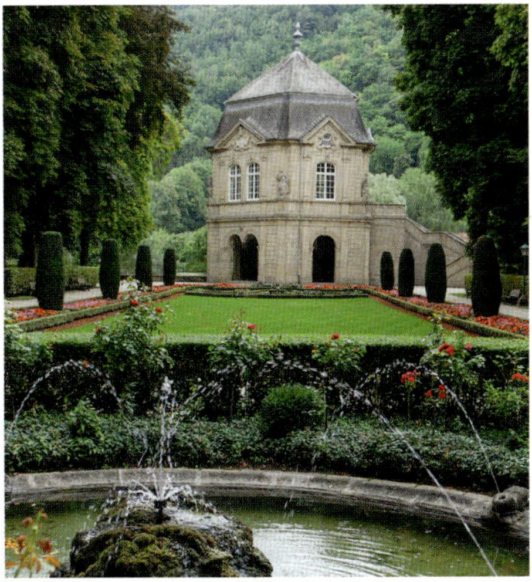

Der gepflegte Park säumt das linke Ufer der Sauer in Echternach.

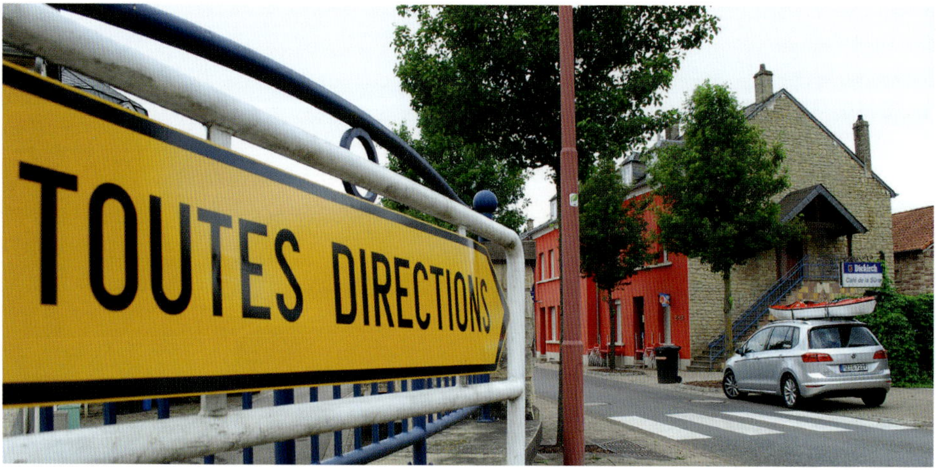

In Rosport endet eine schöne Fahrt auf der Sauer.

KURZ-INFO SAUER

Charakter, Tipps:
Ab Wallendorf ganzjährig befahrbar. Alle Kanutypen. Wasser überwiegend sauber. Pkw-Begleitung auf der ganzen Strecke möglich.

Befahrensregelung:

Abschnitt Wallendorf – Wasserbillig

- 16.7. – 30.9. nur Einzelfahrten erlaubt, übrige Jahreszeit frei.

Stau Rosport:

- 1.5. – 14.6. und 1.9. – 31.10. Fahrverbot
- 1.11. – 30.4. keine Beschränkung
- 15.6. – 31.8. Befahrungsverbot von 9 – 12 und 17.30 – 22.00 Uhr

Umgehen des Staus innerhalb dieser Zeiten mit Bootswagen möglich (ca. 1,5 km).

Zeltmöglichkeiten:
Wallendorf, Dillingen, Bollendorferbrück, Echternacherbrück, Ralingen u.v.a.

Sehenswertes:
Echternach:
Romanische Basilika,
mächtige Klosteranlage,
Grab des Hl. Willibrordus,
gotisches Rathaus.

Auto nachholen:
Das Nachholen der Pkws wird durch Busverbindungen auf der luxemburgischen Seite erleichtert.
Gut ausgebauter Sauer-Radweg.

Karte:
Generalkarte 1 : 200 000, Blatt 15

Pegelstand:
Die Sauer ist ganzjährig, vorzugsweise im Frühjahr und Herbst zu befahren.
Aktueller Pegel: *www.hochwasser-rlp.de/karte/uebersicht/flussgebiet/mosel*

Literaturhinweis:

- DKV-Gewässerführer Hessen, Rheinland-Pfalz und Saarland

Tour 16: Ruwer

Über die römische Ruwer-Wasserleitung erhielt einst die Stadt Augusta Treverorum (das heutige Trier) bis zu 25.000 Kubikmeter Wasser am Tag. Die Ruwer wurde von dem römischen Dichter Ausonius bereits im Jahre 371 in wie folgt erwähnt: „Die Ruwer dreht in schwindelnden Wirbeln die kornzermahlenden Steine und zieht die kreischenden Sägen durch glatte Marmorblöcke". Ein deutlicher Hinweis auf die auch heute noch zu sehenden Mühlen im Tal.

Die Ruwer ist bei gutem Wasserstand ein für uns Kanuten interessanter Fluss, der den Hunsrück in die Mosel entwässert. Im Frühjahr oder Herbst, nach ergiebigen Regengüssen, können wir einen schönen Kanutag auf ihr verbringen. Sie bietet dem versierten Touren- und Wanderfahrer, aber auch dem Wildwasserfahrer lohnende Abschnitte. In ihrem Oberlauf windet sie sich mit flotter Strömung, zahlreichen engen Kurven sowie Baum- und Strauchhindernissen durch ein Wiesental. Im Mittellauf ist die Ruwer gekennzeichnet durch ein landschaftlich und fahrtechnisch reizvolles Waldtal. Dabei springt sie durch eine kleine Waldschlucht nordwärts der Mosel entgegen. In diesem Abschnitt ist die Ruwer eine sportliche Gesellschafterin, fast ein kleiner Wildbach, mit leicht verblockten und lang gezogenen Schwallen. Bei Sommerau erwartet uns sogar ein kleiner Katarakt mit bemerkenswertem Gefälle, das scharfkantige Schiefergestein kann ein Materialtester sein. Mancher Kanuwanderer, weniger sportlich und sattelfest unterwegs, wird diesen Abschnitt gerne umgehen. Der wesentlich entspanntere Unterlauf, etwa ab Sommerau, führt uns dann durch das Weinbaugebiet der Ruwer. Der Flusslauf ist hier auf etwa zehn Kilometer bis zur Mündung in die Mosel landschaftlich und sportlich nicht vergleichbar mit dem Mittel- und Oberlauf, mehrere Wehre sind allerdings zumeist befahrbar.

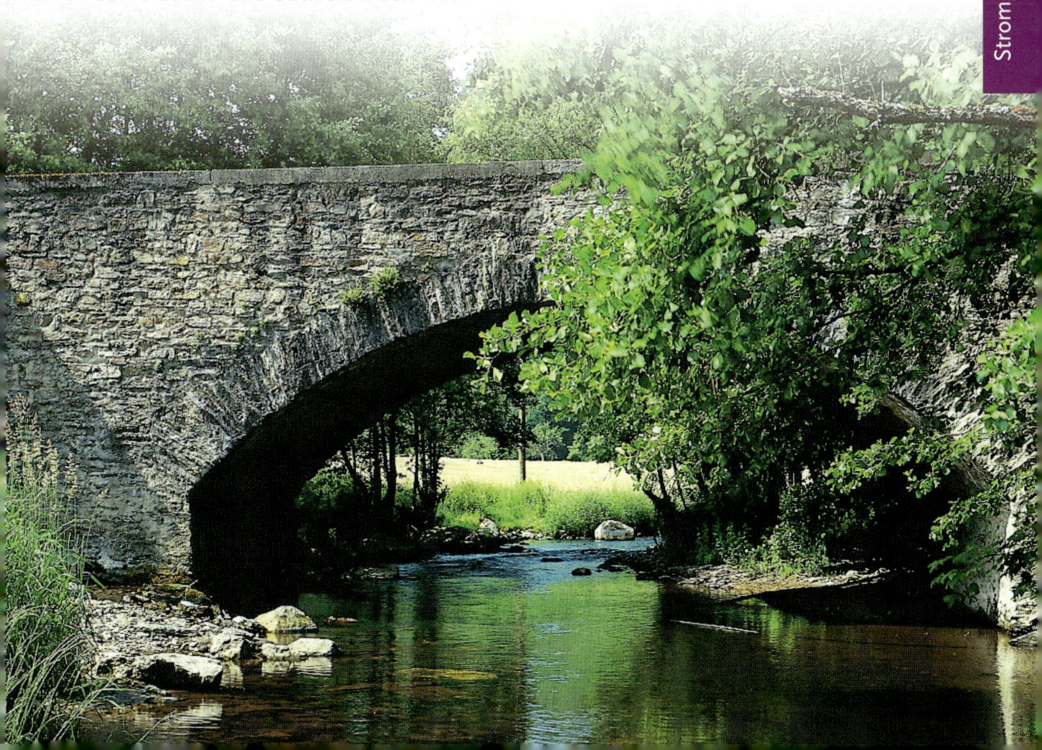

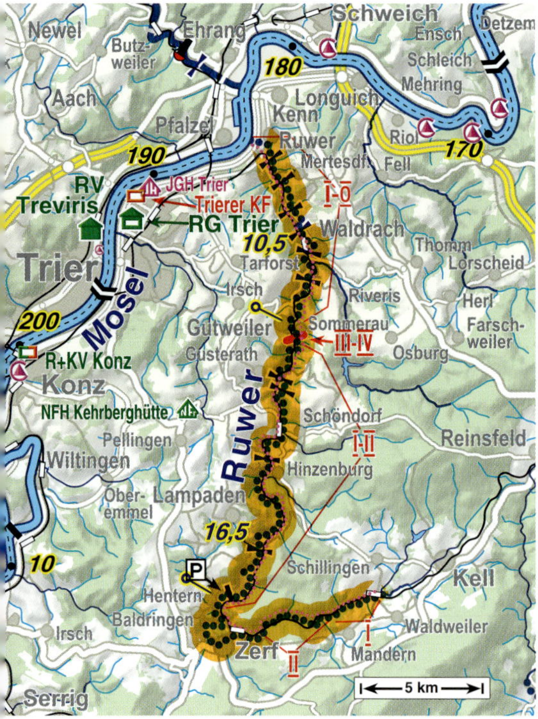

Ruwer - Nebenfluss der Mosel

Etappe: Schillingen – Mündung bei Ruwer
36 km
Tourdauer: 1 Tag

An der Straßenbrücke zwischen Schillingen und Niederkell finden wir eine brauchbare Einbootstelle für die Befahrung der oberen Ruwer. Die flotte Strömung zieht uns zunächst durch die blühenden Wiesen, Weiden grüßen am Ufer. Nach der Käranlage beginnt eine kleine Waldschlucht, das Paddeln im engen Flussbett wird durch gelegentliche Baumhindernisse erschwert. Es ist eine sportliche Einlage, die von uns körperlich und bootstechnisch einiges verlangt. An der Eisenbahnbrücke lassen wir die Schlucht hinter uns und booten an der ersten Straßenbrücke von Zerf aus, weil in der Folge viele niedrige Brücken und quer über den Fluss hängende Weidezäune die Fahrt erschweren.

An der Straßenbrücke von Hentern setzen wir die Boote für die zweite Etappe ein. Und jetzt Vorsicht: Ein Feldweg führt über eine Betonbrücke, diese ist vom Boot aus erst spät zu erkennen und auch bei Niedrigwasser nicht zu unterfahren; sie muss umtragen werden. In diesem Streckenabschnitt wurden alle Wehre hinter der Krone mit groben Blöcken zugeschüttet, um Fischen den Aufstieg zu erleichtern. Das Tal wird rasch enger, sportliche Abschnitte mit leichter Verblockung und lang gezogene Schwalle sorgen für Abwechslung. Das Wehr bei Burg Heidermühle können wir nach vorheriger Besichtigung mit Schwung fahren, das Schrägwehr bei Hinzenburg ebenso. Im weiteren Verlauf folgen dann zwei weitere Wehre, die wir vor einer Befahrung routinemäßig inspizieren. Eine kleine, gut befahrbare Stufe und die halbrund gemauerte Eisenbahnbrücke in einer leichten Rechtskurve ist dann unser Erkennungszeichen für den nun folgenden Katarakt von Sommerau. Hier werden in rascher Folge etwa drei Meter Höhenunterschied überwunden. Je nach verwendetem Bootsmaterial und aktuellem Wasserstand eventuell Gefahr von Bootsschäden durch das scharfkantige Schiefergestein! Das Umtragen ist mühsam, aber durchaus möglich. An der Straßenbrücke von Sommerau wird die Befahrung des sportlichen Teils der Ruwer vielfach beendet.

Wer den Unterlauf befahren möchte: Ab hier beginnt die Fahrt ohne weitere besondere Schwierigkeiten durch das Weinbaugebiet über zehn Flusskilometer bis zur Mündung. Lediglich einige kleine Wehre und Rutschen müssen überwunden werden. Unmittelbar an der Mündung finden wir an der Straßenbrücke der Schnellstraße Trier-Schweich rechts eine komfortable Ausbootstelle mit Parkplatz.

KURZ-INFO RUWER

Charakter, Tipps:
Die Ruwer ist nur bei Hochwasser (Schneeschmelze und nach starken Regenfällen) befahrbar.
In ihrem Oberlauf fließt die Ruwer mit flotter Strömung, zahlreichen engen Kurven sowie Baum- und Strauchhindernissen durch ein Wiesental. Nur für geübte Einerfahrer in wendigen Booten zu empfehlen! Im Mittellauf ist die Ruwer gekennzeichnet durch ein landschaftlich und fahrtechnisch reizvolles Waldtal. Dabei springt sie durch eine Waldschlucht nordwärts der Mosel entgegen. In diesem Abschnitt ist die Ruwer fast ein kleiner Wildbach, mit leicht verblockten und lang gezogenen Schwallen. Dieser Abschnitt sollte nur von erfahrenen Kanuten mit kompletter WW-Ausrüstung in Angriff genommen werden. Bei Sommerau wartet schließlich ein kleiner Katarakt mit einigem Gefälle, dem scharfkantigen Schiefergestein widerstehen nur entsprechende Kanus. Der wesentlich entspanntere Unterlauf führt dann durch das Weinbaugebiet der Ruwer. Der Flusslauf ist hier auf etwa zehn Kilometer bis zur Mündung in die Mosel landschaftlich und sportlich nicht ganz vergleichbar mit dem Mittel- und Oberlauf, mehrere Wehre sind allerdings befahrbar.

Befahrensregelung:
Derzeit keine Befahrungsregelung bekannt

Zeltmöglichkeiten:
Campingplätze in Trier

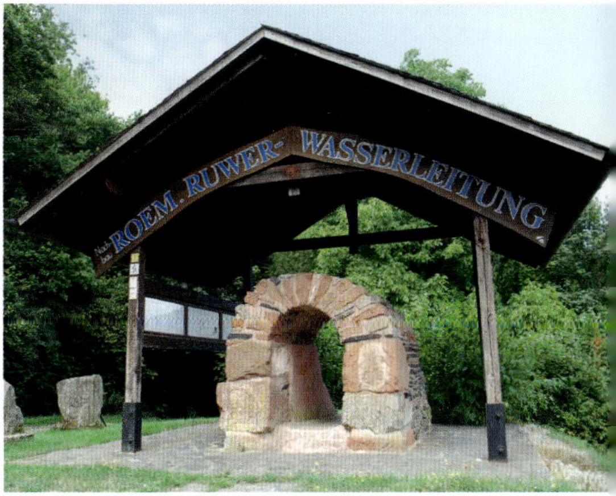

Die römische Wasserleitung zeugt von der frühen Besiedlung der Ruwer.

Sehenswertes:
Burgruine Sommerau, Römische Wasserleitung Waldrach, Wallfahrtskirche Gutweiler, Dampflokmuseum Hermeskeil

Auto nachholen:
Ruwertal-Hochwald-Radweg,
ÖPNV unregelmäßig

Karte:
Deutsche Generalkarte 1 : 200.000, Blatt 15

Pegelstand:
Telefonpegel Hentern/Ruwer 06587/7188

Literaturhinweis:
- DKV-Gewässerführer Hessen, Rheinland-Pfalz und Saarland

Tour 17: Mosel

Keiner der großen Flüsse in Deutschland hat einen so windungsreichen Lauf wie die Mosel auf ihrem Wege von Trier nach Koblenz. In unzähligen, weit pendelnden Schleifen durchsägt sie das harte, dunkle Gestein des linksrheinischen Schiefergebirges, um sich am Deutschen Eck in Koblenz, knappe 550 km von ihrer Quelle in den Südvogesen entfernt, dem Rhein anzuschließen. Ihre Talhänge, bedeckt von Laubwäldern oder steilen Weinbergen, die schon die Römer hier anlegten, als sie vor mehr als 2000 Jahren die Stadt Augusta Treverorum, das heutige Trier, gründeten, brachten ihr schon damals die Bezeichnung »grünster aller Flüsse« ein.

Mosel - Nebenfluss des Rheins

Etappe: Trier – Koblenz 194 km
Tourdauer: 10-12 Tage

Wir beginnen unsere Kanuwanderung, die für Weinkenner in eine »Weinprobefahrt« ausarten kann, in Trier. Am Campingplatz des Rudervereins, oberhalb der alten Römerbrücke, lassen wir unsere Boote ins Wasser hinab.

Campingpark Treviris, Luxemburger Straße 81
54294 Trier, Tel: 0651 8200911)
www.camping-treviris.de

Die Altstadt mit dem prächtigen Dom, der Liebfrauenkirche, der Porta Nigra und den Kaiserthermen haben wir schon am Tag vorher besichtigt, und so lassen wir uns langsam an der Stadt vorbeitreiben. Zuerst durch ein breites Tal und umgeben von lärmenden Schnellstraßen, fließt die Mosel an den Industrieanlagen des Trierer Hafens bei Ehrang vorbei, bis sie am alten Fährturm bei Schweich in die felsigen Weinberghänge eindringt, um in vielen Talmäandern den Rhein zu erreichen. Fast in jeder Ortschaft des Moseltales gibt es etwas zu sehen, und

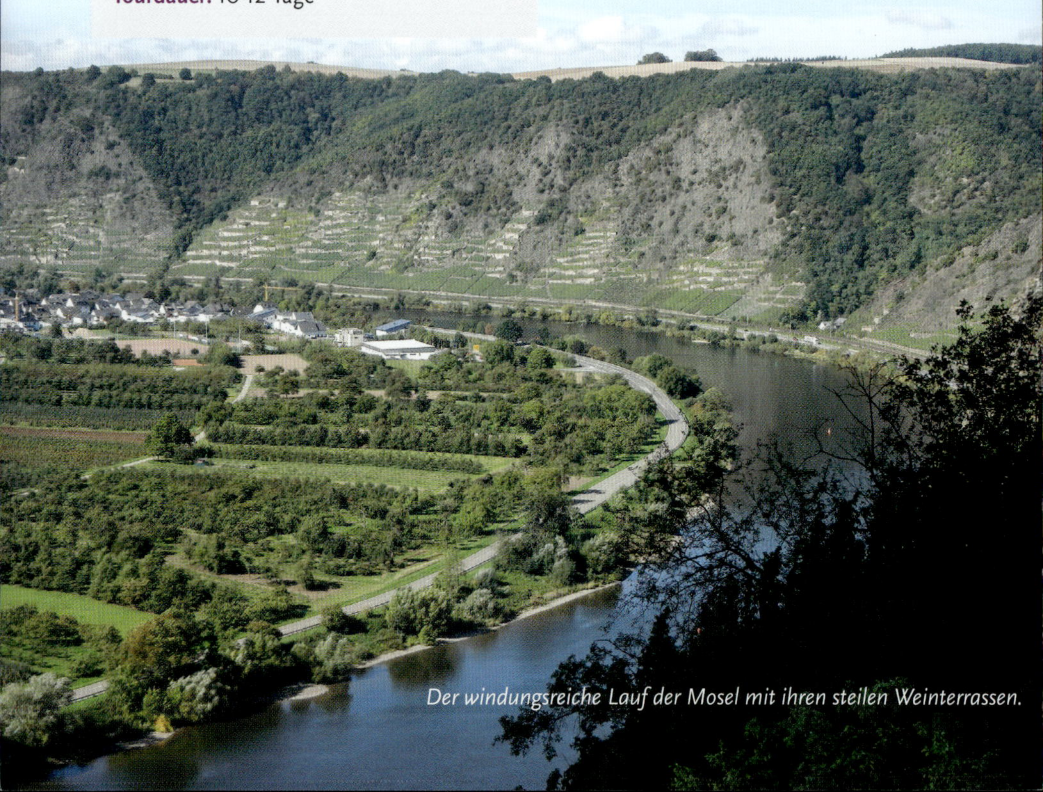

Der windungsreiche Lauf der Mosel mit ihren steilen Weinterrassen.

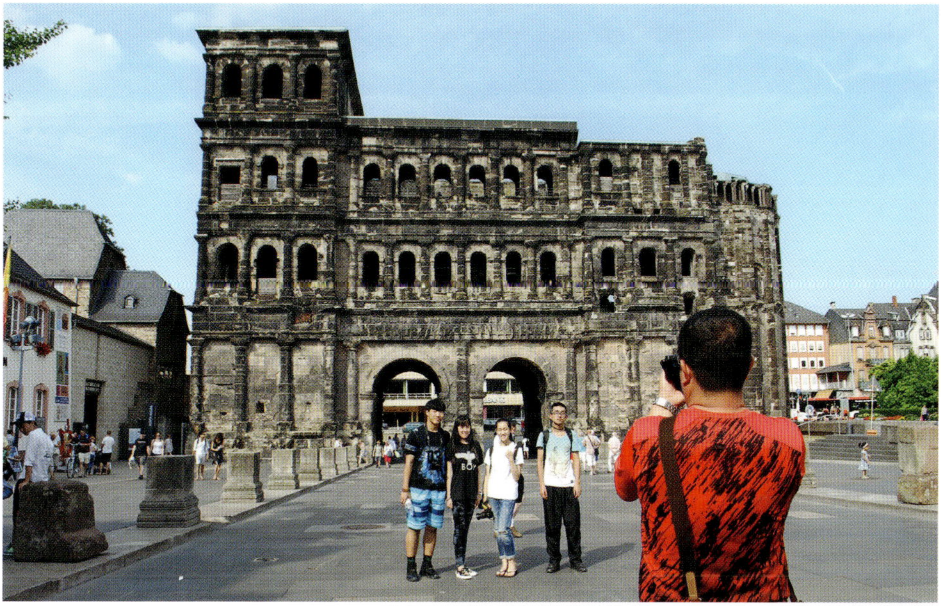

Die steinalte Porta Nigra ist in Trier das Fotomotiv schlechthin.

wenn es nicht eine urbanistische Seltenheit ist, dann lockt uns ein Weingut oder ein kleiner Gasthof zur Weinprobe.

Ab der ersten Staustufe in Detzem, die wir über eine Rampe überwinden, brauchen wir bis Bullay unsere Boote nicht mehr aus dem Wasser zu ziehen, es sei denn, wir wollen irgendwo längere Zeit bleiben. Nach Klüsserath sollten wir ganz bestimmt einen Aufenthalt in Neumagen-Dhron einplanen. Der wohl älteste Weinort des Moseltales hat eine reiche historische Vergangenheit, und die vielen guten Kopien des »Steinernen Schatzes« von Neumagen werden uns in Staunen und Entzücken versetzen, wenn wir nicht schon im Trierer Landesmuseum die Originale gesehen haben.

An der Bootsgasse am Zeltinger Wehr achten wir beim Auslauf ins Unterwasser auf die tückische Strömung, die uns vielleicht ans Land drückt (Kentergefahr!). Im bekannten Weindorf Kröv (dreigiebeliges Fachwerkhaus) sollten wir in der Weinschenke »Götz von Berlichingen« den »Kröver Nacktarsch«, einen wahrhaft vorzüglichen Wein, probieren. In Traben-Trarbach vertreten wir uns die Beine und steigen zur Ruine Grevenburg hinauf, von der sich ein schöner Blick ins Tal öffnet.

Durch enge Flusschleifen am Weindorf Briedel und dem Zeller Residenzschloss vorbeipaddelnd erreichen wir nach Bullay das Stauwehr St. Aldegund, das mit einer Umtragerampe versehen ist. Flussabwärts, im scharfen Rechtsbogen, liegt die Klosterruine Stuben aus dem 12. Jh. Ein wahrer optischer Leckerbissen ist das malerische Städtchen Beilstein mit der mächtigen, dreischiffigen Hallenkirche und der eindrucksvollen Ruine von Burg Metternich.

Doch kaum trennen wir uns von einem landschaftlichen Höhepunkt, schon überbietet das Moseltal alles mit dem Blick auf die Reichsburg Cochem, die beschützend über der kleinen Stadt von ihrem mächtigen Felskegel ins Tal

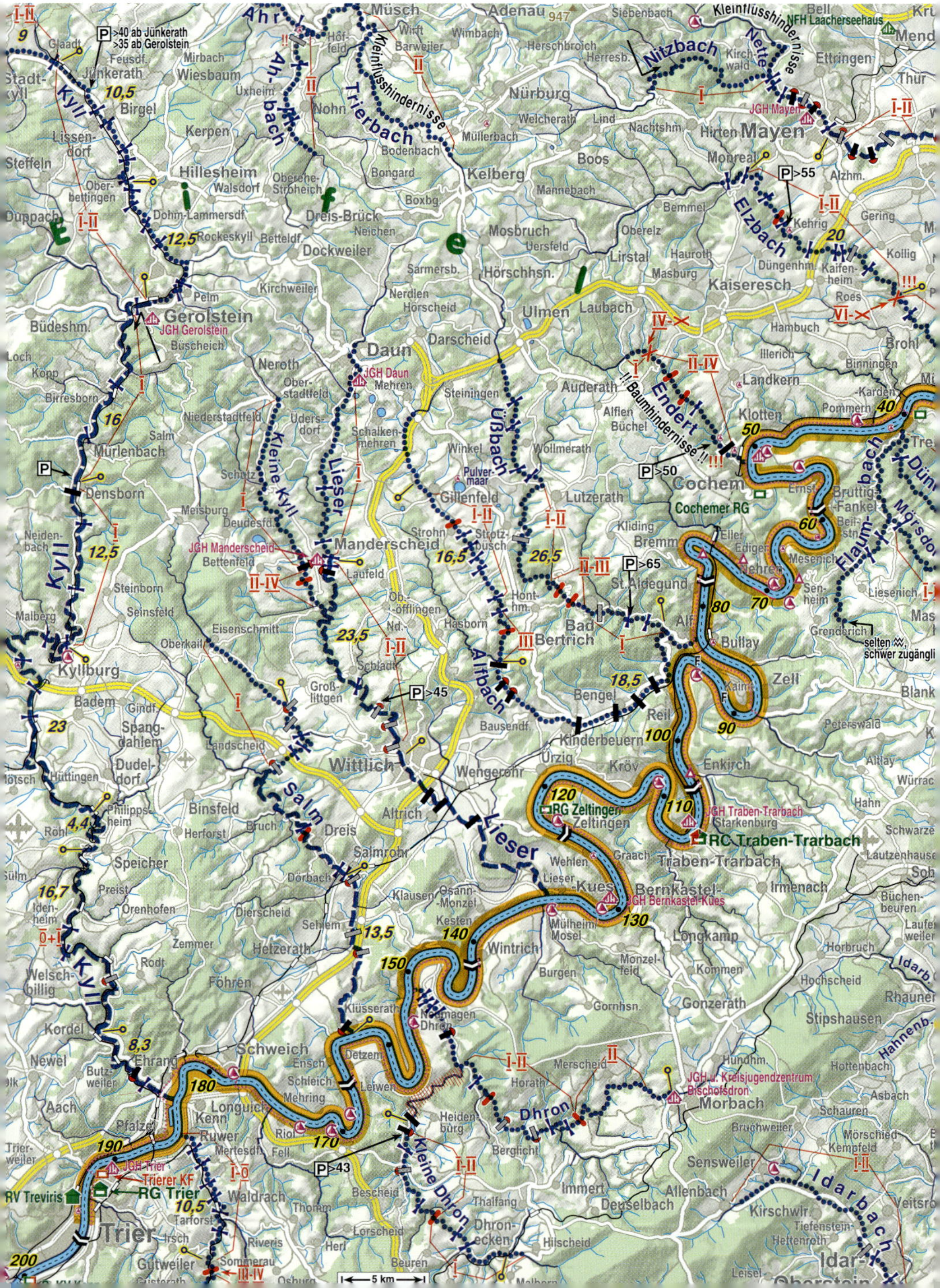

Ahr
Ahbach
Trierbach
Kleinflusshindernisse
Nitzbach
Nette
Kleinflusshindernisse
NFH Laachersehaus
Mayen
JGH Mayen
Elzbach
Kyll
Gerolstein
JGH Gerolstein
Daun
JGH Daun
Kleine Kyll
Lieser
Üßbach
Endert
!! Baumhindernisse !!
Cochem
Cochemer RG
Manderscheid
JGH Manderscheid
Alfbach
Bertrich
Flaumbach
selten, schwer zugänglich
Bullay
Zell
Kyllburg
Wittlich
Salm
RG Zeltingen
Zeltingen
JGH Traben-Trarbach
RC Traben-Trarbach
Traben-Trarbach
Bernkastel-Kues
JGH Bernkastel-Kues
Schweich
Dhron
Kleine Dhron
JGH u. Kreisjugendzentrum Bischofsdron
Morbach
Idarbach
JGH Trier
Trierer KF
RV Treviris
RG Trier
Trier
P >40 ab Jünkerath >35 ab Gerolstein
P >55
P >50
P >65
P >45
P >43
5 km

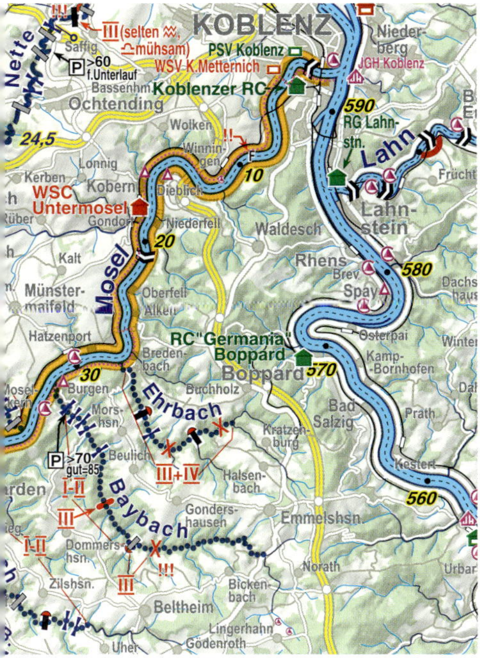

blickt. Am Zeltplatz neben dem Schwimmbad (rechtsufrig nach zwei Brücken) können wir uns anmelden und abends die Urlaubsstimmung auf der belebten Uferpromenade Cochems genießen.

Die Schönheiten und Sehenswürdigkeiten des Tales reißen nicht ab. Nach dem Reiser Wehr (Bootsgasse), über dem die Burgruinen Treis und Wildburg thronen, wandern wir von Moselkern aus durch das wilde Elzbachtal zu der eindrucksvollen Burg Eltz, die sich, wie einem Brüder-Grimm-Märchen entsprungen, vor uns auftürmt. In Alken, einem romantisch gelegenen Weinort, finden wir die doppeltürmige Burg Thurant, die Kaiser Otto IV. als Residenz diente. Vor der Schleuse, die leider noch keine Bootsgasse hat, liegt die Insel »Reiherschuss«, ein Vogelschutzgebiet, das wir nicht betreten sollten. Aus dem Weinbrunnen in Kobern fließt zwar kein Wein, doch können wir einen guten Tropfen in Winningen, beim Winzerfest in der

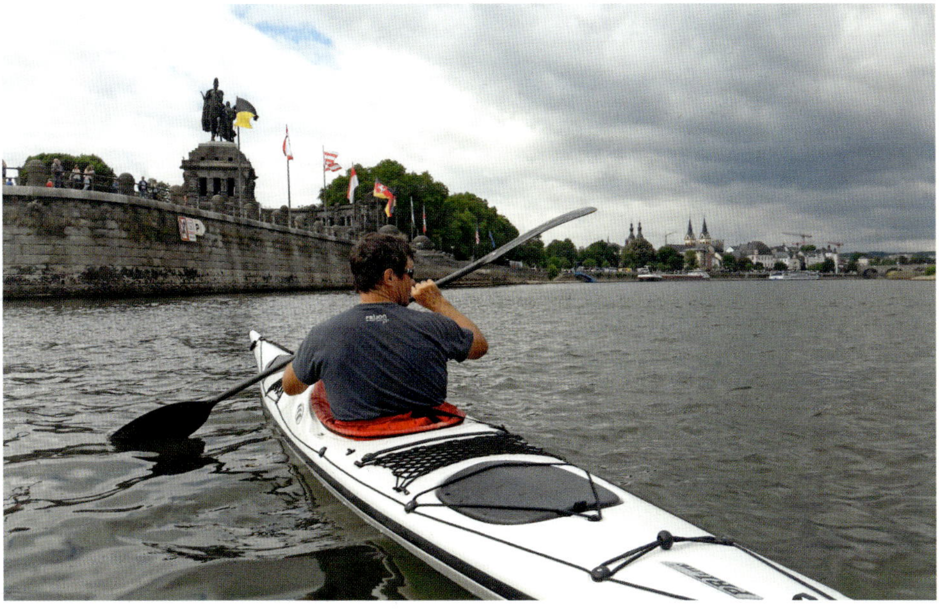

Am Deutschen Eck bei Koblenz fließt die Mosel in den Rhein

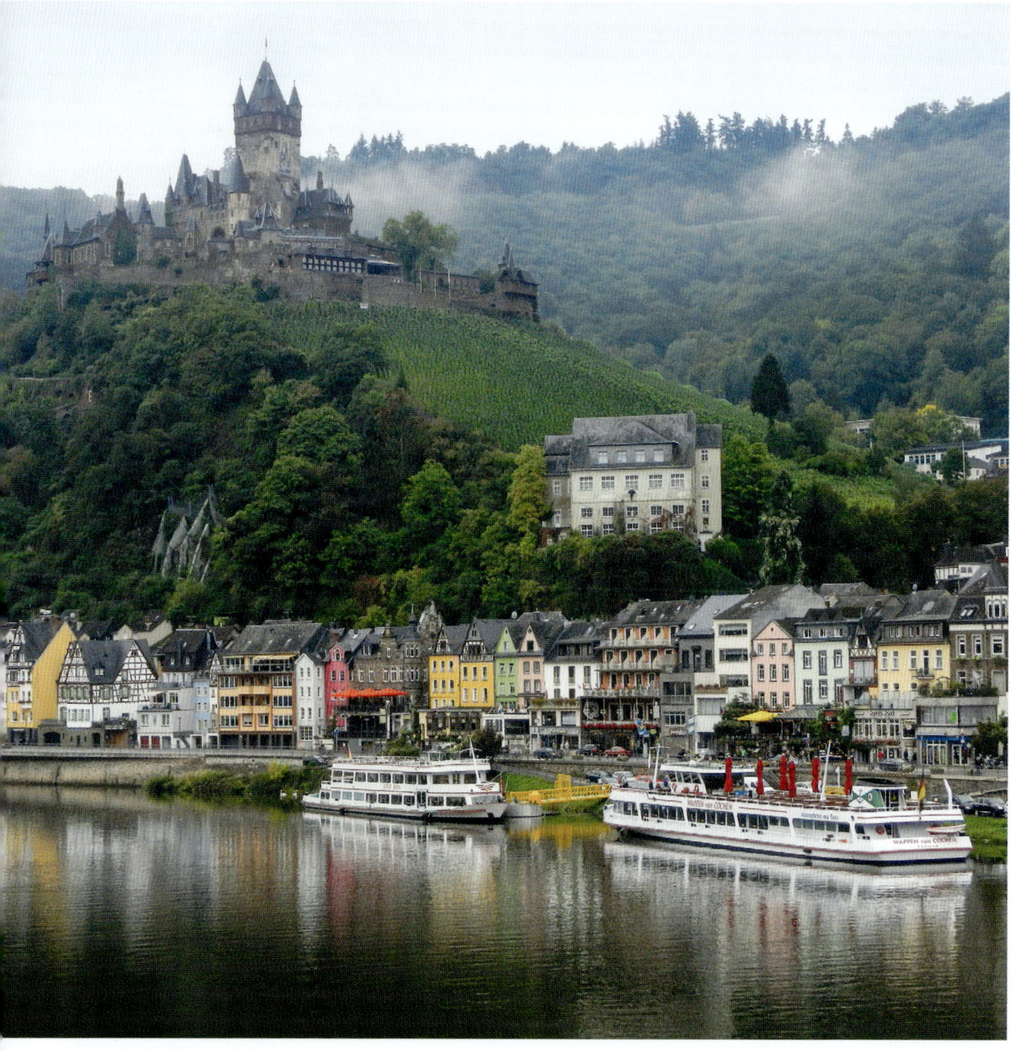

Die Reichsburg Cochem thront über Stadt und Fluss.

letzten Augustwoche, trinken. Danach sollten wir allerdings noch ein wenig am Zeltplatz auf der Insel Ziehfurt bleiben, um mit dem Kanu keine Schlangenlinien durch die Mosel zu ziehen. Eine halbe Tagesetappe trennt uns dann noch von Koblenz, unserem Wanderziel. Über die Bootsrampe bewältigen wir das letzte Wehr, unterqueren die alte Balduinbrücke und beenden am Campingplatz, gegenüber dem historischen Deutschen Eck, unsere Mosel-Wanderung.

Campingplatz Rhein-Mosel GmbH
Schartwiesenweg 6, 56070 Koblenz
Tel: 0261 82719), www.camping-rhein-mosel.de

KURZ-INFO MOSEL

Charakter, Tipps:
Mit allen Bootstypen ganzjährig (außer Hochwasserzeiten) leicht befahrbarer Wanderfluss (Kennzeichnungspflicht!), der durch 12 Stauwehre auf deutschem Gebiet zu einem fast stromlosen Fluss aufgestaut wurde. Doch das reizvolle, gewundene, tief eingeschnittene, reben- und waldumsäumte Moseltal voller netter Weinorte, Burgruinen und Klöster macht aus der Kanufahrt ein Wandererlebnis.
Fast die Hälfte der Stauanlagen ist mit Umtragerampen versehen, der Rest mit Bootsschleusen oder Bootsgassen, die aber nicht immer funktionieren. Darum ist es notwendig, bei einer Moselfahrt einen Bootswagen mitzuführen.
An den Stauwehren steuern wir immer die Flussseite der langen Mole an, welche die Großschifffahrtsschleuse von der Sportschifffahrt trennt. Hier liegen auch die Umtragerampen bzw. die Bootsgassen. An den Bootsgassen drücken wir vom Boot aus den Knopf am Pfahl (vorher Bedienungsanweisung lesen), warten, bis uns grünes Licht nach Senkung des Gassenverschlusses die Einfahrt freigibt (Freigabe je 30 Sek. für ein Boot), und paddeln in die Gasse hinein. Hier nicht steuern, Paddel längsseitig anlegen: Im Unterwasser zügig, aber vorsichtig wegpaddeln. Für das Durchfahren der Bootsgassen empfiehlt sich, die Spritzdecken zu schließen.
Der Berufsschiffsverkehr ist an der Mosel verhältnismäßig gering, in manchen Orten sind kleine Fähren in Betrieb. An Sonn- und Feiertagen müssen wir mit verstärktem Motorbootverkehr rechnen, insbesondere an den Wasserskistrecken.
Die vielen Campingplätze erlauben eine individuelle Etappenaufteilung bei einer Wanderfahrt.
Auf *www.wsa-koblenz.wsv.de* und *www.wsa-trier.wsv.de* (s. unter > Schifffahrt > Freizeitschifffahrt > Bootsschleusen) sind Übersichtslisten zu finden, aus denen u.a. ersichtlich ist, ob und wie die vorhandenen Einrichtungen für Sportbootfahrer genutzt werden können. Ebenso findet man dort die Telefonnummern der Schleusen.

Befahrensregelung:
Bei km 70 darf das NSG Taubengrund zwischen Insel und rechtem Moselufer nicht befahren werden.
Zwischen km 47 und 43,5 darf das NSG Pommerheld am rechten Moselufer auf einer Breite von 40 m vom 15.10.-31.10 nicht befahren werden.

Zeltmöglichkeiten:
Camping Trier, Schweich, Mehring, Polich, Klüsserath, Neumagen, Minheim, Mülheim, Kues, Wehlen, Zeltingen, Ürzig, Wolf, Traben-Trarbach, Pünderich, Bullay, Ediger, Nehren, Messenich, Poltersdorf, Brutti, Cochem-Cond, Pommern, Treis, Moselkern, Hatzenport, Dieblich, Insel Ziehfurt, Koblenz (an der Mündung) und mehrere kleine Plätze.

Sehenswertes:
Trier: Älteste Stadt Deutschlands, Porta Nigra, Basilika, Kaiserthermen, Amphitheater, Dom, Liebfrauenkirche, Benediktinerabtei, Pfarrkirche St. Matthias, Dreifaltigkeitskirche u. a. Kirchen, ehemaliges Kurfürstliches Schloss, Hauptmarkt, Rotes Haus, Rheinisches Landesmuseum u. a.

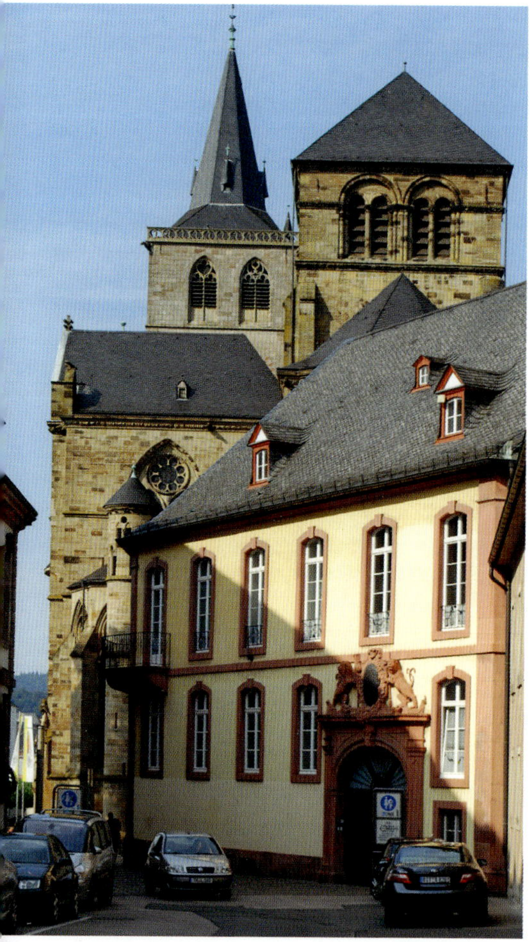

Auch eine hübsche Ecke: Der Trierer Dom von Süden.

Neumagen-Dhron: Alter Weinort, Funde aus der Römerzeit (Neumagener Weinschiff)
Dhron: Feste des Bischofs Nicetius
Bernkastel-Kues: Ruine Landshut, Marktplatz mit Fachwerkhäusern, Rathaus (Spitzenhäuschen), Michaelsbrunnen, Pfarrkirche, St.-Nikolaus-Hospital (Cusanus-Stift) u.a.

Traben-Trarbach: Ruine Grevenburg, Festung Mont Royal, Mittelmoselmuseum
Alf: Marienburg, Burg Arras
Neef: Klosterruine Stuben
Beilstein: Malerisches Städtchen, Fachwerkhäuser, Rathaus mit Barockportal, Zehnthaus, Hallenkirche, Burgruine Metternich
Cochem: Reichsburg Cochem, Pfarrkirche St. Marin, Kapuzinerkloster, Marktplatz, Rathaus, Endertor (Torschenke), Moselpromenade
Moselkern: Rathaus, Valeriuskirche, Merowingerkreuz, alte Bürgerhäuser, Burg Eltz, Eltzbachtal
Alken: Doppeltürmige Burg Thurant, Pfarrkirche, Fallertor, Michaelskapelle
Kobern: Ruine Oberburg, Niederburg, St. Matthias-Kapelle, Marktplatz mit Weinbrunnen, Fachwerkhäuser
Koblenz: Deutsches Eck, Deutschherrenhaus, Florianskirche, St.-Kastor-Kirche, Balduinbrücke, Kurfürstliches Residenzschloss, Rathaus (Jesuitenkollegium), Schloss Stolzenfels, Festung Ehrenbreitstein u.a.

Auto nachholen:
Zwischen Trier und Koblenz gut ausgebauter Nahverkehr mit Bus und Bahn. Gut ausgebauter Mosel-Radweg.

Karten:
Generalkarte 1 : 200.000, Blatt 12 und 15

Pegelstand:
Die Mosel ist ganzjährig befahrbar.

Literaturhinweis:
- Deutsches Flusswanderbuch
- DKV-Gewässerführer Hessen, Rheinland-Pfalz und Saarland

STROMGEBIET SAAR
Tour 18: Blies

Die Blies ist ein ursprünglicher, in ihrem Lauf nahzu unveränderter, leicht zu befahrender Kleinfluss, aber immerhin der größte Nebenfluss der Saar. Das Quellgebiet der Blies liegt zwischen Selbach und Gronig am Momberg. Der Oberlauf der Blies ist nach ausgiebigen Regenfällen für sportliche und erfahrene Einerfahrer bis zur Mündung des Schwarzbachs eine Reise wert. Danach führt der Lauf des Flusses in vielen Windungen durch malerische Wiesen und Felder, mehrere Wehre sind überwiegend befahrbar, das gelegentlich notwendige Umtragen ist leicht, meist ist es nur ein kurzes Überheben der Wehrkrone. Die hier beschriebenen Etappen sind ganzjährig machbar – ausgenommen sehr trockene Hochsommerperioden. Die erste Etappe unterliegt allerdings in Teilen einer Befahrungsregelung!

Blies - Nebenfluss der Mosel

Etappe: Bierbach – Hanweiler 43 km
Tourdauer: 2 Tage

In Bierbach finden wir nahe am Bahnhof eine günstige Einbootstelle als Startpunkt unserer ersten Etappe. Wir geben uns der Ruhe dieser Flussaue hin, es ist ein fast meditatives Paddeln, bevor wir das romantische Städtchen Blieskastel erreichen. Cafés, ein bunter Wochenmarkt, Kloster und Wallfahrtskirche laden zum Landgang ein. Nach der Weiterfahrt erreichen wir die Wehre bei Mimbach und Breitfurt, die wir hinunterrutschen oder umtragen, das unbefahrbare Wehr bei Herbitzheim umtragen wir linksufrig, danach ist es ein wenig steinig, vielleicht treideln wir hier. Auch bei Gersheim umtragen wir das Wehr über die Insel bis zur Brücke, erreichen die Brücken von Gersheim und dann Reinheim. In Reinheim können wir interessante Ausgrabungen aus der Römerzeit

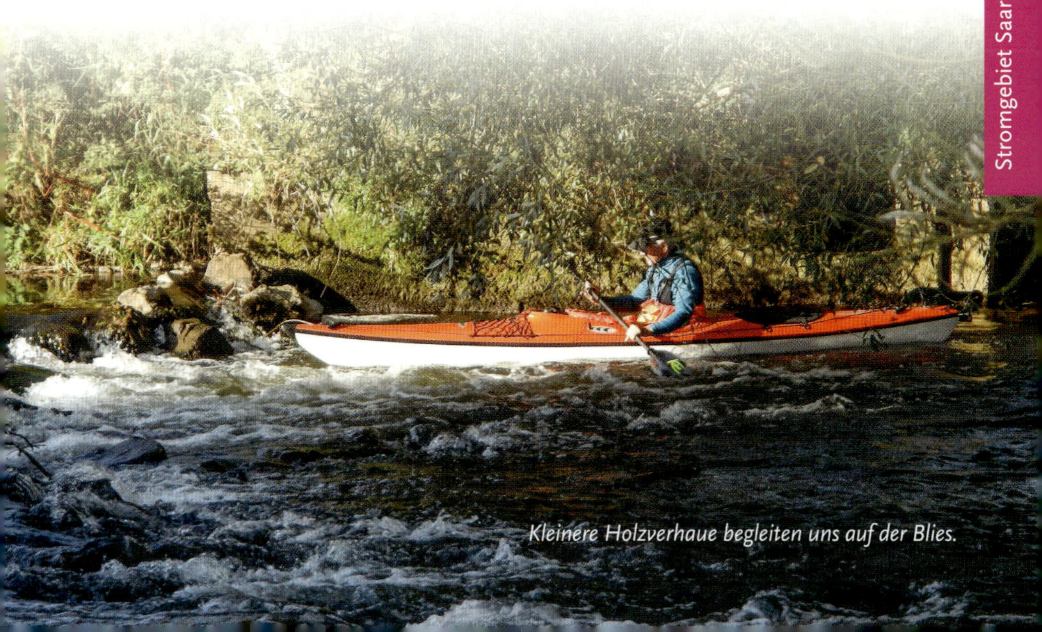

Kleinere Holzverhaue begleiten uns auf der Blies.

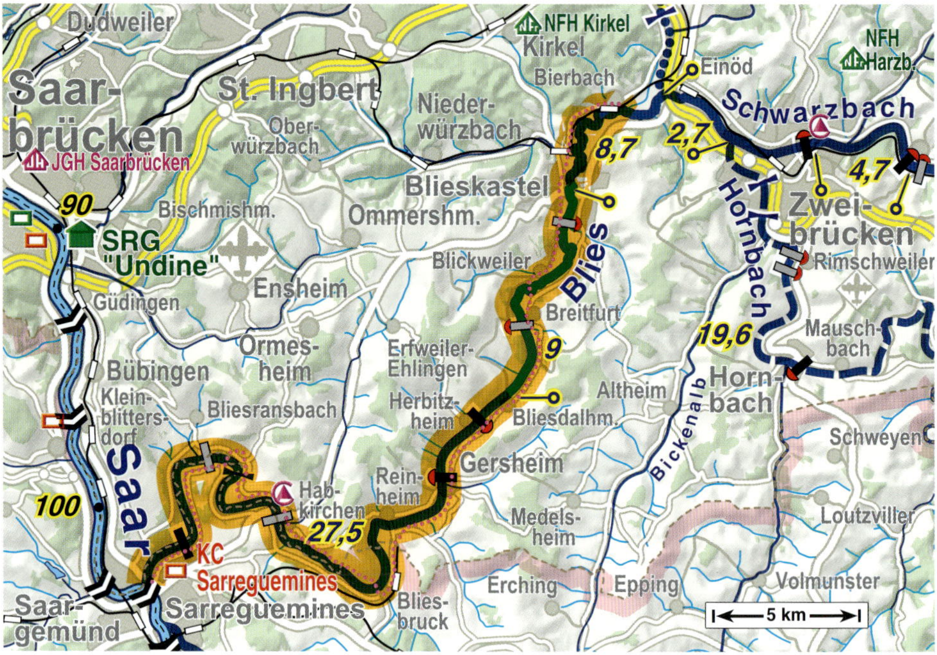

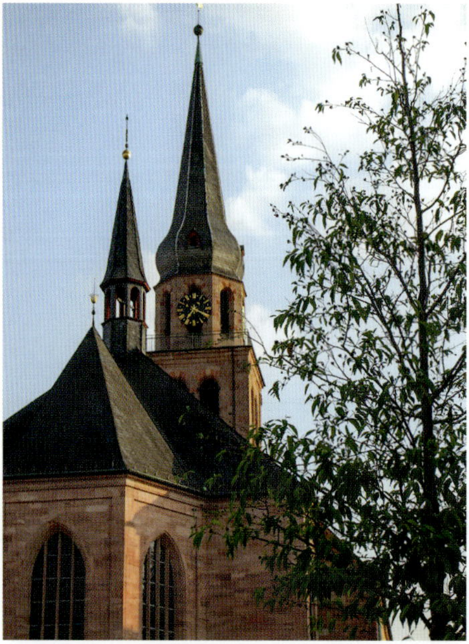

Schlosskirche Blieskastel.

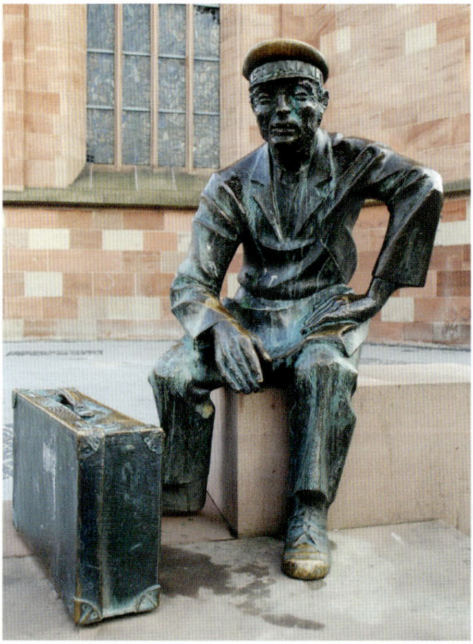

Der Dienstmann in Zweibrücken.

bewundern. Zur Besichtigung steigt man direkt vor der Brücke am neuen Ein - und Ausstieg rechts aus. Die Ausgrabungen erreicht man zu Fuß über die Brücke. Wir können damit unsere erste Etappe auf der Blies beenden. Eine gute Parkmöglichkeit befindet sich zwischen Brücke und Sportplatz.

Die zweite Etappe beginnt an der neuen Einstiegstelle vor der Brücke rechts. Ausgeruht tauchen wir die Paddel ins Wasser, genießen Sonne und Weite. Bald sind wir an der Brücke von Bliesbruck, hier finden wir eine neue Rampe, diesmal auf der linken Seite. Wir paddeln nun sozusagen im Niemandsland. Kanufahren im Grenzgebiet, das rechte Ufer gehört zu Deutschland, links grüßt Frankreich. Wieder geht es meditativ-gemächlich dahin, wir erleben die Ruhe und Beschaulichkeit der Blies, lassen Habkirchen rechts liegen, befahren oder umtragen das Wehr bei Frauenberg, ebenso das Wehr bei Bliesmengen. Das Wehr der Urigsmühle hinter Bliesschweyen befahren wir bei ausreichendem Wasserstand, ansonsten fahren wir geradeaus an der Mühle vorbei. Ab hier kann es wegen Wasserentzugs für das E-Werk bei Normalwasser für einige hundert Meter ein wenig flach werden. Das in einigen Kilometern folgende Wehr der Wackenmühle besichtigen wir auf jeden Fall. Wenn es durch Bäume versperrt ist, können wir es rechts umtragen, ansonsten gönnen wir uns den Rutscher hinab. Links grüßt uns das Bootshaus des Kanu-Clubs von Sarreguemines, wir fahren ein in die Saar und finden hier nach wenigen Metern eine gute Ausbootstelle am Anleger der alten Fähre Hanweiler.

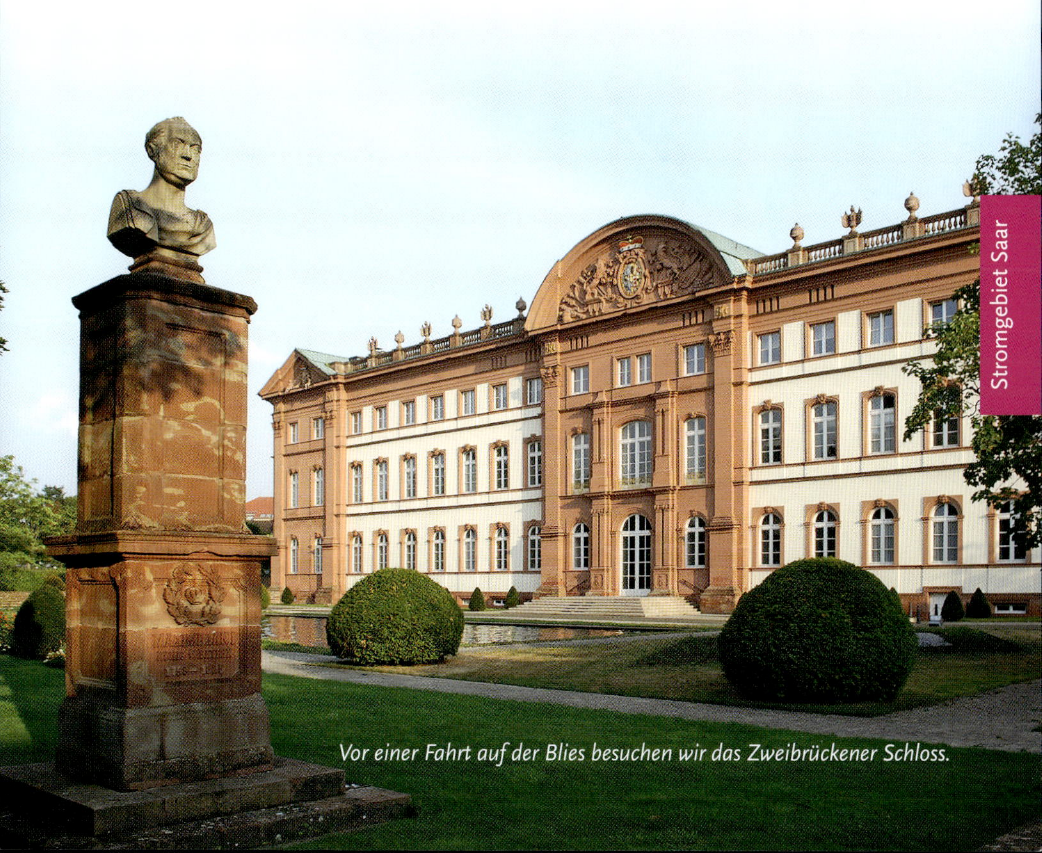

Vor einer Fahrt auf der Blies besuchen wir das Zweibrückener Schloss.

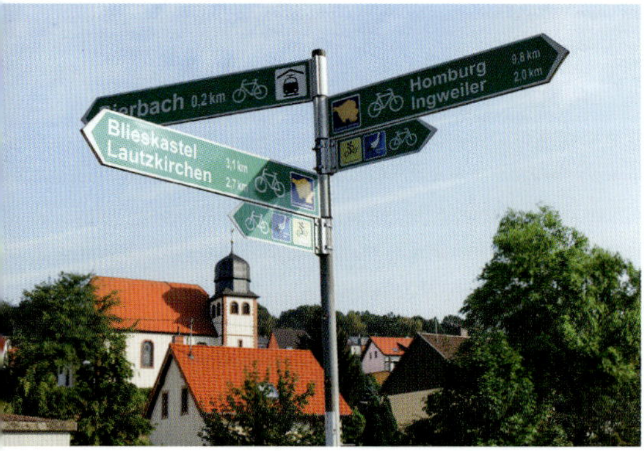

Ausgebautes Radwegenetz an der Blies.

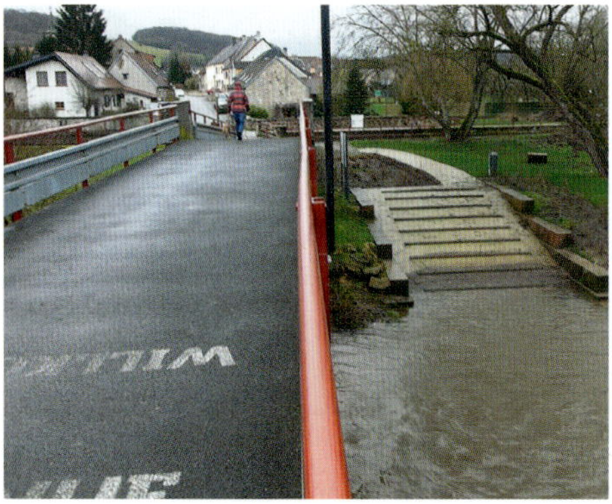

Die Ausbootstelle in Blies-Schweyen.

KURZ-INFO BLIES

Charakter, Tipps:
Die Blies ist ein naturbelassener, in Teilen ursprünglicher Kleinfluss, der stark mäandrierend durch die Auenlandschaft fließt. Die meisten Wehre sind bei gutem Wasserstand befahrbar, Überheben oder Umtragen ist meist einfach, also ein empfehlenswerter Fluss für Kanu-Einsteiger. Der Oberlauf ist bei Hochwasser befahrbar (nichts für Anfänger!) ganzjährig (ausgenommen sehr trockene Sommer) auf der hier beschriebenen Strecke befahrbar.

Befahrensregelung:
Von Blieskastel bis Bliesdahlheim 15.04.-15.07. Befahrungsverbot

Zeltmöglichkeit:
Campingplatz Berner, Zweibrücken

Sehenswertes:
Blieskastel: Historischer Stadtkern und Rathaus, Herkules- und Napoleonsbrunnen, Orangerie im ehem. Schloss, Kath. Schlosskirche, Heilig-Kreuz-Kapelle am Wallfahrtskloster u.v.a.

Auto nachholen:
Glan-Blies-Radweg, gut ausgebauter ÖPNV

Karte:
Deutsche Generalkarte 1 : 200.000, Blatt 15

Pegelstand:
www.umweltserver.saarland.de/wasser/hwasser.html
Mittelwasser (MW) = 75 cm
Telefonpegel Blieskastel 0681/830 830 30

Literaturhinweis:
- DKV-Gewässerführer Hessen, Rheinland-Pfalz und Saarland

Tour 19: Prims

Die Prims ist ein landschaftlich ansprechender Kleinfluss an den Südwesthängen des Hunsrück. Eine lateinische Urkunde Karls des Großen erwähnt bereits im Jahre 802 den Namen Premantia. Im Laufe der Jahrhunderte heißt sie dann u.a. Brims, Brembs Brimbs. In dem Dörfchen Malborn, zwischen den Höhenzügen von Ruppelstein und Steinkopf, entspringt sie als Kleine und Große Prims auf einer Höhe von ca. 640 m. Bald verlässt sie Rheinland-Pfalz, gräbt sich in die Siegen-Stufen des Devon und den Hunsrückschiefer ein, fließt nun durch das Saarland und wird bei Nonnweiler zur Primstalsperre aufgestaut.

Prims - Nebenfluss der Saar

Etappe: Nonnweiler – Körprich 38 km
Tourdauer: 2 Tage

Nach dem Staudamm, an der Straßenbrücke von Nonnweiler, finden wir eine gute Einbootstelle für den Fall, dass die Prims besonders viel Wasser führt. Bei Normalwasser setzen wir unsere Boote aber erst an der Straßenbrücke in Primstal ein. Es folgen in Abständen von jeweils etwa 500 Metern drei befahrbare Staustufen, hinter Krettnich und nach Lockweiler folgen vier weitere Wehre, deren letztes nicht befahrbar ist und links umtragen wird. Vor Bardenbach fächert sich die Prims in drei Arme auf. Uns

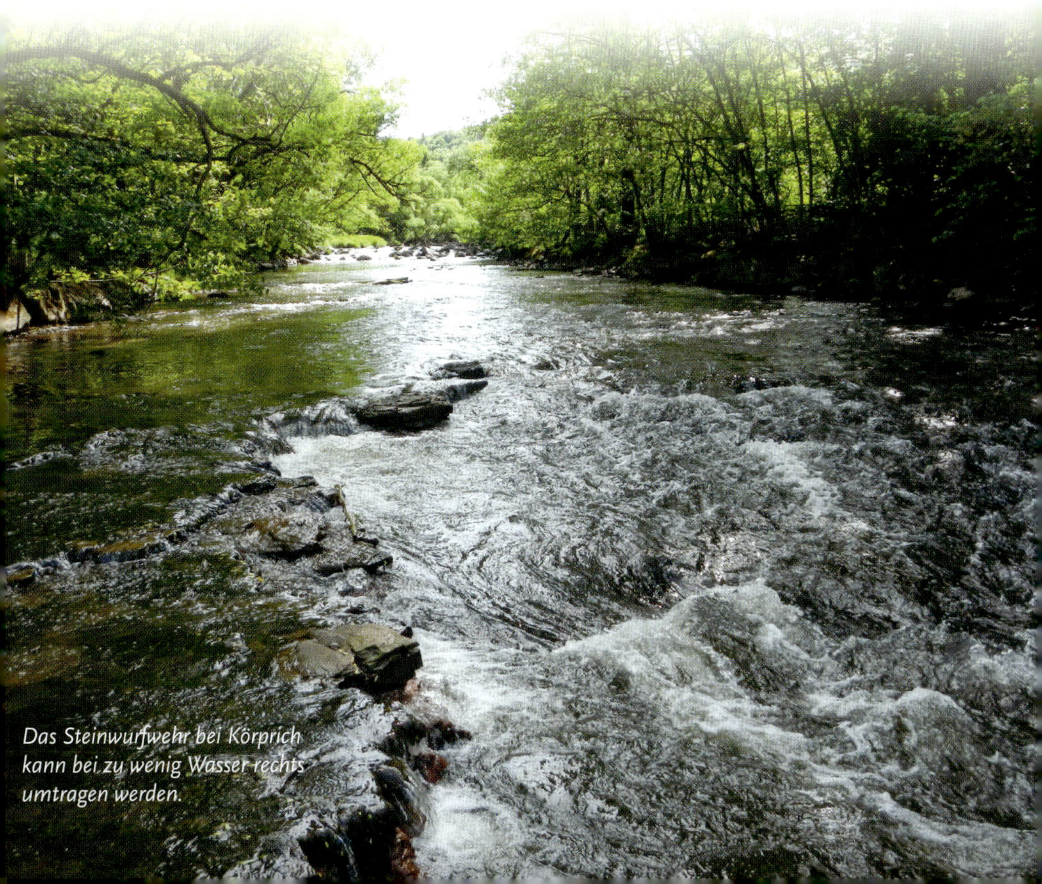

Das Steinwurfwehr bei Körprich kann bei zu wenig Wasser rechts umtragen werden.

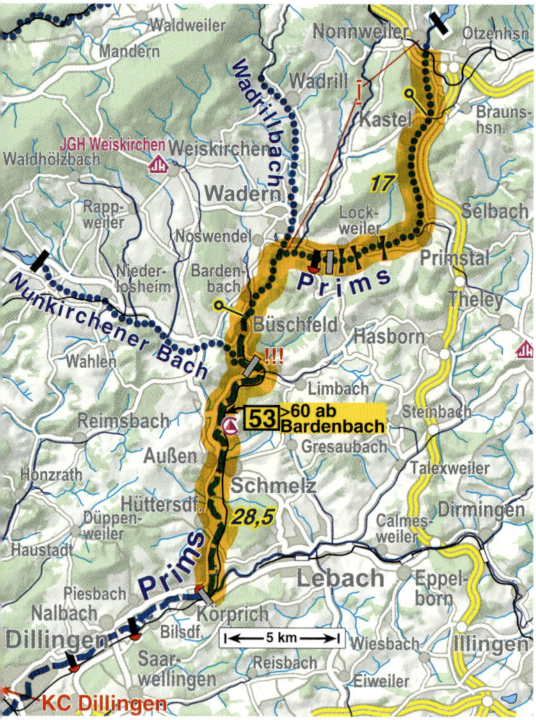

bleibt es überlassen, die günstigste Durchfahrt zu erkennen. Vor der Brücke von Bardenbach fließen diese drei Arme wieder zusammen. Hinter Büschfeld beginnt ein NSG. Infolge von Schwemmholz und Baumwurzeln, resultierend aus dem letzten Hochwasser, finden wir hier einen kurzen Naturslalom vor. Genaues Manövrieren ist angesagt. Bald aber nimmt die Prims den Losheimer Bach auf, wird breiter und beschaulicher. An der Straßenbrücke von Limbach beenden wir die erste Etappe unserer Befahrung.

Weiter geht es am nächsten Tag zur zweiten Etappe ab Limbach. Nach etwa einem Kilometer ist hinter einer Brücke die Prims erneut durch einen Schwemmholzverhau als Folge von Hochwasser blockiert. Dies kann sich beim nächsten Hochwasser schon wieder gelöst und verändert haben. Ein eventuelles Umtragen ist rechtsufrig möglich. Es folgt bald das gefährliche Hufeisenwehr der Scharter Mühle. Gefährlich deshalb, weil es erst relativ spät erkennbar ist und sich in der Mitte des Wehres bei entsprechendem Was-

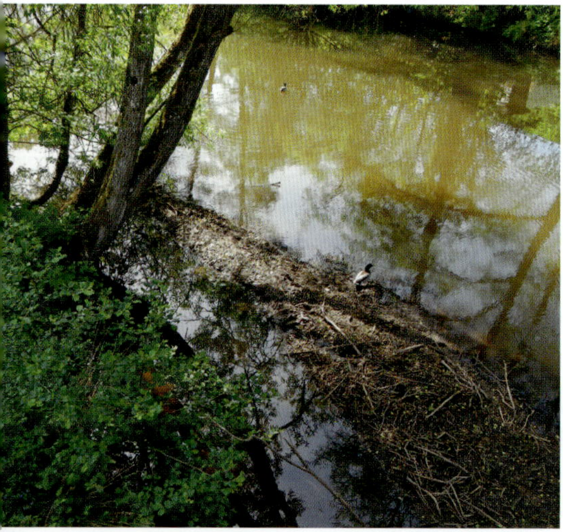

Beschaulich windet sich die Prims in ihrem Mittellauf durch den Naturpark Hunsrück.

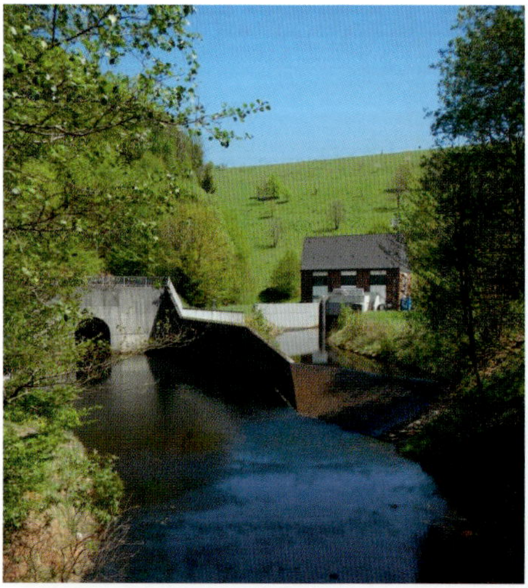

Unterhalb der mächtigen Primstalsperre kann bei sehr gutem Wasserstand bereits in Nonnweiler zu einer sehr sportlichen Fahrt eingebootet werden.

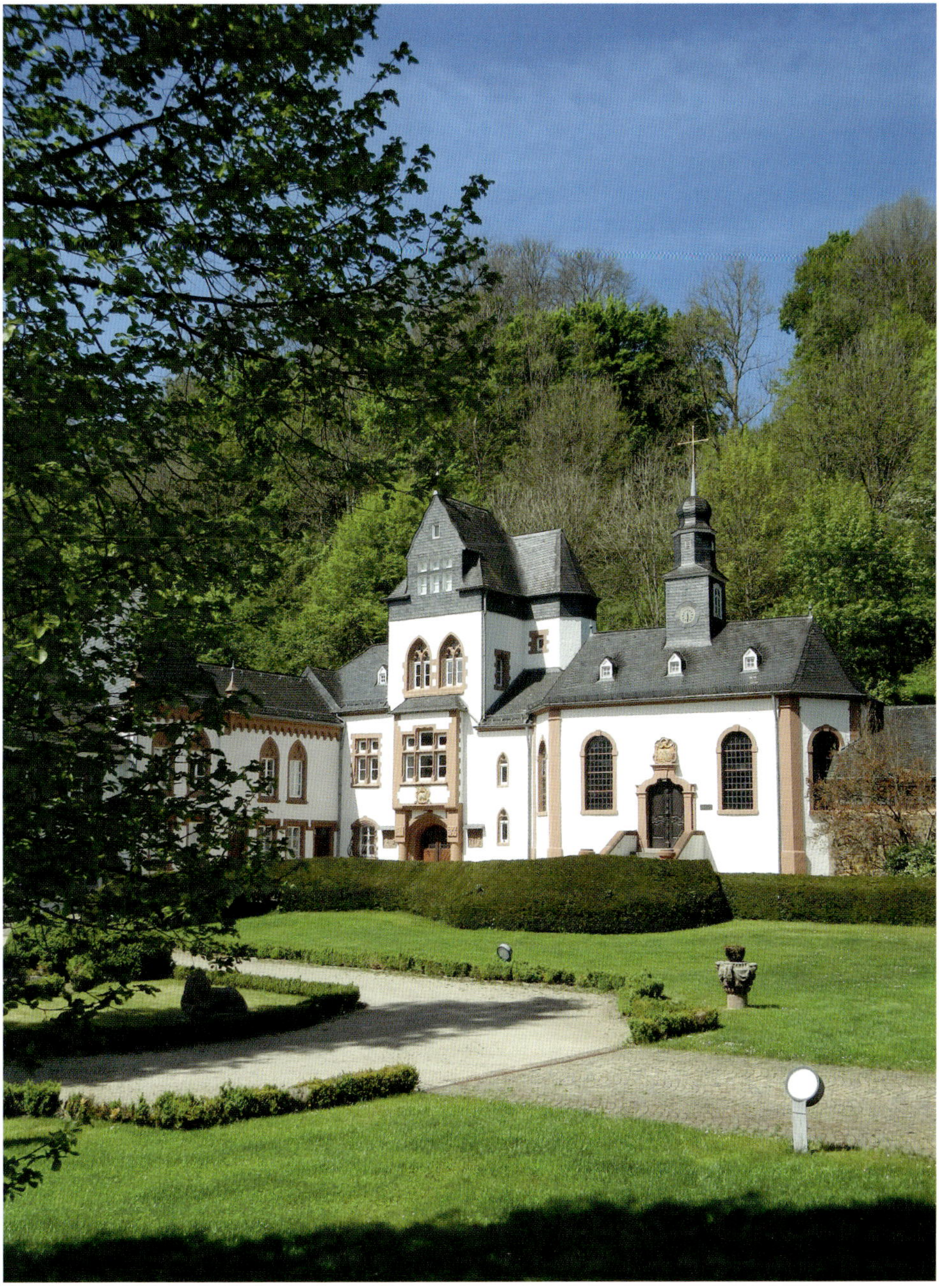

Der Besuch von Schloss Dagstuhl mit seinem schönen Garten lohnt zu jeder Jahreszeit.

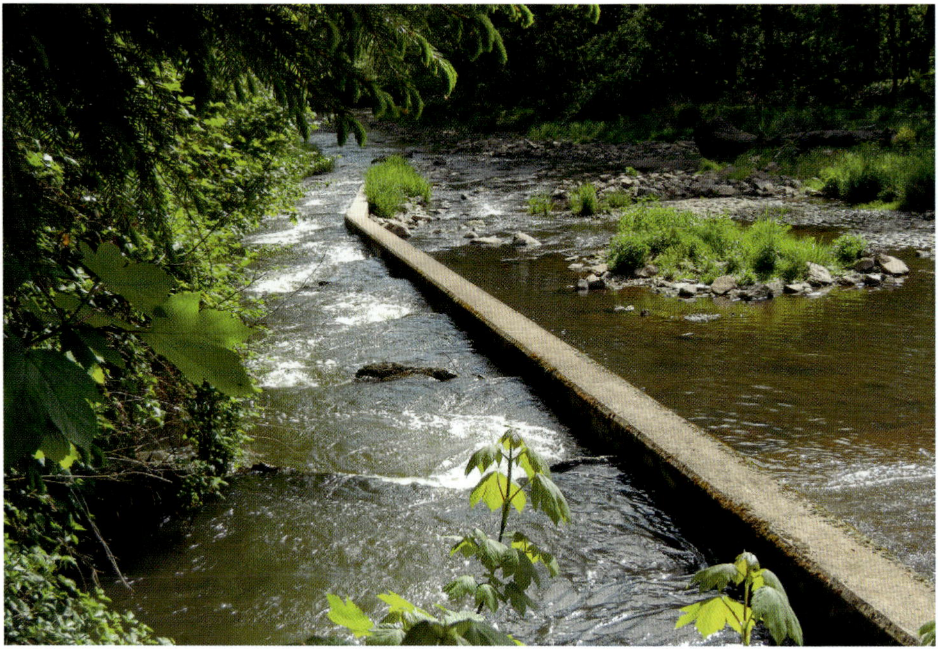

Die Fischtreppe am Campingplatz in Schmelz ist nur für Geübte bei gutem Wasserstand befahrbar.

serstand ein sehr kräftiger Rücklauf bildet. Auf der linken Seite wäre es nach Prüfung für sattelfeste Kanuten befahrbar. Die Bootsgasse auf der rechten Seite ist befahrbar, wenn sie nicht durch Schwemmholz blockiert wird. Wir fahren dann weiter an Michelbach, Schmelz, Hüttersdorf und Primsweiler vorbei. Dabei passieren wir vier kleinere Wehre, die allesamt gut zu befahren sind. Einzige Ausnahme: Das neue Wehr am Campingplatz in Schmelz – eventuell über eine sehr schmale Fischtreppe befahrbar, ansonsten umtragen! Das Steinwurfwehr vor Körprich kann bei wenig Wasser rechts umtragen werden. An der Straßenbrücke von Körprich finden wir eine brauchbare Stelle zur Beendigung dieser spritzigen Fahrt. Eine Weiterfahrt wäre zwar möglich, wegen folgender erheblicher Wasserverschmutzung der Gemeinde Nalbach und dem Werksgelände der Dillinger Hütte allerdings kaum empfehlenswert.

KURZ-INFO PRIMS

Charakter, Tipps:

Die Prims ist ein landschaftlich reizvoller Kleinfluss, befahrbar bei gutem Wasserstand unterhalb der Primstalsperre bei Nonnweiler. Bei Normalwasser setzen wir mit den Booten in Primstal ein. Ab hier folgen einige Wehre, die nach Besichtigung befahrbar sind. Zwischen Limbach und Körprich achten wir besonders auf das Hufeisenwehr der Scharter Mühle wegen des evtl. gefährlichen Rücklaufs in der Mitte des Unterwassers. Nach Körprich ist eine weitere Befahrung zwar möglich, wegen folgender erheblicher Wasserverschmutzung und einem unansehnlichen Werksgelände allerdings nicht empfehlenswert.

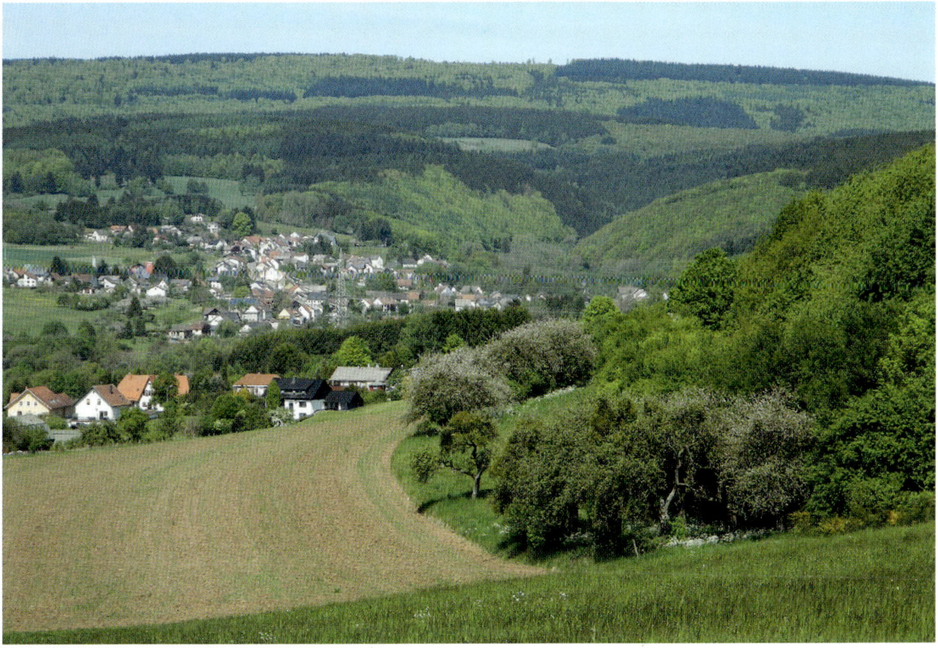

Durch dieses grüne Tal findet die Prims ihren Weg in die Saar.

Befahrensregelung:
Derzeit keine Befahrungsregelungen bekannt.

Zeltmöglichkeiten:
Campingplatz Schwarzwälder Hochwald, Weiskirchen, Camping Haas, Weiskirchen, Campingplatz Schmelz

Sehenswertes:
Keltischer Ringwall und Keltenpark Otzenhausen, Kath. Pfarrkirche Nonnweiler, Museum Pachten, Dillingen, Altes Schloss und Altes Rathaus, Dillingen

Auto nachholen:
Ausgebauter ÖPNV

Karte:
Deutsche Generalkarte 1 : 200.000, Blatt 15

Pegelstand:
www.umweltserver.saarland.de/wasser/hwasser.html
Pegel Michelbach Minimum für Befahrung ab: Primstal = 70 cm
Limbach = 50 cm
Dieser Pegel kann auch als Bezugspegel für sämtliche Flüsse des Hunsrücks gelten.

Literaturhinweis:
- DKV-Gewässerführer Hessen, Rheinland-Pfalz und Saarland

Tour 20: Nied

Die Nied ist eine deutsch-französische Gemeinschaftsaktion. Sie entspringt mit zwei Quellflüssen im Gemeindegebiet von Marthille im Département Moselle und entwässert zunächst in nordwestlicher Richtung. Ein idyllischer ruhiger Wiesenfluss ohne besondere Schwierigkeiten mit dem reizvollen Charme der Umbeschwertheit. Auf der Nied kann auch der Kanunovize die Seele baumeln lassen, ihm wird so schnell nichts Unangenehmes widerfahren. Zwischen den beiden schwesterlichen Quellflüssen, der deutschen und der französischen Nied, verläuft die Sprachgrenze zwischen dem moselfränkischen Dialekt und den französischen Dialekten, somit auch die deutsch-französische Sprachgrenze. Der Diskurs, welche der beiden Schwestern die Hübschere ist, ist bis heute unentschieden. Vor Volmérange, bei Condé, vereinigen sich die beiden Schwesterflüsse zur Nied. Hier kann bei sehr gutem Wasserstand bereits eingebootet werden.

Nied - Nebenfluss der Saar

Etappe: Gomelange – Mündung bei Rehlingen 36 km
Tourdauer: 2 Tage

Bei Mittelwasser empfiehlt sich das Einbooten in Gomelange, direkt an der Straßenbrücke. Die Nied führt uns dann an Holling und Freistroff vorbei nach Diding. Über das dortige Wehr können wir rechts hinüberrutschen oder auch umtragen. Bald erreichen wir Bouzonville. Das Wehr befahren wir mittig über die Bootsgasse oder umtragen rechtsufrig. Ab hier ist die Nied ganzjährig befahrbar und verfügt zu jeder Jahreszeit und bei fast jedem Wasserstand über ihren ganz eigenen Reiz. Am Wehr von Filstroff lassen wir uns über die Bootsrutsche in das Unterwasser plumpsen. Ein paar Kilometer danach erreichen wir die Straßenbrücke von Guerstling. Hier beenden wir die erste Etappe unserer Wiesenfahrt.

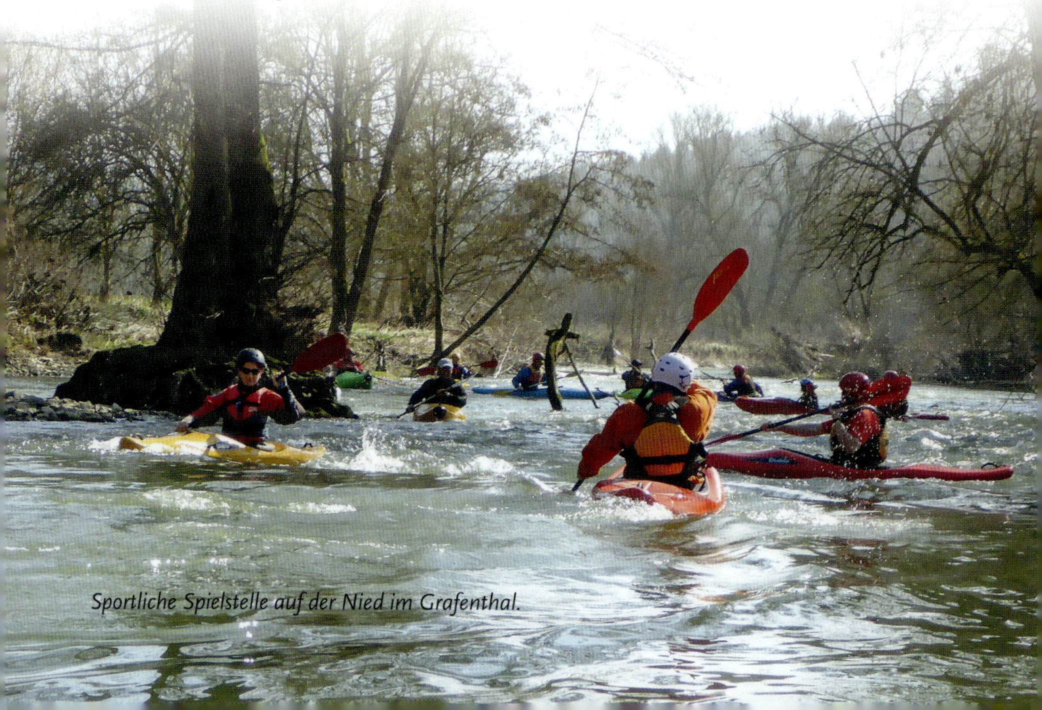

Sportliche Spielstelle auf der Nied im Grafenthal.

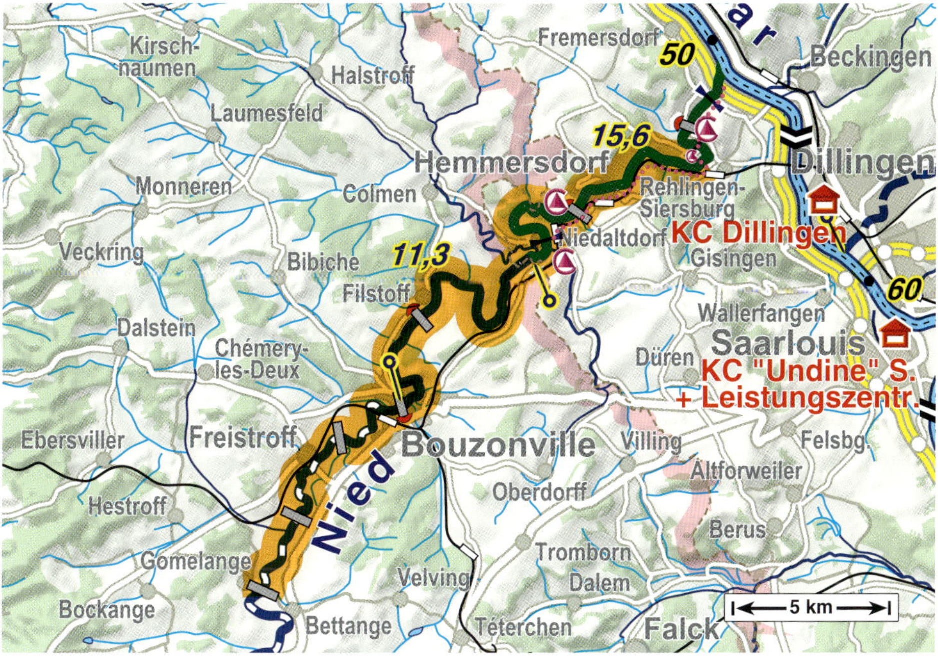

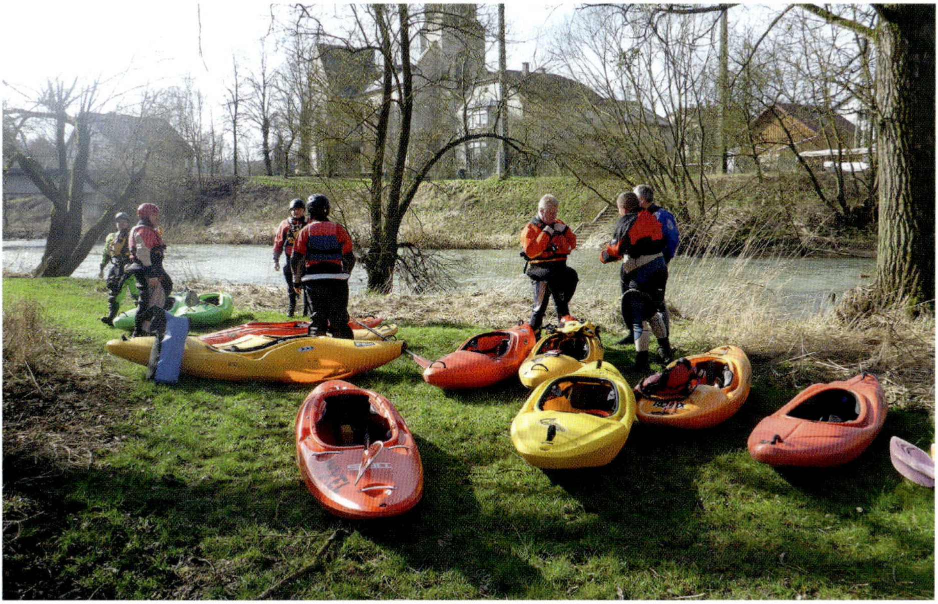

Schön gelegene Einbootstelle in Niedaltdorf.

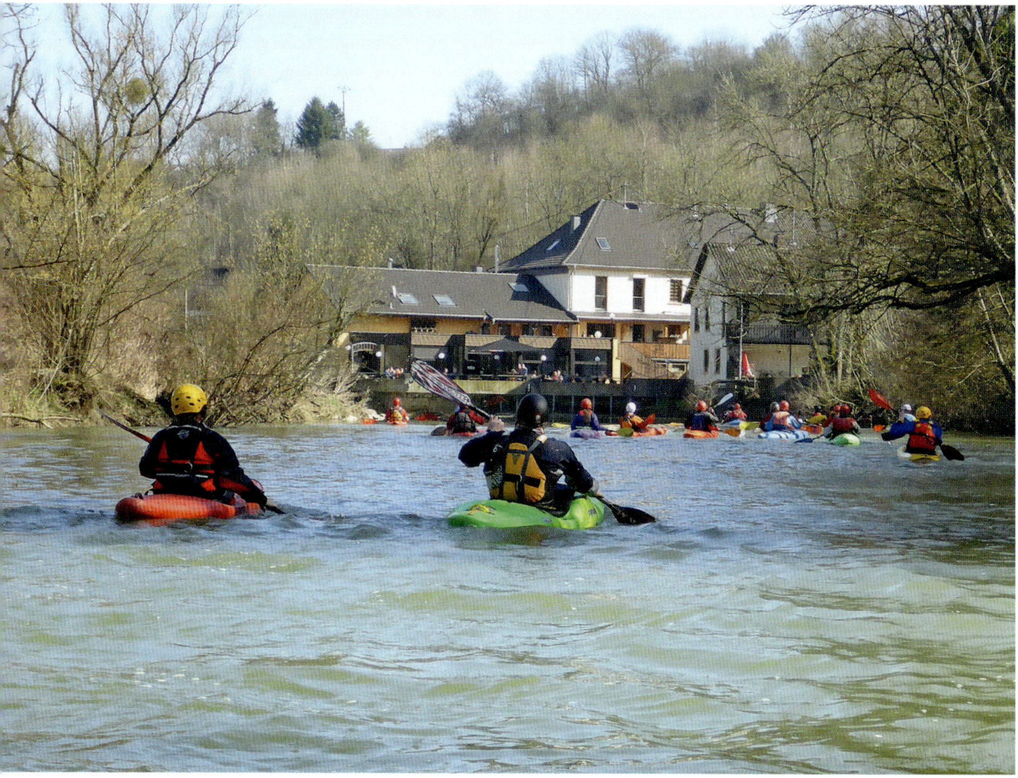

Unverkennbar: Die Anfahrt zur Wackenmühle.

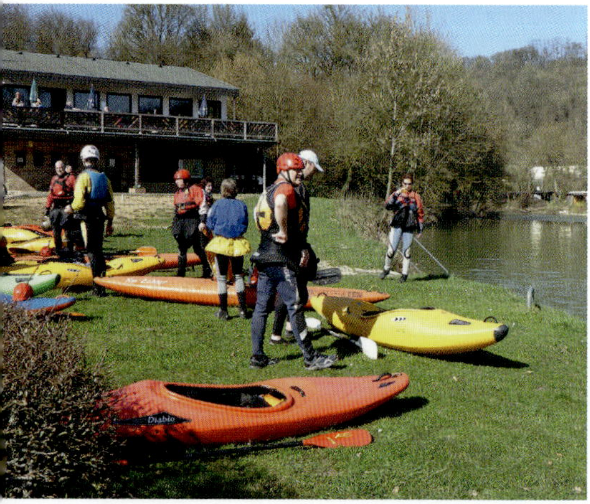

Verdiente Pause am Campingplatz in Siersburg.

Booten wir zur zweiten Etappe in Guerstling ein, so erreichen wir nach etwa einem Kilometer die Staatsgrenze. Von rechts mündet der Ihnerbach, das folgende Wehr in Niedaltdorf können wir auf der rechten Seite hinunterrutschen. Eine niedliche Schnelle markiert den Weiler Grafental, bevor wir die Wackenmühle erreichen. Das Wehr überrutschen wir rechts, anschließend können wir uns in der Gaststätte des Campingplatzes erfrischen. Falls wir unseren eigenen Imbiss dabei haben, können wir etwa einen Kilometer weiter an der Fußgängerbrücke aussteigen und den schönen Rastplatz nutzen. Den Betonteilen unter der Brücke von Hemmersdorf weichen wir vorsichtig aus, überwinden das Wehr vor Siersburg im Knick,

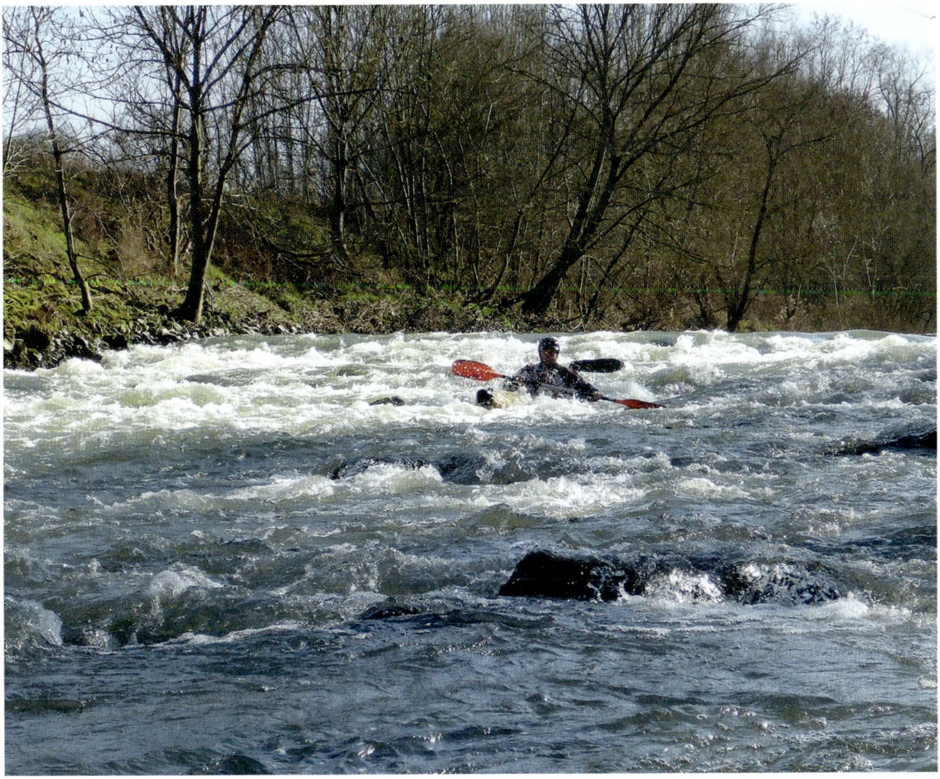

Sportliche Gefällbremse vor der Mündung in die Saar.

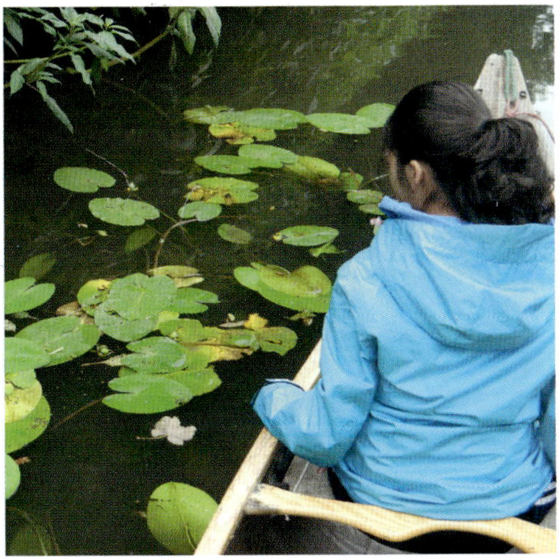

Seerosen schmücken die Nied vor Siersburg.

ziehen dann an Siersburg vorbei und erreichen die Niedmühle. Hier können wir noch einmal rasten und anschließend links über das Wehr rutschen. An Eimersdorf vorbei geht die Fahrt nun unter der B 406 weiter (Moniereisen!), vor der Gefällebremse finden wir links eine Treppe, an der wir bequem ausbooten und einen schönen Kanutag beenden.

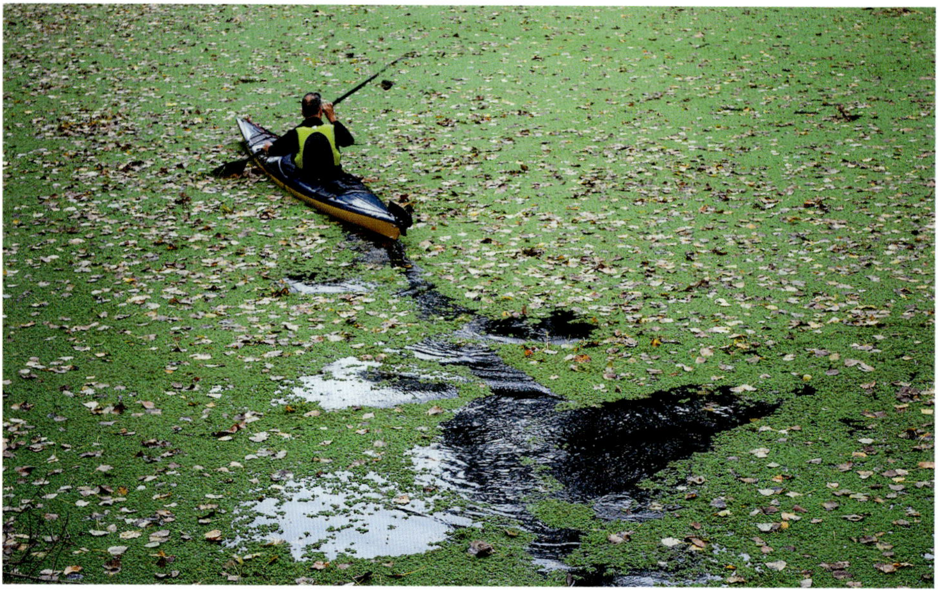

Ein Teppich aus Algen und Blättern bedeckt die Nied.

KURZ-INFO NIED

Charakter, Tipps:
Die Nied ist ein langsam fließender, idyllischer Wiesenfluss ohne besondere Schwierigkeiten. Auf der Nied fühlt sich auch der Kanunovize vom ersten Paddelschlag an gut; ihm wird so schnell nichts Unangenehmes widerfahren.
Die beiden schwesterlichen Quellflüsse, die deutsche und die französische Nied, vereinigen sich bei Condé zur Nied. Hier kann bei sehr gutem Wasserstand bereits eingebootet werden. Bei Mittelwasser empfiehlt sich das Einbooten in Gomelange, direkt an der Straßenbrücke.

Befahrensregelung:
Von der französischen Grenze bis zur Mündung vom 15.03.-30.06. Befahrungsverbot. Für die Restzeit erforderlich 30 cm beim Pegel von Niedaltdorf.

Zeltmöglichkeiten:
Campingplatz Siersburg und Mühle Conrad in Rehlingen

Sehenswertes:
Die Siersburg auf dem Siersberg, Tropfsteinhöhlen Niedaltdorf

Auto nachholen:
Ausgeschilderter Niedtal-Radweg, kein empfehlenswerter ÖPNV

Pegelstand:
www.umweltserver.saarland.de/wasser/hwasser
Mittelwasser (MW) = 40cm
Telefonpegel Niedaltdorf 0681/830 830 90

Tour 21: Saar

Die Saar ist mit insgesamt 235 Kilometer Fließstrecke der längste Zufluss der Mosel. Erstmals schriftliche Erwähnung findet die Saar als Saravus um 300 n.Chr. im Gedicht Mosella des römischen Dichters und Staatsbeamten Decimus Magnus Ausonius. Größere Bedeutung erlangte die Saar ab dem 17.Jh., als das Holz der umliegenden Wälder als sogenanntes „Holländerholz" bis an die Mündung des Rheins geflößt wurde. Inzwischen ist nach ihrem Namen ein Bundesland benannt – einmalig in Deutschland.

Der Oberlauf der Saar, aus ihren Quellflüssen Rote Saar und Weiße Saar entstehend, ist im Bereich der westlichen Ausläufer der Vogesen bis Sarreguemines auf französischem Gebiet landschaftlich reizvoll und zum Beispiel ab Keskastel ohne größere Schwierigkeiten zu befahren. Einige Kilometer, an Sarralbe und Herbitzheim vorbeiziehend, mäandert sie völlig naturbelassen dahin, mit entsprechend vielen Windungen, noch ausreichender Strömung und dann einigen, teils befahrbaren Wehren. Einen guten Platz zum Ausbooten finden wir vor Sarreguemines am Wehr in Sarreinsming. Im weiteren Verlauf bildet die Saar zunächst über elf Kilometer die Grenze zwischen Deutschland und Frankreich. Von Saarbrücken bis zur Mündung ist sie dann als europäische Großschifffahrtstraße ausgebaut.

Saar - Nebenfluss der Mosel

Etappe: Keskastel oder Hanweiler – Konz
137 bzw. 103 km
Tourdauer: 5-6 Tage

Wer sich für urbane Räume begeistern kann, sollte die Tour von Sarreguemines nach Saarbrücken wählen. In Hanweiler finden wir eine schöne Stelle zum Einsetzen unserer Boote. Die Wehre Welferding und Großblittersdorf werden hinuntergerutscht oder umtragen. Am

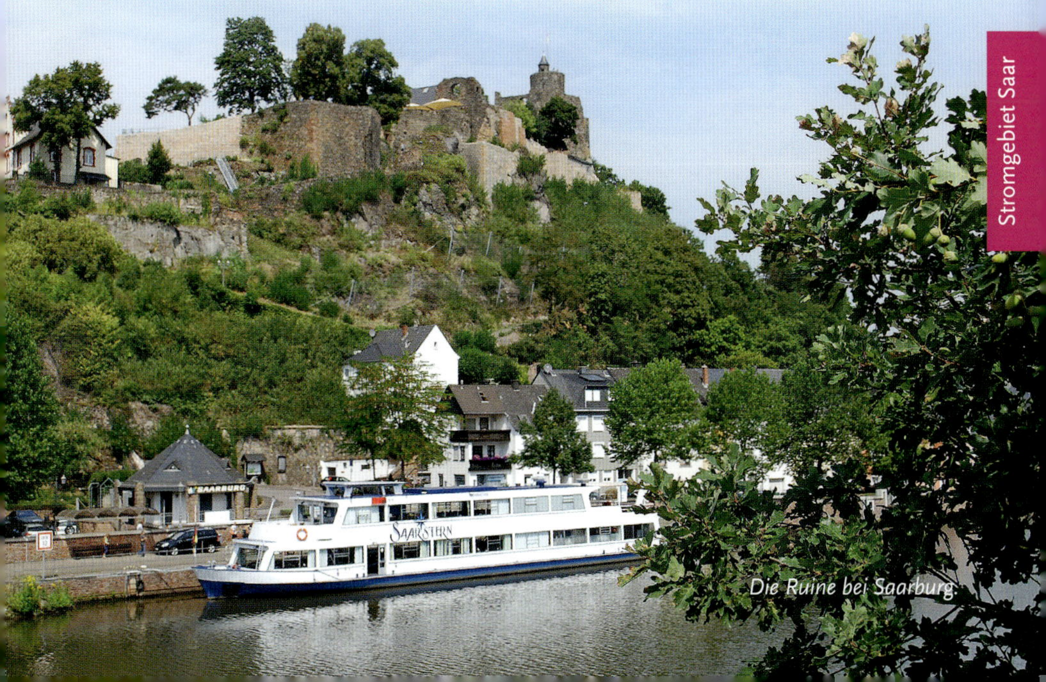

Die Ruine bei Saarburg.

Stromgebiet Saar

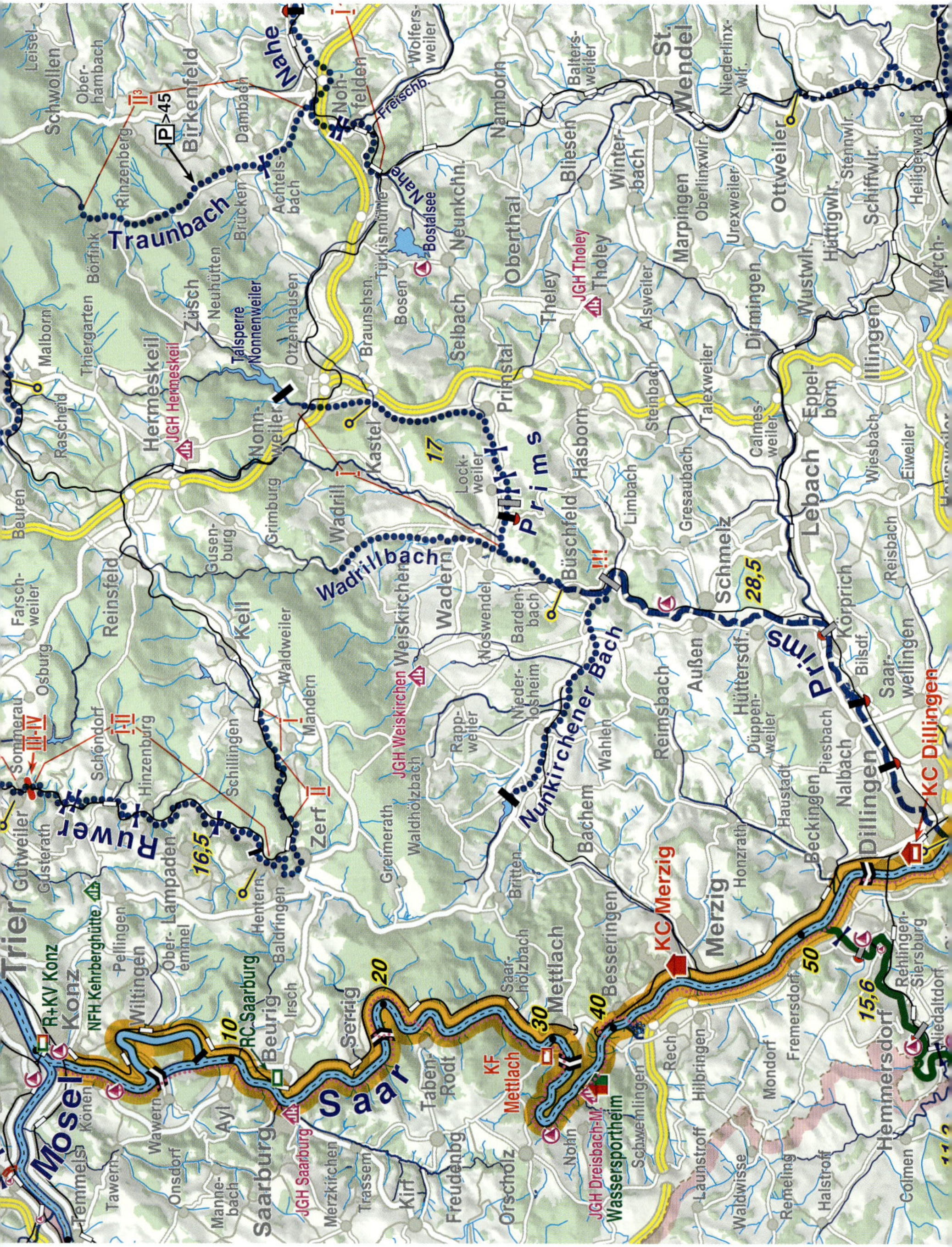

Trier
Konz
R+KV Konz
NFH Kehrberghütte
Mosel
Saar
Saarburg
RC Saarburg
JGH Saarburg
Beurig
Serrig
Mettlach
KF Mettlach
JGH Dreisbach-M.
Wassersportheim
Besseringen
KC Merzig
Merzig
Dillingen
KC Dillingen
Hemmersdorf
Rehlingen-Siersburg
Ruwer
Zerf
Hentern
Kell
Reinsfeld
Hermeskeil
JGH Hermeskeil
Talsperre Nonnenweiler
Nonnweiler
Wadrillbach
Wadrill
Wadern
Weiskirchen
JGH Weiskirchen
Nunkirchener Bach
Prims
Primstal
Büschfeld
Schmelz
Lebach
Körprich
Traunbach
Birkenfeld
Nahe
Nohfelden
Bostalsee
Tholey
JGH Tholey
St. Wendel
Ottweiler
Illingen
Eppelborn
Marpingen
Oberthal
Neunkirchen
16,5
17
28,5
10
20
30
40
50
15,6

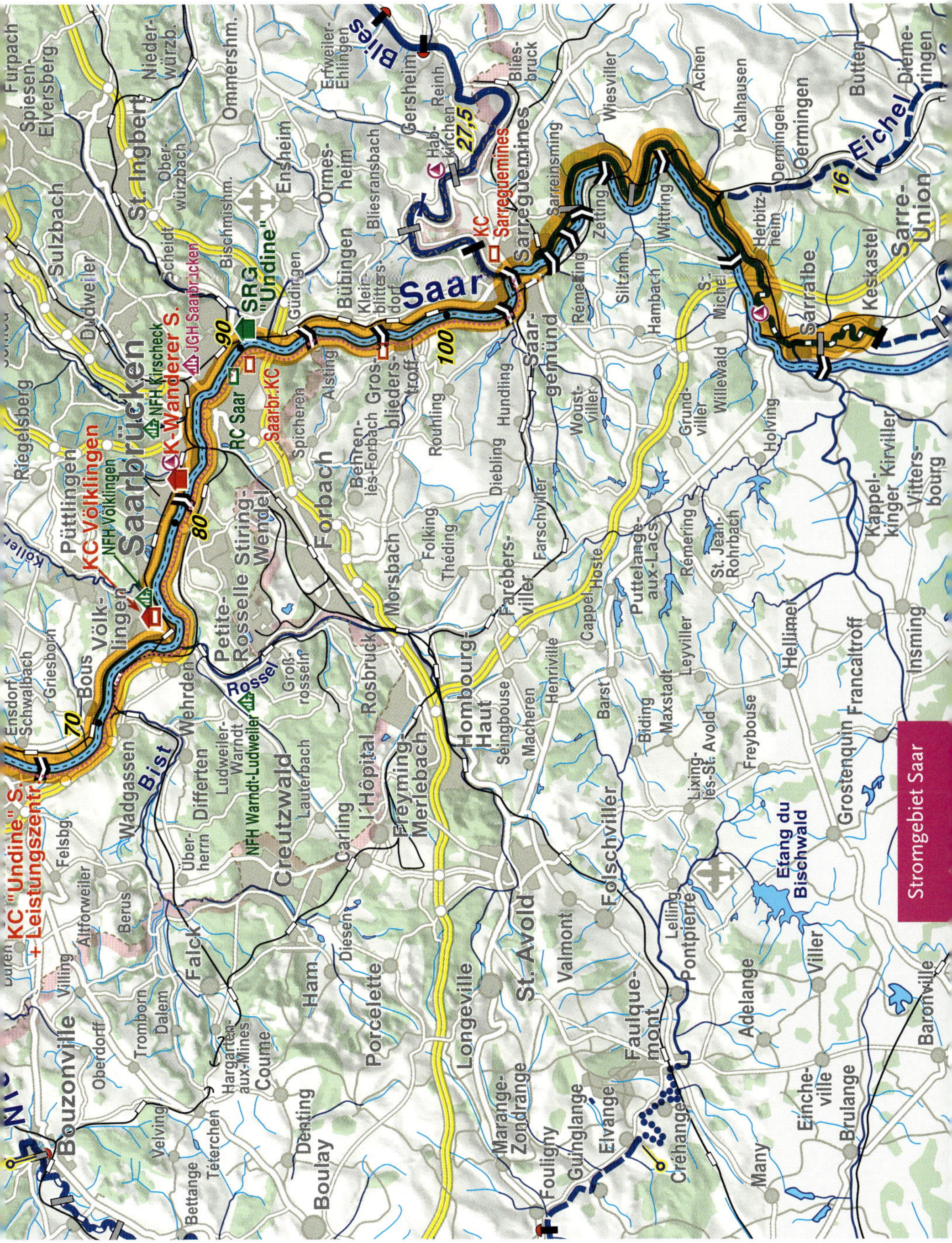

Saar
Saarbrücken
Völklingen
Püttlingen
Sarreguemines
Saargemünd
Forbach
Sarralbe
Sarre-Union
St. Ingbert
Creutzwald
St. Avold
Bouzonville
Boulay
Faulquemont
KC Völklingen
K-Wanderer S.
NFH Kirscheck
JGH Saarbrücken
RC Saar
Saarbr.-KC
SRG "Undine"
KC "Undine" S. + Leistungszentr.
KC Sarreguemines
NFH Völklingen
NFH Warndt-Ludweiler
Blies
Rossel
Bist
Eichel
Etang du Bischwald
70
80
90
100
27,5
16

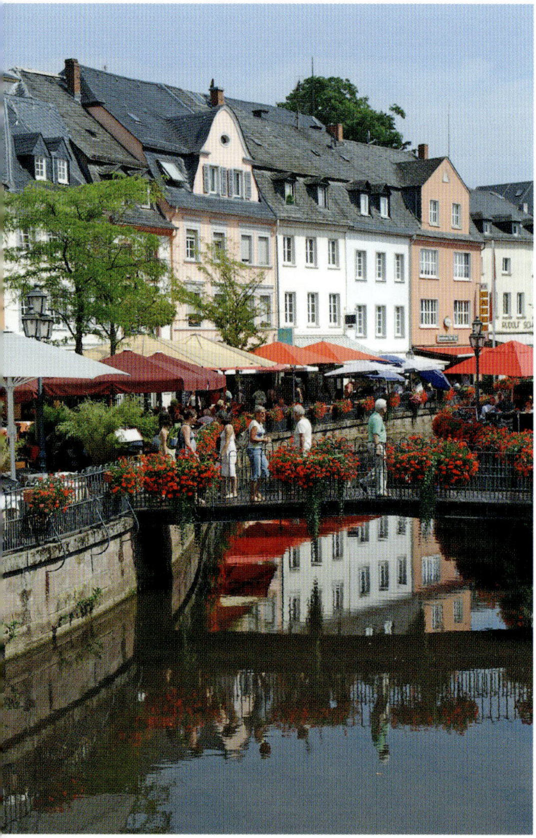

Ganz besonders reizend: das blumenbunte Zentrum Saarburgs.

Wehr in Güdingen kann nach Anmeldung geschleust werden, ansonsten wird umtragen. Die Stadtdurchfahrt von Saarbrücken unterbrechen wir an der Wilhelm-Heinrich-Brücke komfortabel zum willkommenen Landgang. Bequeme Treppen und die umliegende Gastronomie machen den Ausstieg im Herzen der Stadt attraktiv. Campen kann man in Burbach bei den Kanu-Wanderern. Die Fahrt ab Burbach sollte am Kanu-Club Völklingen für eine Besichtigung des Weltkulturerbes Völklinger Hütte unterbrochen werden. Bereits 1994 erhob die UNESCO dieses Industriedenkmal in diesen besonderen Rang, zweifellos ein historisches Wahrzeichen der Ingenieurbaukunst in Deutschland. Die Besichtigung des Ferrodroms ist fast ein Muss. Danach vertrauen wir uns wieder dem Fluss an, erreichen Saarlouis und erkunden die schöne Festungsstadt bei einem Bummel durch die Altstadt. Quartier finden wir im Leistungszentrum des Saarländischen Kanu-Bundes oder weiter flussab am Bootshaus des Kanu-Club Dillingen. Nach Saarlouis fahren wir übrigens an den ehemaligen Kohlegruben Luisenthal und Ensdorf vorbei – beide weitere Zeitzeugen der Saarländischen Montanindustrie.

Ab Dillingen beginnt die landschaftlich reizvolle Strecke der unteren Saar. Hier finden wir an der Brücke der L355 über die Saar, unweit vom Bootshaus des KC Dillingen beim Bootshafen, eine gute Stelle zum Einbooten. Die ersten Paddelschläge bringen uns rasch vorwärts und bald erreichen wir die Rehlinger Schleuse. Hier nutzen wir die vorhandene Umsetzanlage für unsere Kanus und erreichen nach etwa zehn Kilometern Fahrt Merzig. Dort sehen wir nach der Straßenbrücke rechtsufrig die Anlegestelle des KC Merzig. Wollen wir zum Bootshaus und zum Zeltplatz des Clubs, gehen wir auf dem Weg unter der Brücke zu dessen Gelände.

Die Saar ist gemütlich unterwegs. An Besseringen vorbeipaddelnd erreichen wir nun das Wassersportheim des Saarländischen Ruderbundes, hier sind wir auch als Kanuten willkommen. Die weite Flussaue verengt sich zusehends, links und rechts tritt Mischwald an den Fluss. Ein wenig weiter sind wir schon mitten in der prachtvollen Mettlacher Schleife, dem unbestrittenen Höhepunkt einer Befahrung der Saar. Unterhalb der Aussichtsplattform von Cloef, im Scheitelpunkt der Kurve, können wir links anlanden und uns bei einer kleinen Wanderung hinauf zum Aussichtspunkt die Beine vertreten und den Kreislauf ankurbeln. Der Blick von hier auf die tausendfach fotografierte Saarschleife ist kaum zu überbieten. Nach

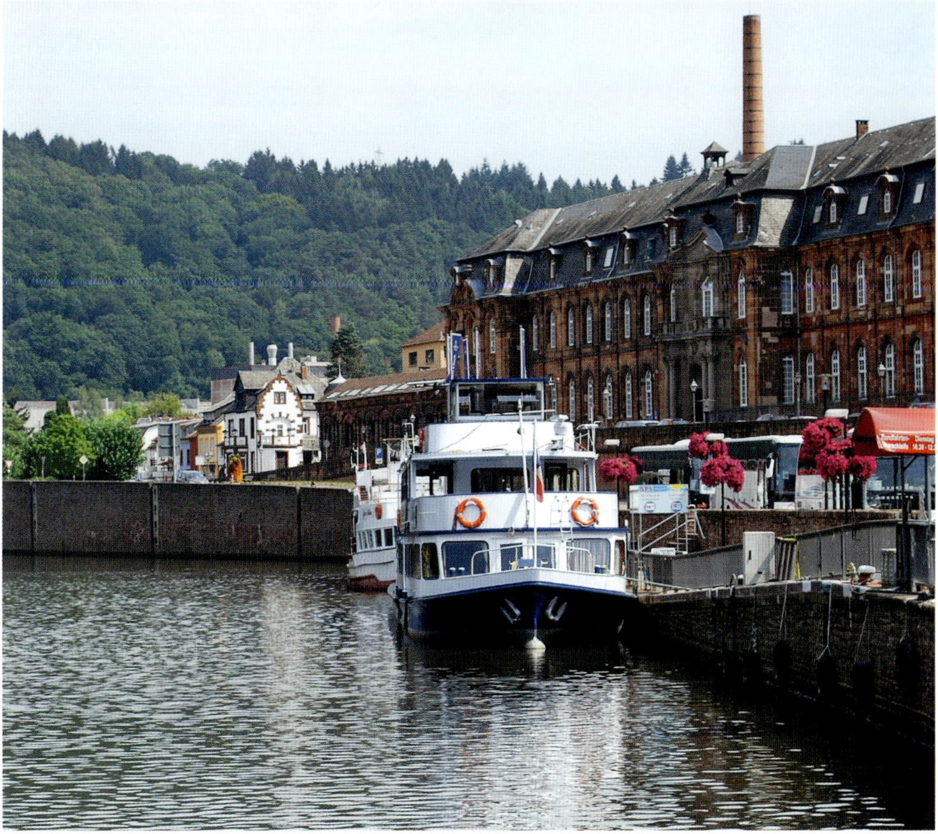

In Mettlach können wir rechtsufrig zum Landgang aussteigen .

diesem Intermezzo schlüpfen wir wieder in die Boote, grüßen die Statue des Hl. Nikolaus in einer Mauernische am linken Ufer und legen nun die wenigen Kilometer bis zur Mettlacher Schleuse (Umsetzanlage) locker zurück. In Mettlach fahren wir am prächtigen Barockbau der ehemaligen Abtei vorbei. Hier ist nun die Manufaktur einer namhaften Steingut- und Porzellanfabrik untergebracht. Knapp einen halben Kilometer weiter können wir rechts bei den Kanu-Freunden anlanden, uns stärken und das Städtchen erkunden.

Der nächste Tag führt uns von Mettlach aus an der geschichtsträchtigen Lutwinus-Kapelle vorbeipaddelnd nach Saarhauen und Taben. Wir genießen weiter die uns umgebende abwechslungsreiche Landschaft, geben uns dem meditativen Rhythmus des entschleunigten Paddelns hin und erreichen so an Taben und Hamm vorbeiziehend die Schleuse von Serrig (Umsetzanlage). Hinter der Schleuse geht es dann weiter an Staad und Krutweiler vorbei nach Saarburg. Dieses ausgesprochen pittoreske Städtchen ist allemal einen Landgang wert. Geheimtipp: Vor der Brücke von Saarburg mündet der Leukbach von links. Wer unter dem niedrigen Brückchen hindurchfährt, gelangt zum imposanten Wasserfall im Ortskern – ein tolles Fotomotiv und

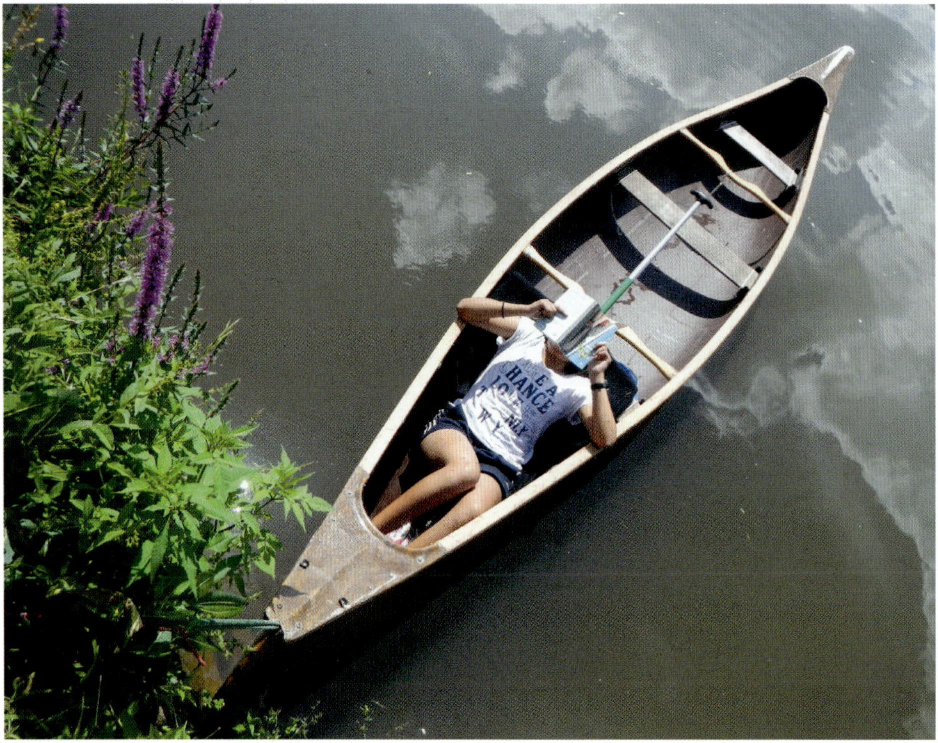

Kleine Lesepause unter freiem Himmel.

Highlight, an dem zu oft vorbeigefahren wird. Nach diesem lohnenswerten Abstecher finden wir rechts hinter der Brücke der B407 den Anleger des RC Saarburg, hier können wir bequem ausbooten, unsere Kanus pausieren lassen und Saarburg erkunden.

Letzte Etappe unserer Wanderfahrt auf der Saar ist die Strecke von Saarburg bis zur Mündung in die Mosel. An Ockfen vorbeiziehend erreichen wir alsbald Schoden. Hier teilt sich die Saar in den kanalisierten Abschnitt auf der linken Seite und das naturbelassene Altwasser rechts. Dieses ist dem Kanal auf jeden Fall vorzuziehen und wir erreichen es, indem wir die Boote vor der Straßenbrücke rechts ausheben und in das tiefer gelegene Altwasser einsetzen. Inzwischen sind wir, die Ausblicke bestätigen es, mitten im anmutigen Weinanbaugebiet der Saar. Mit mäßiger Strömung ziehen wir nun durch eine liebliche Landschaft an Wiltingen vorbei und erreichen Kanzem. Rechts vor der Brücke besitzt Günter Jauch ein Weingut, in dem ein guter Tropfen gekeltert wird. Links hinter der Brücke findet sich, ein wenig versteckt, eine gemütliche Straußwirtschaft. Weiter, in der Hammer Kurve der Saar, sehen wir links die Schleuse, paddeln weiter an Filzen und dem Campingplatz in Könen vorbei, um in Konz, drei Brücken hintereinander unterfahrend, die Mündung in die Mosel zu erreichen. Rechtsufrig ist dann der Bootshafen von Konz leicht anzusteuern. Hier können wir komfortabel ausbooten, um anschließend die Befahrung der Saar bei einer guten Flasche Wein gebührend zu feiern.

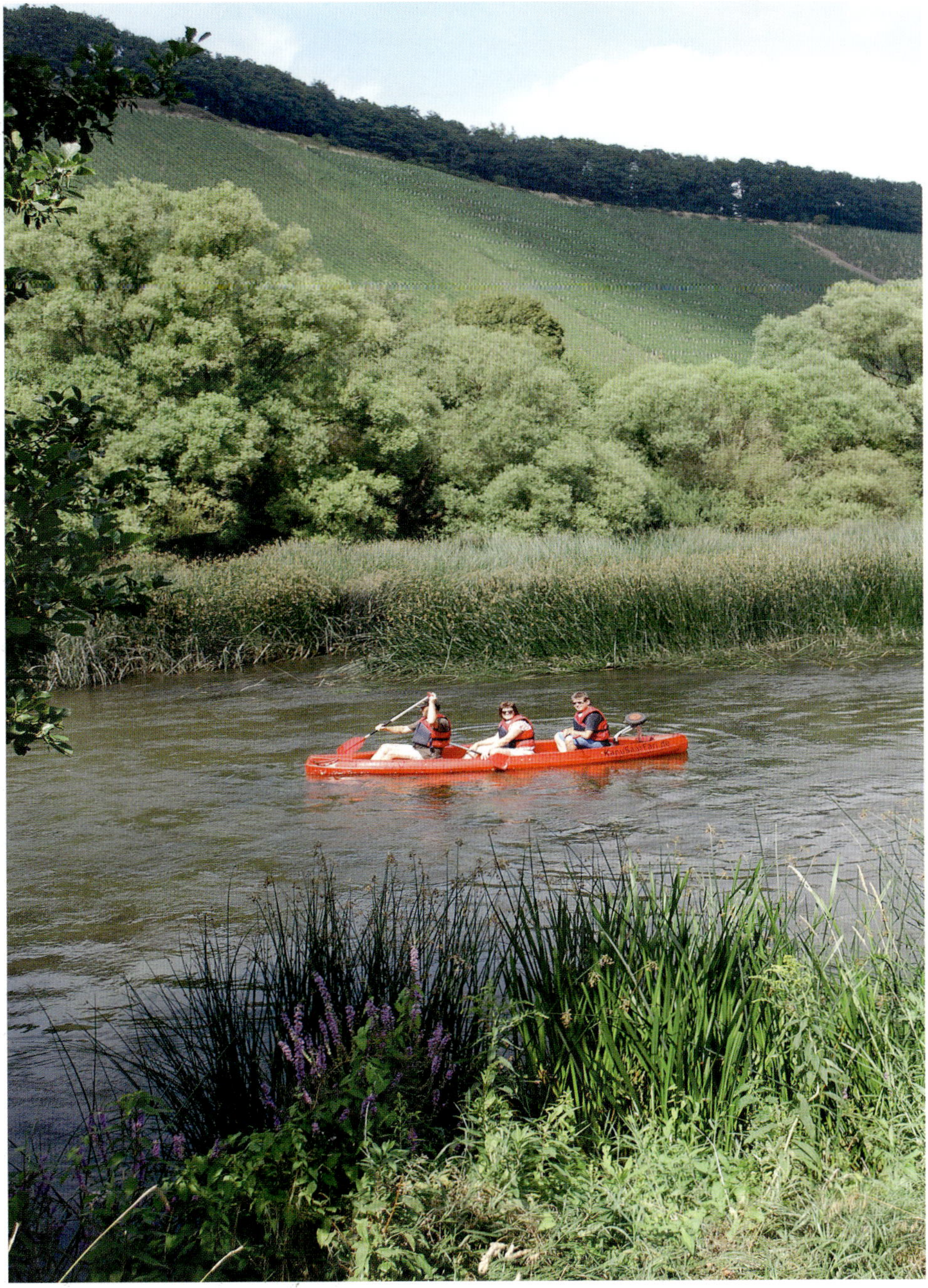

Auf der Saarschleife bei Kanzem.

KURZ-INFO SAAR

Charakter, Tipps:

Der französische Teil der Saar ist ab Keskastel lohnend. Wer sich für urbane Räume begeistert und Saarbrücken, Völklingen sowie Saarlouis besuchen möchte, kann bereits in der Nähe von Sarreguemines, bei Hanweiler, komfortabel einbooten und eine erste Etappe planen. Noch empfehlenswerter, weil landschaftlich sehr viel reizvoller, ist allerdings die Strecke ab Dillingen.
Bis zur Mündung in die Mosel ist die Saar als europäische Großschifffahrtstraße ausgebaut – es gelten die entsprechenden Regeln eines solchen Verkehrsweges. Kanuten bleiben außerhalb des Fahrwassers der Berufsschifffahrt – diese hat immer Vorrang!
Landschaftlich ist die Saar im Bereich der ab Dillingen beschriebenen Strecke vom Frühjahr bis in den Herbst trotz der weitgehenden Kanalisierung sehr lohnend. Gut laufende Einer und Zweier sind auf dem fast stehenden Gewässer von Vorteil. Die Schleusen an der Saar sind mit Umsetzanlagen für Ruderboote und Kanus ausgestattet.

Befahrensregelung:

Derzeit ist keine Befahrensregelung bekannt

Zeltmöglichkeiten:

Zahlreiche Campingplätze entlang der Saar zwischen Saarbrücken und der Mündung in die Mosel

Sehenswertes:

Saarbrücken:
Altstadt, Ludwigskirche,
Deutsch-Französischer Garten u.v.a.
Völklingen:
UNESCO- Weltkulturerbe Völklinger Hütte, Ferrodrom
Saarburg:
Burgruine,
Wasserfall,
Altstadt,
St.-Laurentius-Pfarrkirche
Mettlach:
Schloss Saareck,
Abtei mit Park,
Saarschleife

Auto nachholen:

Regelmäßiger ÖPNV, die Bahnstrecke Trier-Saarbrücken folgt dem Saartal, sehr gut ausgebauter Saar-Radweg

Karte:

Deutsche Generalkarte 1 : 200.000, Blatt 13 und 15

Pegelstand:

Die Saar ist ganzjährig befahrbar, wegen der Kanalisierung schwankt der Pegel kaum.
Exakter Pegel:
www.umweltserver.saarland.de/wasser/hwasser.html
Telefonpegel Fremersdorf
0681/ 830 833 00

Literaturhinweis:

- Deutsches Flusswanderbuch
- DKV-Gewässerführer Hessen, Rheinland-Pfalz und Saarland

Der Autor:

Jürgen Gerlach begann vor über 50 Jahren seine Laufbahn als Kajakfahrer im Faltboot auf dem Rhein. Bald reizte ihn der sportliche Kanuslalom. Im Kunststoffboot gewann er Medaillen bei Weltmeisterschaften und war Teilnehmer bei Olympischen Spielen. Nach dem Pädagogik- und Sportstudium war er zunächst als Übungsleiter im Verein, als Fachwart Ausbildung im Kanuverband NRW und dann als Bundestrainer im DKV aktiv. Zahlreiche Bücher und Veröffentlichungen rund um den Kanusport stammen aus seiner Feder.

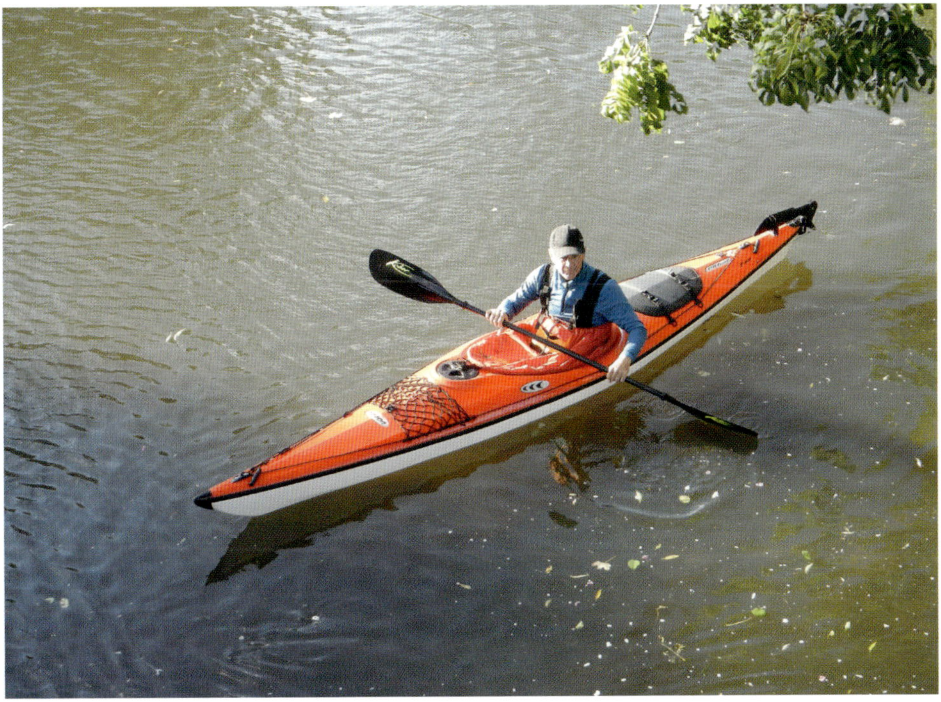

Adressen

Deutscher Kanu-Verband e.V.
Bertaallee 8
47055 Duisburg
Tel. 0203/99759-0, Fax -60
www.kanu.de
E-Mail: service@kanu.de

Pegeldienst:
www.kanu.de | Freizeitsport | Gewässer | Pegel

Weiterführende Literatur

Lehrbücher

Der Kajak - Das Lehrbuch für den Kanusport, 4. aktualisierte Auflage Delius Klasing Verlag 2015
Perfekt Kanufahren - Ein Buch für Einsteiger in Kajak und Kanadier, 1. Auflage Delius Klasing Verlag 2018
Wildwasserfahren – Vom Einsteiger zum Profi (Dieter Singer) Thomas Kettler Verlag 2013
Stechpaddel Fahrschule (Franz Riegel/Dieter Raffler) Thomas Kettler Verlag 2014

Kanuführer

Deutsches Flusswanderbuch (Günter Eck), DKV-Verlag, 27. Auflage 2018
DKV-Gewässerführer Deutschland Mitte-West (Günter Eck), DKV-Verlag, 6. Auflage 2016
Die schönsten Kanutouren in Nordrhein-Westfalen (Michael Hennemann), DKV-Verlag 1. Auflage 2016
Kanuwandern in Süddeutschland (Jürgen Gerlach)- Die schönsten Flusstouren in Bayern und Baden-Württemberg, 12. Auflage BLV Verlag 2017

Kanukarten

TourenAtlas TA3 Rhein-Mosel, 1:75 000, Jübermann-Verlag, 1. Aufl. 2016
Wassersport-Wanderkarte Nr. 3 Deutschland-Südwest, 1:450.000, Jübermann Verlag 5. Auflage 2010
Wassersport-Wanderkarte Nr. 2 Deutschland-West, 1:450.00, Jübermann Verlag 6. Auflage 2015

Der **Deutsche Kanu-Verband** ist mit seinen 18 Landes-Kanu-Verbänden, den dort organisierten über 1.300 Kanu-Vereinen und ca. 118.000 Mitgliedern der mitgliederstärkste Kanu-Verband der Welt. Er und die Landes-Kanu-Verbände vertreten als Spitzenfachverband im Deutschen Olympischen Sportbund bzw. gegenüber den Landessportbünden alle Belange des Kanusports. Der Deutsche Kanu-Verband kümmert sich in erster Linie ehrenamtlich um den Erhalt der naturnahen Gewässer, ohne die Kanufahren nicht möglich ist. Der DKV bemüht sich um Verhinderung oder Entschärfung gefährlicher und ökologisch bedenklicher Wasserbaumaßnahmen und die Wahrung ökologischer Belange, kämpft aber auch gegen unnötige Befahrungsverbote für Kanuten.

Der DKV ist im Bereich des Leistungssports der erfolgreichste deutsche Sportverband. Die Flotte des Deutschen Kanu-Verbandes ist seit 1992 regelmäßig der erfolgreichste Teil der deutschen Mannschaft bei Olympischen Sommerspielen und erzielte von 1992 bis 2016 26 Olympiasiege im Kanu-Rennsport und Kanu-Slalom. Auch im Vergleich mit den anderen Kanuverbänden steht der DKV weltweit vorne.

Neben den beiden olympischen Disziplinen vereint der DKV Kanu-Wildwasserrennsport, Kanu-Marathonrennsport, Kanu-Drachenboot, Kanu-Polo, Kanu-Segeln, Kanu-Freestyle, Stand-Up-Paddling (SUP), Rafting und Ocean Canoe als Wettkampfdisziplinen.

Die überwiegende Mehrzahl der Mitglieder des DKV betreibt Kanu-Freizeitsport. Daher entfaltet der Verband auf diesem Gebiet besonders viele Aktivitäten und bietet ein umfangreiches Veranstaltungsprogramm im gesamten Bundesgebiet. Im jährlich neu erscheinenden DKV-Sportprogramm und in der Termindatenbank auf *www.kanu.de* sind über 800 freizeitsportliche Veranstaltungen aufgeführt.

DKV-Kanu-Stationen und -Zeltplätze

Viele Vereine, die dem DKV angeschlossen sind, besitzen an ihren Bootshäusern Zeltmöglichkeiten. Soweit es die Platzverhältnisse zulassen sind DKV-Mitglieder dort als Gäste willkommen. Darüber hinaus wurden zahlreiche Vereine als „DKV-Kanu-Station" anerkannt, was an einem speziellen Schild zu erkennen ist. Sie erfüllen Kriterien wie etwa gute Anlandemöglichkeiten, ausreichend Platz für Kleinzelte, erreichbare sanitäre Einrichtungen sowie weitere Serviceleistungen. Der DKV und die Landes-Kanu-Verbände betreiben an verschiedenen Orten des Bundesgebietes Heime und Zeltplätze speziell für Kanusportler.

Der **DKV-Zeltplatz und Ferienheim Edersee** ist in schöner Lage an der Edertalsperre gelegen. Die Einrichtung existiert seit den 1930er Jahren und ist ständig ausgebaut und modernisiert worden. Neben den Dauerplätzen sind stets ausreichend Stellplätze für Zelte und Wohnwagen sowie Übernachtungsplätze im Heim vorhanden. Verwalter ist Reiner Weilepp, DKV-Campingplatz Edersee, 34516 Vöhl-Basdorf. Telefon und Fax: +49-(0)5635/202, Internet: *www.dkv-campingplatz-edersee.de*

Der **DKV-Campingplatz am Bodensee** wurde 1995 in Betrieb genommen. Da er in der Hauptsaison immer sehr gut belegt ist, ist eine rechtzeitige Anmeldung ratsam. Der Platz ist geöffnet von Mai bis September. Bewirtschaftung durch Karina Droste. Platzanschrift: Fohrenbühl 45, 78462 Konstanz, Telefon +49-(0)7531/33057
Internet: *www.dkv-camping.de*

DKV und sein Verlag

Über die DKV-Wirtschafts- und Verlags GmbH erhalten Kanuten eine Fülle interessanter Fachliteratur, Gewässerkarten, die jährlich herausgegebenen Kanu-Kalender, die DKV-Kollektion sowie viele nützliche Dinge rund um den Kanusport. Die Flussführer und viele andere Verlagsartikel können DKV-Mitglieder zu ermäßigten Preisen bei der DKV-Wirtschafts- und Verlags GmbH bestellen. Fordern Sie den Verlagsprospekt an:

DKV-Wirtschafts- und Verlags GmbH
Postfach 10 03 15, 47003 Duisburg
Tel.: +49-(0)203/99759-99
Fax: +49-(0)203/99759-61
info@dkvgmbh.de
Online-Shop: *www.kanu-verlag.de*

Mitgliedschaft im DKV

Eine wirkungsvolle Interessenvertretung für den Kanusport setzt voraus, dass möglichst viele Kanusportler Mitglied im DKV werden. Die nach wie vor einfachste Art der Mitgliedschaft ist die, einem Kanu-Verein beizutreten. Bei 1.300 Kanuvereinen in Deutschland ist sicher auch in Ihrer Nähe ein für Sie geeigneter Verein. Insbesondere Vereine mit der Auszeichnung „Aktiver Kanu-Verein" bieten regelmäßige Angebote für ihre Mitglieder, sind aktiv im Bereich der Kinder- und Jugendarbeit und haben ein attraktives Veranstaltungswesen. Die DKV-Bundesgeschäftsstelle vermittelt gerne Adressen von geeigneten Kanuvereinen, sie sind auch über die Vereinsdatenbank auf *www.kanu.de* zu finden.

In den Vereinen treffen Sie am ehesten gleichgesinnte Kanusportler, mit denen Sie gemeinsame Fahrten planen und durchführen können. Oftmals verfügen Kanu-Vereine über ein reichhaltiges Sortiment vereinseigener Boote, so dass Sie unterschiedliche Bootstypen für unterschiedliche Gewässer ausprobieren können, ohne sich sofort ein neues Boot anschaffen zu müssen. Mit den Vereinsfahrtenprogrammen können Sie am schnellsten unter fachkundiger Anleitung die Gewässer in Ihrer näheren Umgebung oder ganz Deutschland kennen lernen. Darüber hinaus bieten die meisten Vereine die Möglichkeit, private Boote in den Bootshäusern zu lagern.

Eine Alternative zur Vereinsmitgliedschaft bietet die von jedem Landes-Kanu-Verband angebotene **Einzelmitgliedschaft**. Hier besteht die Möglichkeit, ohne Vereinsanbindung die Vorteile einer Mitgliedschaft in Anspruch zu nehmen.

Als Mitglied im Deutschen Kanu-Verband erhalten Sie Flussführer, Karten und Lehrbücher des Deutschen Kanu-Verbandes beim verbandseignen Verlag zu besonders günstigen Mitgliedspreisen. Mit ca. 800 Bootshäusern, davon ca. 300 DKV-Kanustationen, besteht die Möglichkeit, bei Kanufahrten zu günstigen Mitgliedspreisen zu übernachten. Der Deutsche Kanu-Verband bietet seinen Mitgliedern ein umfangreiches Veranstaltungsprogramm im gesamten Bundesgebiet. Zudem hat er für seine Mitglieder die Voraussetzungen für besonders günstige Bootsversicherungen oder Zusatzunfallversicherungen geschaffen.

Anschrift des Deutschen Kanu-Verbandes :

Deutscher Kanu-Verband
– Bundesgeschäftsstelle –
Bertaallee 8, 47055 Duisburg
Tel.: +49-(0)203/99759-0
Fax: +49-(0)203/99759-60
service@kanu.de, *www.kanu.de*

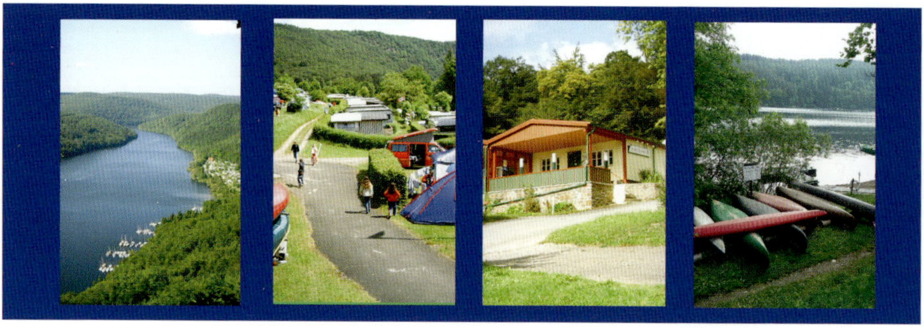

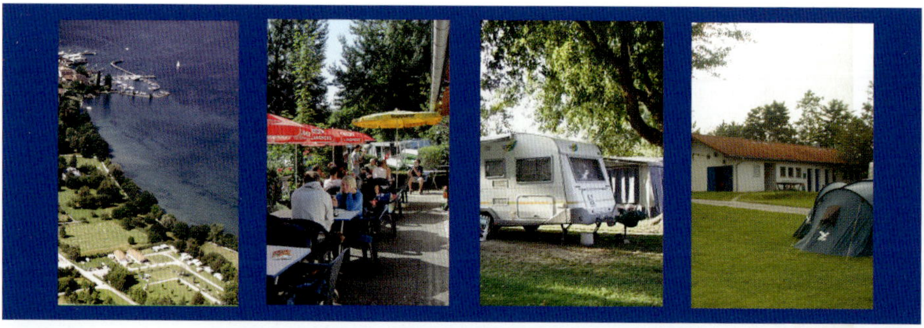

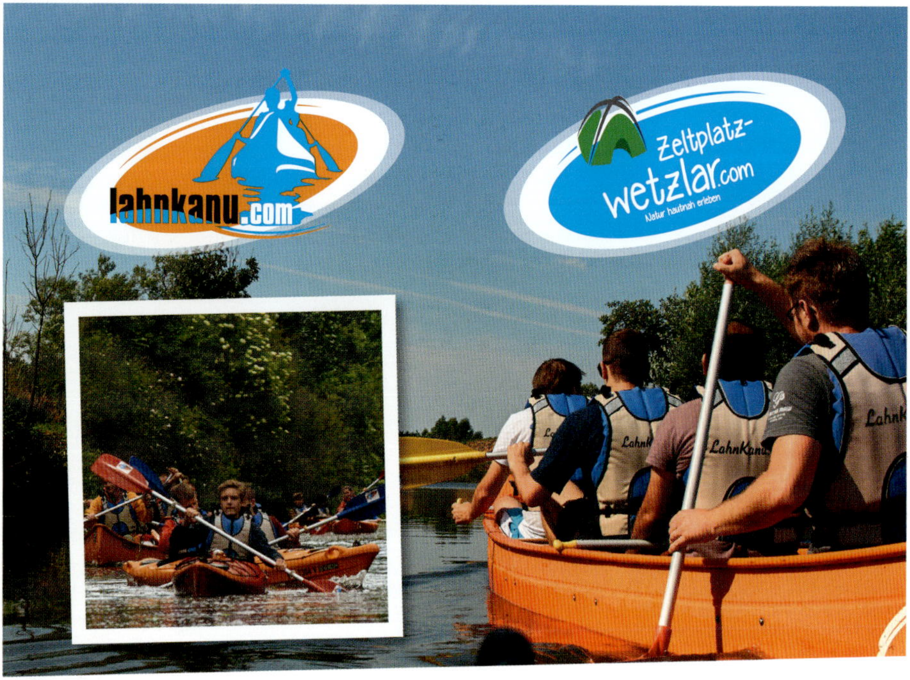
lahnkanu.com
Zeltplatz-wetzlar.com
Natur hautnah erleben

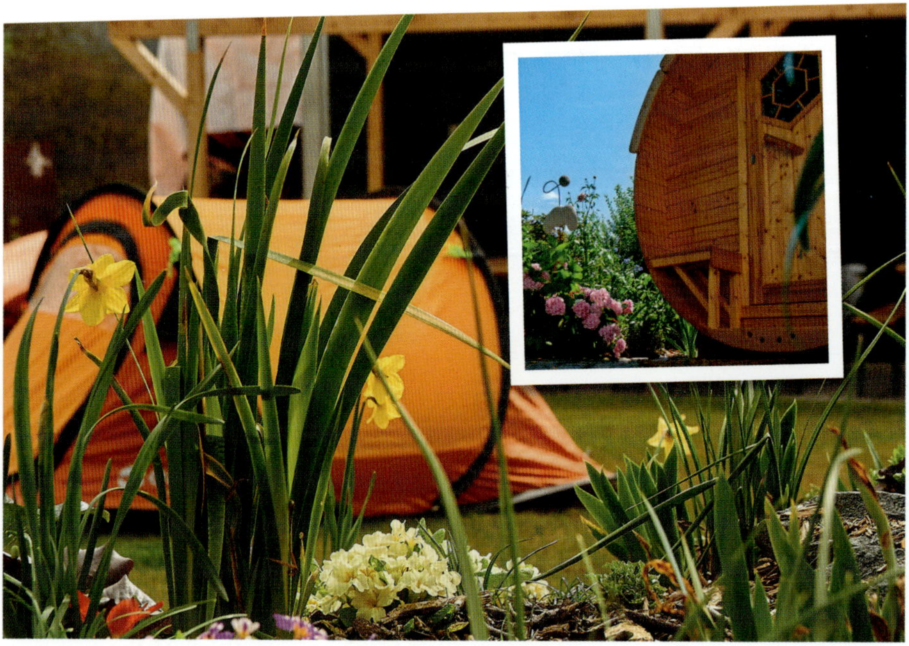